国家自然科学基金项目（71172045）

基于价值链视角的食品企业盈利模式研究

王 瑜 著

中国财经出版传媒集团
经济科学出版社
Economic Science Press

图书在版编目（CIP）数据

基于价值链视角的食品企业盈利模式研究/王瑜著.
—北京：经济科学出版社，2019.6
ISBN 978-7-5218-0675-5

Ⅰ.①基… Ⅱ.①王… Ⅲ.①食品企业-盈利-商业模式-研究 Ⅳ.①F407.826

中国版本图书馆 CIP 数据核字（2019）第 138407 号

责任编辑：范庭赫
责任校对：杨 海
责任印制：李 鹏

基于价值链视角的食品企业盈利模式研究
王 瑜 著
经济科学出版社出版、发行 新华书店经销
社址：北京市海淀区阜成路甲 28 号 邮编：100142
总编部电话：010-88191217 发行部电话：010-88191522
网址：www.esp.com.cn
电子邮件：esp@esp.com.cn
天猫网店：经济科学出版社旗舰店
网址：http://jjkxcbs.tmall.com
北京密兴印刷有限公司印装
710×1000 16 开 18.25 印张 250000 字
2019 年 6 月第 1 版 2019 年 6 月第 1 次印刷
ISBN 978-7-5218-0675-5 定价：65.00 元
（图书出现印装问题，本社负责调换。电话：010-88191510）
（版权所有 侵权必究 打击盗版 举报热线：010-88191661
QQ：2242791300 营销中心电话：010-88191537
电子邮箱：dbts@esp.com.cn）

前　言

　　盈利，是企业生存发展的源泉，也是实现企业经营目标的必然要求，而盈利的实现依赖于基于企业核心竞争力的盈利模式。实现价值增值是企业盈利模式选择与创新的动力，盈利模式的创新与发展不能仅停留在表层的"赚钱"方式，而应该基于更具有深层意义上的产业价值链基础。基于价值链视角研究食品企业盈利模式，能够从更深层次上理解和发现盈利模式存在的根基与实现机制。表面上看，盈利模式是企业优化资源基础上取得利润的途径，而从价值链视角理解，企业盈利模式则是深层次的产业价值链问题，只有建立在协调、高效、共享的产业价值链基础之上的盈利模式才有可能是具有可持续竞争优势的盈利模式。现实世界已经告诉我们，企业之间的竞争已演变为产业价值链的竞争。因此，需要从产业价值链角度研究食品企业盈利模式，并在此基础上对企业盈利模式进行战略选择与定位。食品企业应结合自身的资源禀赋以及所处的经营环境，寻求和明晰盈利模式，发现可以进入的利润区，确定适合自身的战略控制点。价值链分析是企业评估、选择与创新盈利模式的有效方法，它可以从战略层面分析企业的自身优势与劣势，寻求能够降低成本、提高竞争力的盈利模式。本书选择不同价值链类型食品企业盈利模式为研究对象，对不同价值链特征的盈利模式进行分类评价，分析优势竞争要素以及劣势竞争要素。探讨食品企业盈利模式机制优化路径以及实施过程中的相关策略，为核心利益主体进行盈利模式选择、构建实施提供决策依据与决策方法，为建立创造共享价值的食品产业链、促进第一、第二、第三产业有效链接提供政策依据。

本书的研究内容主要包括以下方面：（1）价值链视角盈利模式概念框架研究。现有研究对盈利模式界定模糊、视角多维，理论体系还不尽完善。基于本书的研究主题，从价值链视角研究盈利模式的内涵、组成要素以及概念体系，通过概念化建立本书研究所倚恃的理论基础。（2）食品企业价值链特性与食品企业价值链类型研究。企业盈利模式有效性不仅取决于其在产业价值链定位所做出的战略选择，还取决于产业价值链的特性。因此，需要以企业所处产业价值链的特性为切入点，结合食品企业发展现状，研究食品企业盈利模式的特征。（3）食品企业盈利模式的类型及其生成机理研究。基于食品企业价值链特性，科学划分食品企业盈利模式的类型，通过实证研究与理论研究揭示不同食品企业盈利模式的形成机制、驱动因素以及运作特征。（4）食品企业盈利模式评价研究。根据食品企业盈利模式的类型，运用实证研究方法比较与分析食品企业不同盈利模式的盈利能力。在对不同价值链类型食品企业盈利模式优势竞争要素与薄弱环节分析的基础上，通过多元线性回归建立回归模型，分析不同价值链类型食品企业盈利模式与盈利能力的关系以及综合盈利能力与影响因素的定量关系。进而发现不同价值链类型食品企业盈利模式的演化趋势。（5）食品企业盈利模式的优化策略研究。在系统分析食品企业盈利模式演化趋势的基础上，以"共生、共赢、共享"为优化目标，构建以创造共享价值作为核心驱动因素的价值共享型盈利模式，并从企业微观层面、国家宏观层面分析本文所得研究结论的政策含义。

本书的研究结论主要包括以下方面：（1）构建了以价值链理论为视角的盈利模式分类体系。在梳理国内外学者对价值链理论以及盈利模式理论相关文献的基础上，对食品企业盈利模式进行了定义。本书将食品企业盈利模式定义为以价值创造为目的，包括资金流、服务流与信息流在内的业务经营模式，其具备利润导向性、动态创新性以及竞争优势性的特征，即"盈利要素的价值匹配度"。

利用杜邦分析法对食品企业盈利模式进行了分类，将其分为"单一经营一体化价值链利润点驱动"盈利模式、"单一经营一体化价值链利润杠杆驱动"盈利模式、"单一经营一体化价值链利润屏障驱动"盈利模式、"多元经营一体化价值链利润点驱动"盈利模式、"多元经营一体化价值链利润杠杆驱动"盈利模式、"多元经营一体化价值链利润屏障驱动"盈利模式、"单一经营非一体化价值链利润点驱动"盈利模式、"单一经营非一体化价值链利润杠杆驱动"盈利模式、"单一经营非一体化价值链利润屏障驱动"盈利模式、"多元经营非一体化价值链利润点驱动"盈利模式、"多元经营非一体化价值链利润杠杆驱动"盈利模式和"多元经营非一体化价值链利润屏障驱动"盈利模式十二种盈利模式。（2）不同价值链类型食品企业盈利模式优势竞争要素与薄弱环节。单一经营一体化价值链利润点驱动盈利模式盈利表现最优的是成本控制盈利能力与销售盈利能力，薄弱环节为资本盈利能力。多元经营一体化价值链利润点驱动盈利模式盈利表现最优的是资本盈利能力，薄弱环节为销售盈利能力。单一经营非一体化价值链利润点驱动盈利模式盈利表现最优的是资产盈利能力，薄弱环节为成本控制盈利能力。多元经营非一体化价值链利润点驱动盈利模式盈利表现最优的是销售盈利能力，薄弱环节为资本盈利能力。单一经营一体化价值链利润杠杆驱动盈利模式盈利表现最优的是成本控制盈利能力，薄弱环节为资产盈利能力。多元经营一体化价值链利润杠杆驱动盈利模式盈利表现相对于其他盈利模式来讲较差，薄弱环节为成本控制盈利能力与销售盈利能力。单一经营非一体化价值链利润杠杆驱动盈利模式盈利表现最优的是资产盈利能力，薄弱环节为销售盈利能力。多元经营非一体化价值链利润杠杆驱动盈利模式盈利表现最优的是销售盈利能力，薄弱环节为资本盈利能力。单一经营一体化价值链利润屏障驱动盈利模式盈利表现最优的是资本盈利能力，薄弱环节为资产盈利能力。多元经营一体化价值链利润屏障驱动盈利模式盈利表现最优的是成本控制盈利能力，薄弱环节为销售盈利能力与资产盈利能力。单一经营非一体化价值链利润屏障驱动盈利模式盈利表现最优的是成本控制盈利能力，薄弱环节为资本盈利能力。多元经营非一体化价值链利润屏障驱动盈利模式盈利表现较优的是资本盈利能力与销售盈利能力，薄弱环节为成本控制盈利能力与资产盈利能力。（3）不同价值链类型食品企业盈利模式与盈利能力的定量关系。安全认证对非一体化价值链类型食品企业综合盈利能力具有显著负影响。中国食品企业加入安全认证的时间较短，较高的成本在短期内影响收益，而未能体现其给收益带来的长期有益效应。加之中国目前食品安全监管还存在一些弊端以及消费者的消费认知水平等因素，加入食品安全认证的食品企业在短期内并没有体现出盈利上的优势。单一经营战略在非一体化价值链类型食品企业综合盈利能力方面表现较优。非一体化价值链类型食品企业盈利模式有效性由高到低依次为利润点驱动盈利模式、利润屏障驱动盈利模式、利润杠杆驱动盈利模式。非一体化价值链类型食品企业所处价值链位置并没有显著影响。一体化程度对一体化价值链类型食品企业综合盈利能力具有显著正向影响。一体化价值链类型样本食品企业盈利模式有效性由高到低依次为利润点驱动盈利模式、利润屏障驱动盈利模式、利润杠杆驱动盈利模式。而是否采取多元化经营，是否加入食品安全认证对一体化价值链类型食品企业综合盈利能力没有显著影响。（4）价值共享型盈利模式的构建。价值链视角下，食品企业盈利模式应以"共生、共赢、共享"为目标，结合企业自身的资源禀赋以及所处的经营环境，分析自身盈利模式，发现可以进入的利润区，确定适合自身的战略控制点。在不同类型盈利模式优化的基础上，构建以创造共享价值作为核心驱动因素的价值共享型盈利模式。

本书的创新之处主要有以下方面：（1）基于价值链视角研究食品企业盈利模式。目前只有极少量文献从价值链角度研究食品企业盈利模式，且基本都是从企业内部价值活动视角研究，而从产业价值链视角充分考虑食品企业与产业链条关联方式特殊性并将产业价值活动作为价值活动要素，研究食品企业价值链盈利模式的文献尚不多见。本书将食品企业盈利模式定义为"盈利要素的价值匹配度",从食品企业与产业价值链上下游的联系探寻食品企业盈利模式的类型,在剖析食品企业现有盈利模式及其盈利能力的基础上,分析不同价值链类型食品企业盈利模式与盈利能力的关系以及综合盈利能力与影响因素的定量关系,提出了优化与创新盈利模式的策略。(2)基于盈利模式分类对食品企业盈利能力表现、价值链特征、经营战略以及食品安全等内容进行了多维度评价。已有的研究文献多是按行业,或者采用单项目对企业盈利能力进行分析评价,基于盈利模式分类基础上的多维度评价,不论是关于食品企业还是其他行业的类似研究都较少。此外,当前学术界大量的研究都集中在食品安全控制体系建设和政府监管体系建设领域,但食品企业是盈利性经济组织,创造价值并实现企业增值是其可持续发展之本。本书将食品安全、价值链特征、经营战略选择等嵌入食品企业盈利模式并进行了价值相关性研究。(3)以共生理论创造共享价值为理念,构建共享价值模式并视其为食品产业价值链及盈利模式创新的重要实现形式。现有研究文献与价值管理实践对价值创造的理解基本停留在企业价值最大化或者与利益相关者共享经济、环境与社会价值层面,这种价值"分享"的实质仍是价值再分配的手段,没有旗帜鲜明地提出创造共享价值并以此为基础创新企业盈利模式。这样一种新的盈利模式需要产业链核心企业与产业价值链其他参与者共同对劳动力、资本、土地、技术和管理等资源配置方式与价值提升路径等方面进行根本性变革。本书以"共享、共赢、共生"为盈利模式优化目标,将创造共享价值作为食品企业盈利模式的核心驱动因素,为企业盈利模式创新提供了新的思路。

目　录

第1章　导论 ··· 1
1.1　研究背景与研究意义 ····························· 1
1.2　研究问题与结构安排 ····························· 7
1.3　研究方法与研究创新 ···························· 15

第2章　文献综述与理论基础 ···························· 18
2.1　文献综述 ······································· 18
2.2　研究的理论基础 ································· 31
2.3　本章小结 ······································· 41

第3章　食品企业的产业环境与价值链特征 ·············· 43
3.1　食品产业环境分析 ······························· 43
3.2　食品企业整体情况分析 ··························· 51
3.3　食品企业价值链特征与分类 ······················· 63
3.4　本章小结 ······································· 78

第4章　基于价值链视角的食品企业盈利模式特征分析 ···· 79
4.1　盈利模式的分类定型 ····························· 80
4.2　基于驱动因素的盈利模式类型细分及特征分析 ······· 96
4.3　本章小结 ······································ 123

第5章 食品企业盈利模式的分类定量评价 ········· 125

5.1 引言 ········· 125
5.2 研究设计 ········· 126
5.3 实证分析 ········· 130
5.4 本章小结 ········· 167

第6章 盈利模式对盈利能力影响的实证分析 ········· 168

6.1 引言 ········· 168
6.2 理论分析与研究假设 ········· 169
6.3 数据来源与研究设计 ········· 174
6.4 实证分析 ········· 180
6.5 本章小结 ········· 197

第7章 食品企业盈利模式的优化与创新 ········· 198

7.1 食品企业盈利模式优化、创新的目标与方向 ········· 198
7.2 食品企业盈利模式的优化路径 ········· 207
7.3 食品企业盈利模式的创新与发展 ········· 211
7.4 本章小结 ········· 222

第8章 结论、政策建议与研究展望 ········· 223

8.1 研究结论 ········· 223
8.2 政策建议 ········· 226
8.3 研究局限与展望 ········· 233

附录 ········· 235
参考文献 ········· 255

第 1 章 导　　论

1.1　研究背景与研究意义

1.1.1　研究背景

"民以食为天",食品供应和食品安全始终是人类面临的重大民生问题。正因如此,食品产业也是世界各国国民经济体系中的基础和支柱。世界各国尤其是发达国家国民经济中,食品加工业占有重要地位。发达国家食品加工业产值占国家工业总产值的15%～18%之间。以美国为例,2014年,从直接为动植物生产提供化肥、杀虫剂、种子和饲料的公司,到动植物生产、加工、贮藏以及食品销售,再到餐馆、酒吧,这个庞大的食品产业体系创造了约1.8万亿美元的销售额,占美国国民生产总值GNP比例的10.89%,并雇佣了全国13.70%的劳动力。中国是一个拥有13.75亿人口的食品消费大国,食品供应和食品安全更加重要,食品产业至关国民经济发展、国家产业安全和公众健康,关乎农民增收和社会就业,关乎经济发展、人民福祉和社会政治稳定。中国食品加工业总产值占全国工业总产值比重由2010年的8.8%提高到2014年的10%，与农业总产值之比由2010年的0.88∶1提高到2014年的1.05∶1，食品加工业在国民经济中的支柱产业地位进一步提升①。以食品饮料制造行业为例，中国食品饮料制造行业是万亿规模的大行业。2000年时，食品制造业规模以上企业收入规模仅为1300亿元，到2013年收入规模达到1.8万亿元，年复合增长率达到22%。饮料制造业2000年收入规模为1600亿元，2013年收入规模达到1.5万亿元，年复合增长率到达19%。食品饮料行业合计收入规模已超过3万亿元。复合增长率2003年至2013年期间食品饮料行业显著高于社会消费品零售总额②。中国食品加工业生产也由追求"数量型"转变为强调价值链的实现、协调与增值，追求最终产品的"价值增值型"。

中国食品工业在资本化运作、规模化经营快速发展的同时，也凸显出许多问题，综合表现为企业竞争力以及行业国际竞争力缺乏。具体体现在以下四个方面：（1）食品加工业与农业缺乏有机的联系。根据中国食品加工网资料统计显示，目前发达国家加工食品的比重在60%~80%之间，而中国消费食品中加工食品比重仅为30%。以肉制品加工处理和蔬菜加工处理为例，美国、欧盟等国家比重占到50%，而且全部实现屠宰工厂化，中国肉制品产量仅占肉类总产量的11%。美国、欧盟等发达国家的蔬菜处理加工率达到90%以上，而中国只有30%左右③。农业提供的农产品在质量、品种、数量等方面无法满足食品加工业的发展需要。而食品加工业也没有起到市场的引路作用，不仅自身的发展受到限制，也造成农业收益水平低下的局面。（2）食品工业整体行业增加值率与行业内企业利润率偏低。以肉制品加工业的上游养殖产业为例，在2012年至2014年间，行业规模在不断扩大，而行业收益率却呈递减态势。

---

① 数据统计资料来源于中国食品加工业年鉴编辑委员会编写、中华书局出版的《中国食品加工业年鉴2015》。
② 资料来源于Wind数据库行业中心。
③ 中国食品加工业网 http://www.cfiin.com。

(3) 食品行业管理体制不完善、食品安全问题仍然比较严重。近年来，全国消协组织受理投诉中，食品质量问题投诉一直居前五位[①]，可见，中国食品安全问题隐患仍然颇多。(4) 国际化程度较低、技术工艺落后，知名品牌较少、整体竞争力较弱。近年来，中国食品出口额绝对值增加的同时其占商品出口总额的比重却出现下降趋势，食品行业发展速度落后于中国总体出口。谢国娥等（2013）通过研究发现，中国近年来食品出口额绝对值增加，但占商品总出口额的比重却在下降；与其他行业相比，食品行业发展速度相对落后，出现这种局面的主要原因是中国食品法规体系不完善，监管不力。沈迪（2015）通过研究发现中国食品出口国际竞争力削弱的原因主要包括专业要素基础薄弱，食品企业以小微型为主，安全标准与国际脱节，中国食品行业需要增强产品附加值，完善市场机制，促进产业集群建设，提升品牌培养。食品行业传统优势的减弱致使中国食品行业在国际竞争中不具优势。而在国际食品市场竞争中，食品安全问题已成为贸易竞争力的首要影响因素。此外，食品安全问题依然突出，而消费者的需求偏好在不断变化，食品产业供给侧并没有很好地适应这一变化，导致食品产业的盈利状况不佳。因此，食品产业亟须转变价值理念，强化产业价值链共生意识，克服产业链上中下游环节的短板，整合产业链条，创新盈利模式。

食品产业链冗长，食品产业链的价值创造、价值实现以及价值分配等会受以下因素的影响：食品企业与上游农业生产者的利益联结方式和下游零售商的销售方式；食品产业纵向一体化程度；食品产业价值链的质量溯源控制、食品安全、风险防范和网络共享等管理和控制机制等。因此，不同食品行业产业价值链以及相同产业价值链上不同的企业，也会有差异化的盈利模式。当然，不管哪种盈利模式都不是一成不变的。这是因为企业盈利模式构成要素在不断

[①] 根据中国消费者协会官网显示的资料统计，以 2011 年为例，食品消费投诉数量 45220 件，在被投诉行业中居第四名，占总投诉的 7.4%；2012 年食品消费投诉 49116 件，在被投诉行业中居第三名，占总投诉的 9.1%；2013 年食品消费投诉 55088 件，在被投诉行业中居第二名，占总投诉 7.8%；2014 年，食品消费投诉数量 35077 件，在被投诉行业中居第五名，占总投诉 5.66%。

变化，企业盈利模式必然也处在动态变化之中。所以，不仅要重视盈利模式的现实特征研究，还要全面动态地认识企业价值创造的内在逻辑，分析预测食品企业盈利模式的演化趋势。当今社会，经济一体化程度日益提高，"共享"理念日趋强化，企业必须把创造共享价值作为实现可持续增值的新动力。因此，食品企业和其他企业一样，必须将共享价值创造嵌入企业增值模式，通过创新提高生产效率和效益的新方法，或为顾客提高产品价值属性，加大利于利益相关者生态环境改善、技术能力提升等的投入，以实现经济价值创造的可持续发展。共享价值理念是企业为实现食品产业价值链参与者创造共享价值而创新盈利模式的新思路。因此，从产业价值链视角，厘清食品企业不同盈利模式的生成机理、盈利机制和演化趋势，构建与食品产业价值链不同环节参与者创造共享价值的企业盈利模式是食品企业面临的重要课题。本文在明晰食品企业不同价值链类型盈利模式的基础上，通过剖析食品企业不同盈利模式的生成机理，评估食品企业不同盈利模式的盈利能力以及影响因素，探索食品企业不同盈利模式的演化趋势，提出食品企业盈利模式的优化策略，为中国食品企业重新定义价值、整合价值链以及创新盈利模式，促进食品产业价值链创造共享价值，实现可持续发展提供理论指导。

1.1.2 研究意义

1. 理论意义

价值链反映了产业链的价值增值情况，是对产业链竞争优势与经营战略更深层含义的解读。本书结合价值链理论、共生理论、产业分工与协作理论等，研究中国食品企业所处产业环境现状、比较不同食品企业价值链结构和状态，在对价值链组织结构演进的内部动力机制与外部动力机制进行分析的基础上，对基于价值链的盈利模式进行分类评价，研究进一步优化的路径，能够为企业盈利模式选择提供科学依据，推动价值链管理理论和方法在食品行业中的应用，为食品产业价值链的优化和发展提供理论支持。基于产业价值链视角研究食品企业的理论意义主要体现在以下三个方面：

（1）基于产业价值链视角认知食品企业盈利模式的生成机理，丰富价值链理论和盈利模式理论。食品产业链具有许多特殊性，研究食品企业盈利模式形成的驱动因素、制约条件、价值活动的构成与协同方式、运作规律以及盈利能力等，不仅可以形成食品企业价值链理论，为食品企业价值链盈利模式的理论研究提供学理支持，而且能够丰富价值链理论与盈利模式理论。

（2）对基于产业价值链的食品企业盈利模式分型归类并进行评价，为食品企业盈利模式的选择与创新提供理论指导和决策参考。由于产业价值活动的链接方式（纵向及横向）不同，食品企业的盈利模式可以有不同的排列组合，进而形成各具特色的盈利模式类型。概括盈利模式的不同类型，并进行财务与非财务、盈利能力、价值共享与可持续性等多维度的评价，探索和发现其中的规律性，以形成科学范式。所形成的科学理论能够为食品企业选择、优化和创新盈利模式提供理论指导和行动参考。

（3）分析和预判食品企业盈利模式的演化趋势，提供价值共享型等新型食品企业盈利模式创新发展的方向性指引。食品企业间竞争激烈，产品具有较高的可替代性，不断发现竞争优势的来源是食品企业盈利的关键。食品企业在增强自身竞争优势，取得经济利益的同时，还应帮助上游农产品生产者提升生产技术与创新能力，促进企业所在区域改善经济、生态以及社会环境，将更多的注意力放在协同创造更多的共享价值上。这既是履行企业社会责任的最佳方式，也是实现企业创造可持续经济价值的前提条件。因此，研究食品企业盈利模式的演化趋势及其内在规律，做出科学的分析和判断，可以为食品企业建立价值链利益相关者创造共享价值的新盈利模式提供理论指引。

2. 实践意义

食品产业具有产业链长、行业间跨度大以及关联度高的特点，是保障民生的基础性产业，在服务民生、满足内需以及扩大就业等方面发挥重要作用，其发展状况是衡量经济发展水平与人民生活质量的重要指标。目前，全球食品行业呈现出高新技术应用加速、质量安全受到空前关注以及国际竞争日趋白热化的特征，发达国家和跨国公司在全球范围内，通过多种手段进入中国市场，使中国食品企业面临更加严峻的挑战。与此同时，国内竞争市场呈现出逐渐向高新产业方向发展、消费市场空间扩大、消费结构不断升级的新特征，食品消费逐步从生存型消费转向健康型、享受型消费。通过对中国不同价值链类型食品企业盈利模式分类进行盈利能力评价及展示，针对不同类型价值链盈利模式增值机制给予有效的建议，对提升食品企业绩效，优化价值链模式增值机制、构建食品质量安全保障机制具有重要的现实意义。扩大食品加工业价值增值空间，延伸农业产业链实现产业价值增值，对增强企业竞争力，提高人民生活质量以及促进中国经济增长等方面都具有重要作用。基于产业价值链视角食品企业的实践主要体现在以下三个方面：

（1）为食品企业盈利模式的选择与创新提供理论指导。探讨食品企业价值链组织模式的分类、内在特征，并为核心利益主体进行价值链模式的选择和实施提供决策依据和方法，通过不同价值链类型食品企业盈利模式的评价，分析其战略目标与生产经营中存在的问题，优化其价值链增值机制。完善治理机制与培育机制，加强企业主体自治，树立多元主体合作观念，促进食品企业在优化内部价值链的同时，通过与其他环节相关企业的紧密合作与高度协同，获得核心竞争力与专业化优势。

（2）基于盈利模式的公司评价有助于投资者做出正确决策。在食品企业中，存在由资本所有权与企业经营权分离而产生的委托—代理问题，以及经营者与出资者之间的信息不对称问题，通过盈利模式评价可以加强对经营者的监督约束，提升食品质量安全，推动中国食品产业转型升级，不断提升食品产业盈利水平。此外，通过对价值链模式分类基础上的盈利模式评价，可以为投资者投资决策提供依据。

（3）基于产业价值链的盈利模式评价，有助于政府部门制定适宜的食品产业政策，并推动农业产业化进程。研究食品产业（价值）链上第一、第二、第三产业的链接方式、价值创造与价值分享，对中国工农利益关系与城乡协调发展政策体系的完善具有重要的意义。尽管本书是基于企业主体视角研究食品产业价值链上第一、第二、第三产业的链接方式、价值创造与价值分享，但工业与农业、城市与乡村等国家层面的重大战略关系也会在食品产业价值链中有所反映，尤其是居于食品产业链上的龙头企业多为食品工商业或者农业综合企业，研究这些企业的产业活动链接方式、价值创造的方法与价值共享的实现形式，对国家制定第一、第二、第三产业发展，尤其是第一、第二、第三产业深度融合的政策法规（2016年中央一号文件提出促进"一二三产业深度融合""推进产业链整合和价值链提升"等战略举措），落实创新、协调、绿色、共享等发展理念，具有极其重要的现实意义。

1.2 研究问题与结构安排

1.2.1 研究问题

食品加工业涉及面广、产业链长、与农业关联度强。根据食品安全法中食品的定义，食品是可以饮用和食用的物质，既包括经过加工的自然物质，又包括未经过加工的自然物质，但药品不包括在其中。中华人民共和国第十二届全国人民代表大会常务委员会第十四次会议2015年4月修订通过、2015年10月实施的《中华人民共和国食品安全法》，其中将食品定义为各种供人食用或者饮用的成品和原料以及按照传统既是食品又是中药材的物品，但是不包括以治疗为目的的物品。国家技术监督局《中华人民共和国国家标准食品加工业基本术语》将食品定义为可供人类食用或饮用的物质，包括加工食品、半成品和未加工食品，不包括烟草或只作药品用的物质。本书所指的食品企业为参照《上市公司行业分类指引（2012年修订）》[①] 以及国民经济行业分类（GB/T 4754—2011）[②]，包括A类农、林、牧、渔业（剔除02林业、05农林牧渔服务业），其余01农业（对各种农作物的种植，其中剔除棉类种植、麻类种植、烟草种植、花卉种植、其他园艺种植以及中药材种植），03畜牧业（为获得各种畜禽产品而从事的动物饲养、捕捉活动），04渔业（剔除水产捕捞）；C类制造业13农副食品加工业（直接以农林牧渔业产品为原料进行的谷物磨制、饲料加工、植物油和制糖加工、屠宰及肉类加工、水产品加工，以及蔬菜、水果和坚果等食品加工，剔除饲料加工、水产饲料加工），14食品制造业，15酒、饮料和精制茶制造业；此外，剔除食品相关不是主要业务的企业，如食品冷藏设备经营与管理、进出口贸易服务、单纯咨询服务、销售服务与技术推广以及生物技术研发等；兽药、饲料行业以及不包括生产的单纯经营销售行业暂不包括在本书研究范围内。

　　本书选择不同类型价值链食品企业盈利模式为研究对象，旨在从理论上探讨食品企业价值链组织模式的分类、内在特征，并为核心利益主体进行盈利模式选择和实施提供决策依据与方法，为食品产业链稳定运行提供政策支持。具体包括描述中国食品企业价值链模式发展的现状，分析其存在的问题与发展的障碍，以及价值链模式机制优化的必要性。按照不同的分类方式，研究各类价值链类型食品企业的内在特征。分类评价各类价值链类型食品企业盈利模式，分析优势竞争要素以及存在的竞争劣势。在不同价值链类型食品企业盈利模式评价对比分析的基础上，系统分析食品企业盈利模式的演化趋势，为建立创造共享价值的食品产业链、促进第一、第二、第三产业有效链接以及可持续发展的食品企业盈利模式提出优化策略。本书研究成果既可直接用于食品企业选择和创新适合自身

---

① 中国证券监督管理委员会网站 http://www.csrc.gov.cn/pub/newsite/scb/ssgshyfljg/.

② 中华人民共和国国家统计局网站 http://www.stats.gov.cn/tjsj/tjbz/hyflbz/.

发展的盈利模式，也可为其他产业企业选择和创新盈利模式提供参考。本书从产业价值链视角研究食品企业盈利模式，能够丰富和拓展盈利模式、价值链和创造共享价值等相关理论，为食品企业重新认识价值、重组价值链以及创新盈利模式，促进食品产业价值链创造共享价值，为实现可持续发展政策的制定、实践提供理论依据与参考。本书的研究的主要问题包括如下问题：

（1）基于价值链视角的盈利模式概念框架研究。现有研究对盈利模式界定模糊、视角多维，理论体系还不够完善。基于本文的研究主题，从价值链视角研究盈利模式的内涵、组成要素和概念体系，通过概念化建立本书研究所倚恃的理论基础。具体研究内容包括：①在对国内外有关盈利模式文献研读的基础上，归纳提炼出盈利模式的要素结构及其基本的关联方式。②结合价值链理论的最新进展，界定基于价值链视角的盈利模式的内涵和外延、核心要素及关键关联方式。本书将食品企业盈利模式定义为食品企业以价值创造为目的，包括资金流、服务流与信息流在内的业务经营模式，它具有利润导向性、动态创新性以及竞争优势性等特征，即"盈利要素的价值匹配度"。③初步明晰"产业"价值活动、价值创造、价值实现、价值分配和治理属性等价值链要素在盈利模式中的结合方式及作用机理。

（2）食品企业价值链特性与食品企业价值链类型研究。企业盈利模式有效性不仅取决于其在产业价值链的定位以及所做出的战略选择，还取决于食品企业价值链的特性。本书以食品企业所处产业价值链的特性为切入点，结合食品企业发展现状，研究食品企业盈利模式的特征。具体研究内容包括：①借鉴国内外食品产业的研究文献并结合中国食品产业的发展实际，系统地分析食品产业价值链的发展特性，包括食品产业价值链的企业数量、上下游企业间协作方式、各环节对产业链的控制能力以及与其他产业的关联度；②详细地分析中国食品企业发展现状，包括市场结构（数量、规模、行业分布）、组织形式结构、战略选择、竞争优势、纵向一体化程度、收入结构、成本结构、利润来源、业务链内容、关联方式、利益联结方式等；③利用归纳、对比等方法，基于食品产业价值链特性和食品企业发展现状，以核心利益主体为对象剖析不同价值链类型食品企业的特征。

（3）食品企业盈利模式的类型及其生成机理研究。基于食品企业价值链模式的特征，科学划分食品企业盈利模式的类型，揭示不同食品企业盈利模式的形成机制、驱动因素以及运作特征。具体研究内容包括：①根据食品企业盈利模式特征划分盈利模式的分类标准，运用杜邦分析模型通过净资产收益率相对贡献率的测度，对食品企业盈利模式基本类型进行划分，并对盈利模式组合类别进行判定，将食品企业的盈利模式划分为"单一经营一体化价值链利润点驱动"盈利模式、"单一经营一体化价值链利润杠杆驱动"盈利模式、"单一经营一体化价值链利润屏障驱动"盈利模式、"多元经营一体化价值链利润点驱动"盈利模式、"多元经营一体化价值链利润杠杆驱动"盈利模式、"多元经营一体化价值链利润屏障驱动"盈利模式、"单一经营非一体化价值链利润点驱动"盈利模式、"单一经营非一体化价值链利润杠杆驱动"盈利模式、"单一经营非一体化价值链利润屏障驱动"盈利模式、"多元经营非一体化价值链利润点驱动"盈利模式、"多元经营非一体化价值链利润杠杆驱动"盈利模式、"多元经营非一体化价值链利润屏障驱动"盈利模式等十二种组合类别。②根据实证研究结果，结合制度经济学、产业组织理论、价值链理论，分别从形成机制、驱动因素与运作特征三个方面解释和分析食品企业不同盈利模式生成机理的理论逻辑。

（4）食品企业盈利模式评价研究。根据食品企业盈利模式的类型，运用实证研究方法比较和分析食品企业不同盈利模式的盈利能力。具体研究内容包括：①运用因子分析方法分析不同盈利模式类型食品企业综合盈利能力以及不同盈利模式类型食品企业盈利能力的薄弱环节；②系统全面收集食品企业盈利模式相关文献，分析评价不同价值链类型食品企业盈利模式与盈利能力的关系以及综合盈利能力与影响因素的定量关系；研究不同盈利模式食品企业价值链优化与共享程度；③分析评价不同盈利模式食品企业质量标准、价值链特性、经营战略等差异。只有不断适应社会环境、经济环境、产业竞争力动态发展的盈利模式才能给企业带来可持续的竞争优势，因此，在剖析食品企业现有盈利模式及其盈利能力的基础上，还应分析食品企业盈利模式驱动因素的发展变化，以预测盈利模式的演化趋势，不断优化和创新盈利模式。

（5）食品企业盈利模式的优化策略研究。在系统分析基本盈利模式优化路径以及食品企业盈利模式演化趋势的基础上，将"共生、共赢、共享"作为价值链视角下食品企业盈利模式选择与创新的重要理念。并从微观、宏观层面提出相关政策建议。具体研究内容包括：①以共生理论创造共享价值为理念，构建共享价值模式并用于食品产业价值链及食品企业盈利模式；②从食品企业微观层面建立提高食品企业创新盈利模式的价值链管理策略，包括食品企业管理决策和控制机制；③从国家宏观政策层面提出促进食品产业可持续性的发展策略，包括第一、第二、第三产业发展及其深度融合、产业链整合与价值链提升、产业融合发展增值收益共享以及食品安全监管等的政策法规。

1.2.2 结构安排

本书在界定研究所涉及的盈利模式、价值链等重要范畴，并进行概念化的基础上，从价值链视角，以产业活动作为价值活动要素，厘清食品企业盈利模式的基本类型、生成机理、盈利能力表现、演化趋势以及优化策略。本书共分为8章，每章的具体安排如下：

第1章是导论。包括研究背景与研究意义、研究问题与结构安排、研究方法与研究创新等。

第2章是文献综述与理论基础。该章梳理了相关文献综述与理论的基础。价值链的研究主要包括价值链含义，价值链与产业链关系，价值链与供应链关系等。企业盈利模式研究主要包括盈利模式定义以及盈利模式构成要素等。食品企业价值链盈利模式研究主要包括食品产业链模型的构建，食品企业价值链管理以及食品产业价值链可持续发展等方面，在此基础上分析了研究趋势以及需要解决的问题。研究的理论基础包括价值链理论，共生理论与产业分工协作理论，并且分析了三种理论对本书的指导意义。

第3章是食品企业的产业环境与价值链特征。首先运用PEST分析及波特五力分析阐释了食品产业概况，在此基础上从主导行业、股权性质、区域差异、社会责任履行情况、食品安全认证情况等方面分析中国上市食品企业整体情况。其次分析了食品企业价值链特征，并且借鉴国外典型国家价值链模式，在价值纵向延伸、价值横向延伸、价值链拓展、价值链收缩的基础上，结合食品企业价值链特点，基于价值链增值目标，本书将食品企业价值链类型划分为单一经营一体化价值链类型、多元经营一体化价值链类型、单一经营非一体化价值链类型以及多元经营非一体化价值链类型等，并对样本上市食品企业的价值链类型构成情况做了统计分析。

第4章是基于价值链视角的食品企业盈利模式特征分析。首先通过净资产收益率相对贡献率测度对盈利模式基本类别进行判定，将盈利模式基本类型划分为利润点驱动盈利模式、利润杠杆驱动盈利模式、利润屏障驱动盈利模式。并在价值链类型划分的基础上，结合盈利模式的基本类型划分，将上市食品企业的盈利模式划分为"单一经营一体化价值链利润点驱动"盈利模式、"单一经营一体化价值链利润杠杆驱动"盈利模式、"单一经营一体化价值链利润屏障驱动"盈利模式、"多元经营一体化价值链利润点驱动"盈利模式、"多元经营一体化价值链利润杠杆驱动"盈利模式、"多元经营一体化价值链利润屏障驱动"盈利模式、"单一经营非一体化价值链利润点驱动"盈利模式、"单一经营非一体化价值链利润杠杆驱动"盈利模式、"单一经营非一体化价值链利润屏障驱动"盈利模式、"多元经营非一体化价值链利润点驱动"盈利模式、"多元经营非一体化价值链利润杠杆驱动"盈利模式、"多元经营非一体化价值链利润屏障驱动"盈利模式十二种盈利模式组合类别，并分别从形成机制、驱动因素以及运作特征三个方面对十二种盈利模式组合类别进行了分析。

第5章是食品企业盈利模式的分类定量评价。首先分析了盈利模式与盈利能力的关系。盈利能力是企业取得收益的实力，食品企业盈利模式选择是否恰当以盈利能力是否提升作为标志。本章在梳理盈利能力评价文献的基础上，结合食品企业特性，构建了盈利能力评价体系。利用因子分析法构建了包括资产盈利能力因子、成本控制盈利能力因子、销售盈利能力因子以及资本盈利能力因子在内的综合评价得分函数。在此基础上，对单一经营一体化价值链利润点驱动盈利模式、多元经营一体化价值链利润点驱动盈利模式、单一经营非一体化价值链利润点驱动盈利模式、多元经营非一体化价值链利润点驱动盈利模式、单一经营一体化价值链利润杠杆驱动盈利模式、多元经营一体化价值链利润杠杆驱动盈利模式、单一经营非一体化价值链利润杠杆驱动盈利模式、多元经营非一体化价值链利润杠杆驱动盈利模式、单一经营一体化价值链利润屏障驱动盈利模式、多元经营一体化价值链利润屏障驱动盈利模式、单一经营非一体化价值链利润屏障驱动盈利模式、多元经营非一体化价值链利润屏障驱动盈利模式等进行综合评价与分项评价，找到每一种食品企业盈利模式的优势竞争要素与薄弱环节，为后续影响因素分析与盈利模式优化奠定了基础。

第6章是盈利模式对盈利能力影响的实证分析。在相关理论分析与研究假设的基础上，对样本选择与数据来源、研究变量选取以及模型设定进行了详细的阐述。对研究样本进行描述性统计分析，建立了一体化样本回归模型以及非一体化样本回归模型，在前文分析每一种不同价值链类型盈利模式的薄弱环节的基础上，进一步研究不同价值链类型食品企业盈利模式与盈利能力的关系以及综合盈利能力与影响因素的定量关系，为不同价值链类型盈利模式优化奠定了基础。

第7章是食品企业盈利模式的优化与创新。该章进行了食品企业盈利模式的优化策略研究。在系统分析基本盈利模式优化路径以及食品企业盈利模式演化趋势的基础上，以"共生、共赢、共享"为优化目标，构建以创造共享价值作为核心驱动因素的价值共享型盈利模式。

第8章是结论、政策建议与研究展望。基于前文的文献回顾、理论分析及实证检验，提出了本书的研究启示及政策含义，并指明了进一步研究的方向。

▶▶ 基于价值链视角的食品企业盈利模式研究

本书研究框架与说明详见图1-1。

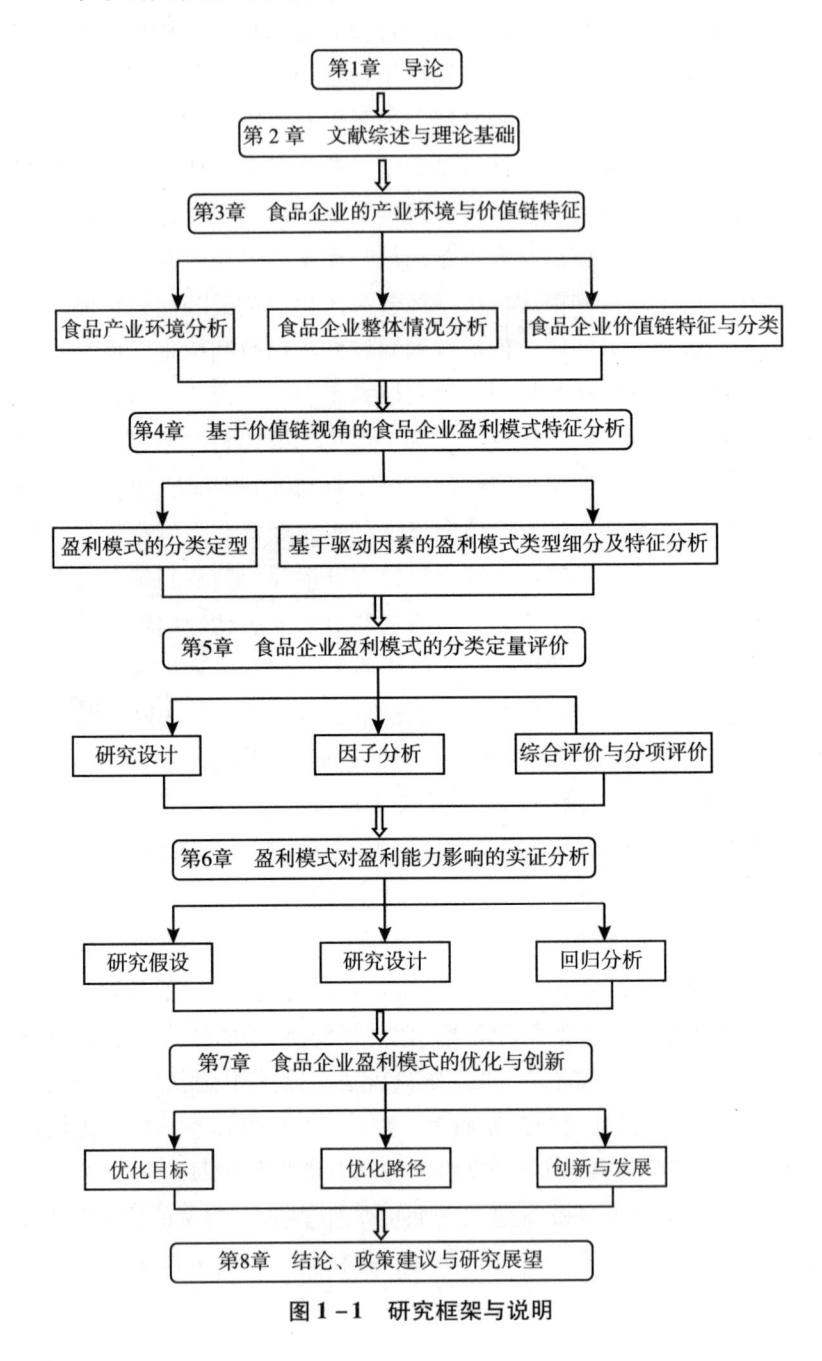

```
第1章  导论
   ↓
第2章  文献综述与理论基础
   ↓
第3章  食品企业的产业环境与价值链特征
   ├──────────────┬──────────────┐
食品产业环境分析  食品企业整体情况分析  食品企业价值链特征与分类
   ↓
第4章  基于价值链视角的食品企业盈利模式特征分析
   ├──────────────────────────┐
盈利模式的分类定型   基于驱动因素的盈利模式类型细分及特征分析
   ↓
第5章  食品企业盈利模式的分类定量评价
   ├──────────────┬──────────────┐
研究设计        因子分析        综合评价与分项评价
   ↓
第6章  盈利模式对盈利能力影响的实证分析
   ├──────────────┬──────────────┐
研究假设        研究设计        回归分析
   ↓
第7章  食品企业盈利模式的优化与创新
   ├──────────────┬──────────────┐
优化目标        优化路径        创新与发展
   ↓
第8章  结论、政策建议与研究展望
```

图1-1 研究框架与说明

1.3 研究方法与研究创新

1.3.1 研究方法

本书采用规范研究与实证分析等方法，在科学界定价值链视角的盈利模式基本概念的基础上，从产业价值链视角，以产业活动作为价值活动要素，研究食品企业的盈利模式。具体来说，采用的具体研究方法有：

1. 规范研究方法

本书在全面搜集国内外盈利模式与价值链理论等相关文献的基础上，对现有盈利模式与价值链理论进行深入研读与归纳，特别是透彻理解和系统掌握盈利模式的理论模型与盈利评价、产业价值链整合与创新等理论前沿，吸收借鉴他人的最新研究成果。在规范研究中，以文献综述为基础，结合前人研究成果，从理论层面上分析了食品企业盈利模式的类型与特征，为实证研究中假设的提出，模型的建立提供了理论基础。从纷繁复杂的食品产业价值链特性和食品企业发展现状中概括食品企业盈利模式的特征，并依据这些特征对各具特色的食品企业盈利模式进行科学分类是研究食品企业盈利模式生成机理、盈利能力评价和演化趋势的基础。

2. 实证研究方法

本书在价值链视角构建盈利模式的理论框架与核心要素的基础上，采用实证研究方法，通过建立统计模型，根据食品企业不同盈利模式评价结论，结合宏观经济、全球化、产业动态和企业竞争力等的变化走向，分析和预测食品企业盈利模式的演化趋势，在此基础上解析优化食品企业盈利模式的策略，为企业盈利模式的选择和优化提供可参考的样本。采用相关统计软件以及数理统计的方法，建立盈利模式的盈利能力评价体系，分析评价食品企业不同盈利模式价值链的盈利能力以及寻找盈利能力的薄弱环节。确定不同价值链类型食品企业盈利模式与盈利能力的关系以及综合盈利能力与影响因素的定量关系，深入分析环境变化因素及其发展态势，进而预测企业盈利模式的发展趋势。

3. 比较研究方法

食品企业不同盈利模式的形成机制、驱动因素与运作特征的不同，必然导致食品企业不同盈利模式的盈利能力表现存在差异。本书采用比较研究的方法评价食品企业不同盈利模式企业价值链特征、质量标准、经营战略及这些差异对不同盈利模式食品企业盈利能力的影响。比较和分析食品企业不同盈利模式的盈利能力、预测食品企业不同盈利模式的演化趋势、提出食品企业盈利模式的优化策略。

1.3.2 研究创新

本书的创新之处主要有以下几个方面：

（1）以产业价值链为视角构建盈利模式分类与评价体系。目前只有极少量文献从价值链角度研究食品企业盈利模式，且基本都是从企业内部价值活动视角研究，而从产业价值链视角充分考虑食品企业与产业链条关联方式特殊性并将产业价值活动作为价值活动要素，研究食品企业价值链盈利模式的文献尚不多见。本书将食品企业盈利模式定义为"盈利要素的价值匹配度"，从食品企业与产业价值链上下游的联系探寻食品企业盈利模式的类型，并在价值链类型划分的基础上，结合盈利模式的基本类型划分，将上市食品企业的盈利模式划分为十二种盈利模式组合类别，并分别从形成机制、驱动因素以及运作特征三个方面对十二种盈利模式组合类别进行了分析。在剖析食品企业现有盈利模式及其盈利能力的基础上，分析不同价值链类型食品企业盈利模式与盈利能力的关系以及综合盈利能力与影响因素的定量关系，提出了优化与创新盈利模式的策略。

（2）多维度分析企业盈利模式，构建食品企业盈利模式的盈利能力评价方法。基于盈利模式分类对食品企业盈利能力表现、价值链特征、经营战略以及食品安全等内容进行了多维度评价。已有的研究文献多是按行业，或者采用单项目进行的企业盈利能力分析，基于盈利模式分类基础上的多维度评价，不论是关于食品企业还是关于其他行业的类似研究都少有相关文献。此外，当前学术界大量的研究都集中在食品安全控制体系建设和政府监管体系建设领域，但食品企业是盈利性经济组织，价值创造并实现企业增值才能实现企业的可持续发展。本文将食品安全、价值链特征、经营战略选择等嵌入食品企业盈利模式并进行了价值相关性研究。

（3）将"共生、共赢、共享"作为价值链视角下食品企业盈利模式选择与创新的重要理念和方法论。以共生理论创造共享价值为理念，构建共享价值模式并用于食品产业价值链及食品企业盈利模式创新性研究。现有研究文献与价值管理实践对价值创造的理解基本停留在企业价值最大化或者与利益相关者共享经济、环境与社会价值层面，这种价值"分享"的实质仍是价值再分配的手段，没有旗帜鲜明地提出创造共享价值并以此为基础创新企业盈利模式。这样一个新的盈利模式需要产业链核心企业与产业价值链其他参与者共同对劳动力、资本、土地、技术和管理等资源配置方式与价值提升路径等方面进行根本性变革。本书以"共享、共赢、共生"为盈利模式优化目标，将创造共享价值作为食品企业盈利模式的核心驱动因素，为企业盈利模式创新提供新的境界。

第 2 章 文献综述与理论基础

目前,国内外专门研究食品企业价值链或者食品企业盈利模式的文献都较少见。基于本书的研究主题,现将价值链、企业盈利模式,以及食品企业价值链及食品企业盈利模式等与本文直接相关的研究文献加以梳理与分析,以进一步明晰本文的研究目标与研究内容。在此基础上,分析价值链理论、共生理论、产业分工与协作理论等,并且明确理论对本书的指导意义。为后续研究中国食品企业现状、类比不同食品企业价值链模式,在价值链组织演进的内部动力机制与外部动力机制分析基础上进行盈利模式评价,以及进一步的路径优化奠定理论基础。

2.1 文献综述

2.1.1 价值链研究

自波特(Porter,1985)创新性地提出价值链概念以来,价值链理论不断发展,如虚拟价值链、价值网、全球价值链等,日渐成为管理学理论体系中的重要组成部分,并广泛应用于企业管理实践。现如今，价值链概念已经从企业内部价值链延伸到产业价值链，甚至是全球价值链。在这个过程中，价值链分析边界、价值创造、价值实现、价值分配等因素的内涵也在不断演变。由于企业间的竞争逐渐演变为价值链之间的竞争，人们逐渐注意到价值链对企业价值创造的重要性，价值链的研究也开始从最大化企业价值活动的价值增值向共同提高产业价值链效率与效益的方式转变。谢里登（Sheridan，1999）认为价值网具有与客户保持一致、合作化与系统化等特征，并且建立了为价值链分析提供整体空间的斯科价值网。郑霖（2002）认为价值链重构与契约联盟是价值链研究的侧重点。任新建等（2002）认为虚拟价值链在缩小了规模经济的同时也扩大了范围经济。王化成（2005）认为企业是全球经济化背景下价值网络的一部分。阿利（Allee，2008）认为价值网络的实质是价值交互系统。张树臣等（2013）研究了基于价值网虚拟产业的集群合作与竞争协同演化。刘向东等（2016）认为价值创造模式在互联网时代已由价值链转变为价值网。并且越来越多的学者开始关注价值链与产业链、价值链与供应链之间的区别与联系。

价值链与产业链。产业链的最终目的是提升企业竞争力，在专业分工以及优化组合基础上，促进经济效率的提升。周路明（2001）认为产业链分为横向协作链与垂直供需链，产业链的状况需要从节点企业状况以及匹配关系等来进行评价。龚勤林（2004）将产业链定义为各农业部门间存在的相互联系的链条式结构。蒋国俊（2004）认为产业链是企业联盟的一种共同决策，产业聚集区内的企业是战略联盟关系。李心芹等（2004）认为产业链是以地理区域内竞争力较强的企业作为核心，通过资金、技术、产品联结形成的战略关系链。李万立（2005）认为产业链的概念与价值链的概念具有重叠性。刘富贵等（2006）认为产业链是以价值增值为目的，以产品为纽带形成的网式链结构。蔡宇（2006）将企业或者行业在价值链或者供应链上的专业化经济活动与组织结构定义为产业链。李健等（2007）通过分析得出产业链具有波粒二象性特征，价值增值过程存在量子跃迁现象。朱凤涛等（2008）认为产业链是信息链、资金链、产品链与物流链的统一体。曹群等（2008）认为产业链是知识链、供应链以及价值链整合形成的网式结构。阮南燕（2010）研究了价值链治理以及企业产业链升级等有关内容。赵西三（2012）认为产业升级是在区域产业与比较优势结合的基础上实现企业综合竞争力。陈颖（2012）认为中国产业升级有赖于新型价值链发展。王季（2016）分析了整合产业链内参与者资源形成创新系统的重要性。朱长宁（2016）从供给侧改革角度研究了价值链重构、产业链整合与休闲农业发展问题。寇光涛等（2016）以产业链演化发展为分析视角，研究了中国粮食产业链增值的路径模式。由此可见，产业链是一个相对宏观的概念，它的本质是用于描述一个具有某种内在联系的企业群结构。而价值链是互不相同但相互关联的生产经营活动，构成一个创造价值的动态过程。价值链整合具有动态性、全面性与系统性的特点，反映价值的转移和创造，其各环节存在盈利水平的差异性。产业链中存在大量的价值交换与上下游企业关系，把价值链的思想和方法运用到产业层次上，给产业链价值的整合提供系统的方法，通过统一规划和布置，协调企业价值活动，使企业价值链之间产生协同效应。

价值链与供应链。供应链组织体现了单个组织的合作关系，是以契约关系联结的企业网络，供应链组织区别于完全的市场交易关系，也区别于企业内部的指令交易，它的实质是一种实体或虚拟的结合体，是上下游单个企业之间通过契约关系进行连接的结合体。迟晓英（2000）也提到了价值链理论包括基本活动与辅助活动划分的局限以及将着眼点放在企业内部的局限性，其与供应链的发展可以相互补充，价值链与供应链可以在价值系统中进行协调与整合。马士华（2000）认为供应链是从原材料采购开始到最终把产品送到消费者手中，围绕核心企业通过对资金流、物流以及信息流的控制连成整体网络功能结构的模式。2001年中国发布的《物流术语》国家标准，将供应链定义为产品和服务提供给最终用户的网链结构。供应链管理则是对供应链中资金流、物流、信息流等通过计算机网络的形式进行计划、组织、协调与控制等的管理工作。供应链管理的概念逐渐延伸到关系管理中。供应链管理逐渐与组织管理理论、经济理论以及组织网络理论交叉融合。陈红儿、刘斯敖（2003）认为供应链组织是一种中间型组织，通过中间组织的协调可以达到交易费用最小化以及竞争效率最大化。殷梅英等（2003）分析了供应链分销阶段过程绩效的改进方法。曾楚红（2006）对经济组织的优劣构建了效益与效率的二维组织框架，认为企业内部交易激励不足，但节约市场交易成本，而市场交易与此相反，作为中间组织的供应链组织优于同一产权主体内的企业组织。蔡宇（2006）认为价值链与供应链是企业竞争优势研究中两个重要的理论。马霄峰（2006）认为企业与市场是两种可以替代的交易模式，供应链是通过对信息、技术以及人、财、物等进行组织协调进而将农产品生产、加工、销售等环节联系起来的过程。王海萍（2007）认为供应链的研究范围日益广泛，从原来的企业内部拓展到企业间、企业与渠道商以及消费者等。马托普洛斯（Matopoulos，2007）认为信息交流会随着参与供应链生产者数目的增加而变得困难，进而影响供应链协作效率。随着网络组织的发展，成员之间的优势互补、资源共享以及充分信任通过节点之间彼此协调来完成。王凤彬（2007）将供应链定义为通过一定的供需关系链构成的网状组织系统，以满足最终顾客需求。冯涛（2010）认为建立在分工理论基础上的最优效率生产网络联结容易忽视知识互动关系。威廉姆森（Williamson，2010）认为供应链管理更侧重于组织治理，其与纵向协调具有内在的统一性，以缓解冲突实现共赢为手段。倪沈冰（2013）研究了供应链与价值链联动的优化策略。丁宁（2014）分析了流通商主导的供应链战略与价值链创新。徐可等（2015）研究了供应链关系质量与企业创新价值链。宋传联等（2016）结合供应链管理与价值链管理，分析了差异化竞争背景下的企业转型的出路。由此可见，供应链是来自物流范畴，供应链管理指的是跨企业的物流管理，而价值链是互不相同但相互关联的生产经营活动。企业辨清自身的价值链是实施供应链管理的前提。

通过前文文献综述的梳理，我们发现自价值链概念提出以来，价值链理论不断发展，日渐成为管理学理论体系中的重要组成部分，并广泛应用于企业管理实践。研究所关注的焦点由价值创造拓展到价值分享；价值链管理研究的主要脉络是从企业内部价值链价值活动到产业价值链价值活动，再到价值网整合，而共享价值创造和价值分享机制的优化必将成为新的研究重点。价值链管理的目标定位由消除浪费和降低成本、识别利润区域转向整合价值链。价值链与产业链、供应链之间既有区别又相互融合。这些趋势性变化，既反映了人们认知能力的提升，也预示着管理实践的未来走向。食品企业具有极为特殊的产业价值链，共享价值创造所涉及的利益相关者也更多，因此需要研究的问题必然复杂又多样。食品产业链上的龙头企业多为食品工商业或者农业综合企业，研究这些企业的产业活动链接方式、价值创造的方法和价值共享的实现形式，对于国家制定第一、第二、第三产业发展，尤其是第一、第二、第三产业深度融合的政策法规，落实创新、协调、绿色、共享等发展理念，具有极其重要的现实意义。基于此，本书将食品企业价值链定义为食品企业反映了产业链的价值增值情况，是产业链更深层含义竞争优势与经营战略的体现。

2.1.2 企业盈利模式研究

关于企业盈利模式，目前学术界尚没有形成公认的定义。已有的研究文献基本是从管理实务层面单纯地使用这个概念，而且时常将它与商业模式的概念混用。国内外关于盈利模式的研究成果主要集中在盈利模式的定义以及盈利模式的构成要素方面。

盈利模式定义。蒂默尔斯（Timmers，1995）将盈利模式定义为信息流、产品与服务的体系结构。马哈德万（Mahadevan，2000）认为企业与上下游合作伙伴之间的价值流、信息流、物流等多方共赢的局面为盈利模式。托马斯（Thomas R.，2001）将盈利模式定义为企业取得未来可持续优势的方式。林德等（Linder et al.，2001）从系统论的角度分析，将盈利模式定义为创造价值的商业系统，其核心是价值创造。周永亮（2001）认为盈利模式是公司整合各项资源的经营模式。霍金斯（Hawkins，2002）认为企业的盈利模式是保证收益稳定控制成本的生存方式，公司为了产生盈利性可持续收益流去创造和传递这些价值。都柏森（Dubosson，2002）将盈利模式定义为企业获取现金流入的网络关系。亚力山大（Alexander，2002）将盈利模式定义为产生盈利性可持续收益流的价值网络。赵玉国（2002）将盈利模式定义为为取得较多销售收入，并且付出相对较少费用的运营方法。阿法亚（Afuah，2003）认为盈利模式是企业将内外部资源进行高效整合的手段。刘扬（2003）认为盈利模式是研究公司成长态势的经营方式。王方华、徐飞（2005）认为盈利模式是企业在投入自身经济要素的基础上，通过整合利益相关者资源形成的价值创造。罗珉（2005）认为企业的盈利模式是追求个人租金与组织租金的商业模式。熊晓元（2006）认为盈利模式是企业随环境调整的组织行为。张海霞（2007）认为企业资源配置与利润创造的发展战略。郝冬冬（2007）将盈利模式定义为探索企业盈利点的价值识别与管理活动。郎咸平等（2007）将盈利模式定义为对投入产出系统的优化过程。汤谷良（2007）在研究企业优势产业基础上认为盈利模式是保持企业的持续竞争优势。王松茂等（2008）、郭金龙等（2005）基于顾客价值角度认为，盈利模式是为顾客创造价值过程中产生的业务流程。盈利模式是企业通过一系列业务过程进行的价值创造、价值营销与价值传递。王方华（2009）将企业的盈利模式定义为行为与关系的表述，反映了企业核心价值理念对市场行为的获取，盈利模式是企业内部与外部的耦合关系。崔岳东（2010）认为盈利模式是产出方式与生产过程的系统方法。刘胜军（2010）认为盈利模式是要素组合方式的商业架构。王晓明（2010）认为盈利模式的本质是顾客价值创造与企业价值创造。李柱（2010）通过分析电子商务行业，认为国内盈利模式定义不突出、缺乏多样化等问题。项国鹏（2011）认为盈利模式是一种保障企业持续获利的机制。戴天婧（2012）认为盈利模式是对现有资源的有效搭配。张爱虎（2014）认为企业盈利模式是一种企业运行机制，在资源配置的基础上重新划分企业业务。林桂平等（2015）认为，盈利模式属于商业模式的核心要素之一，是企业的收支来源和收支方式。

盈利模式构成要素。由于对盈利模式含义的理解不同，关于其构成要素的解释也就各异。多纳特（Donath，1999）认为盈利模式要素包括内外部资源调动能力、客户定位以及营运管理等。威尔和维塔尔（Weill & Vitale，2001）认为盈利模式由企业核心能力、营销渠道、企业战略目标等构成。艾伯盖特（Applegate，2001）认为盈利模式的构成要素包括公司价值、经营理念以及盈利能力。贝茨（Betz，2002）认为盈利模式的构成要素包括资本、销售与利润、客户关系、关键业务以及核心资源等。格雷（Gray，2003）认为盈利模式的构成要素包括价值网络、核心战略、客户界面以及战略资源等。钱廷仙等（2004）认为企业盈利模式包括利润组织、利润源、利润屏障以及利润杠杆等。杰弗里·艾伦（Jeffery Allen，2005）认为盈利模式主要包括企业竞争战略、内部运营能力、自身经济因素以及投资者因素等。乔尔·埃文斯（Joel R. Evans，2005）认为盈利模式的构成要素包括净值报酬率、资产周转率以及财务杠杆、利润率等。王滨（2005）认为盈利模式的要素主要包括成本控制、盈利途径以及业务结构等。艾特利（Adel I. EI，2006）认为盈利模式的构成要素包括杠杆比率、销售净利率、净资产收益率等。闫峰（2006）认为盈利模式的要素包括管理控制、资本、品牌渠道、技术以及销售等。都跃良（2006）认为盈利模式要素包括自由现金流结构、盈利点以及关键资源和能力等。李梅（2007）认为利润点、利润源以及业务活动等是盈利模式考虑的主要因素。史玲（2007）认为盈利模式的要素包括企业的核心优势、持续盈利以及向客户提供的价值等。甄国红（2007）认为盈利模式的要素主要包括利润杠杆、利润源以及利润对象等。孙健等（2007）认为盈利模式的构成要素包括市场、人才、资源以及管理等。宋效中（2007）认为盈利模式是多种影响因素的有机组合。吴伯凡（2007）认为盈利模式包括企业价值配置、核心竞争力、成本结构与收入结构等。

杰拉特（Gerard，2011）认为盈利模式包括高效运营、客户认可的服务以及传递服务的渠道。宋海燕（2012）认为盈利模式的类型包括资源投入型、产品提供型与客户选择型。盈利模式的要素包括利润源、利润对象、利润组织以及利润点等。韦尔（Weill，2013）认为盈利模式的构成要素包括价值主张、核心竞争力以及战略思想等。程愚（2013）认为盈利模式包括企业资源与能力以及企业战略等。

2.1.3 价值链视角下盈利模式研究

目前，专门研究关于价值链视角盈利模式的文献还极为少见，现有研究文献基本集中在行业层面的简单分析，或者进行简单的实证研究，还没有发现有定位为"生成机理"或者"优化路径"等深层次的研究文献。例如，马格瑞塔（Magretta，1999）从价值层面将盈利模式定义为创造价值的过程，目的是为利益相关者服务。栗学思（2003）等从组织理论的视角去分析盈利模式，将其看成是企业围绕利益相关者整合资源，实现价值创造的商业架构，在商业应用中，盈利模式应该包括核心战略、客户界面、战略资源和价值网络四个组成部分。马哈德万（Mahadevan，2000）和杜布森（Dubsson，2001）将价值链分析应用到盈利模式中去。弗拉·扎利克（Lejla Vrazalic，2002）认为盈利模式是企业运用价值链分析工具制定适合核心竞争力发展的经营方案。格利·哈迈尔（Gary Hamel，2002）认为盈利模式由价值网络、战略资源、核心战略以及客户界面组成，是企业维持正常运转的价值创造。翁君奕（2004）认为盈利模式包括价值提供、价值对象、价值内容等。谢弗（Shafer，2005）认为盈利模式是企业以获取和创造价值为目标战略选择的体现。林德（Linder，2007）对盈利模式从网络价值系统以及企业组织结构角度进行分析。奥劳森（Olausson，2010）认为价值网络理论是价值创造理论的拓展与延伸。张乐乐（2012）认为价值链理论是盈利模式分析的有效工具。徐光辉（2011）认为盈利模式需要以价值创造理论为指导。颜爱民等（2006）、李丽菲

(2013)、顾兵等（2011）分别从企业价值链视角研究了房地产开发企业、苏宁电器、中石油的盈利模式；余虹（2012）分别从产业价值链视角研究了美国银行业的盈利模式。王国顺等（2012）分析了零售企业的盈利模式与价值链优化。郭俊峰等（2013）、赵绘存（2016）、李春蕾等（2015）以价值链为研究视角，分别分析了科技企业孵化器、物流企业的盈利模式。

2.1.4 食品企业价值链及盈利模式研究

较早研究食品企业价值链的是英国加迪夫大学的部分学者。该大学学者组成的研究团队，以精艺模型、价值流图和价值链分析为基础，对食品企业价值增值活动识别，价值流程优化等进行了系列研究，并取得了较为丰富的成果。西蒙等（Simons et al.，2005）、泰勒等（Taylor et al.，2009）研究团队完成了15个食品价值链分析项目，研究成果解释了供应商和顾客价值链对企业内部价值活动的影响，以及如何识别食品企业价值活动的经营效率和进行价值链的再造。食品企业价值链相关研究主要集中在食品产业价值链模型的构建、食品企业价值链管理以及食品产业价值链可持续发展等方面。

食品产业价值链模型的构建，概括起来，所涉及的研究内容大致包括两个方面：一是按产品品种构建价值链模型的研究。如杰弗里等（Jeoffrey et al.，2000）构建了牛肉产业价值链模型。二是基于不同管理视角的研究。例如，戴化勇（2007）根据利益主体在价值链中的地位建立了产业链的价值链分析框架。黄卫红（2007）、朱述斌等（2009）还构建了"共生型"农产品价值链理论模型。李燕琼等（2009）提出横向一体化、业务流程再造、战略联盟等企业价值链模型。桑韦迪（Thanwadee，2012）以泰国食品产业为例，研究了产业价值链生产力提高的影响因素及其动态模型。

食品企业价值链管理。少数学者开始关注并研究食品企业价值链绩效，如桂寿平（2006）等提出针对农产品增值环节，U型结构价值链与产业链进行协同管理。阿德里安等（Adrienn et al.，2009）调查了91条农产品价值链，研究了欧洲六个传统农产品价值链的绩效不平衡问题，将绩效不平衡的原因归于物流成本与交货时间等因素；李燕琼等（2009）基于Porter构建的企业价值链模型，构建了农业产业化龙头企业（即食品企业）的价值链模型。波雷等（Poray et al.，2003）研究了猪肉价值链中生产企业和包装企业在现货交易、合同交易与纵向一体化中不同的协调机制；米运生（2009）以温氏集团与农户的交易形式为例，运用经济学对"公司+农户"交易形式进行了理论分析。

食品产业价值链的可持续发展。近年来，随着食品市场竞争的加剧，食品产业价值链的可持续发展问题也引起了一些学者的关注。例如，哈钦森等（Hutchinson et al.，2012）构建了可持续经营模型，并将此模型运用于加拿大快餐食品企业可持续发展的分析；弗里德里希等（Friedrich et al.，2012）通过问卷调查，运用单变量、双变量和多变量分析法研究了德国农业企业实施可持续管理面临的挑战、责任和绩效；亨普希尔（Hemphill，2013）研究了食品产业价值链应承担的环境和社会责任，按照"创造资本"理念分析了农业产业可持续商业模式演变的过程，解释和分析了该模式将在全球食品制造行业得以不断发展的原因。多布雷亚等（Dobrea et al.，2014）运用网络分析法，以罗马尼亚软饮料行业为例，研究了农业产业价值链可持续的影响因素，并建立了食品产业可持续模型。

经过广泛阅读国内外文献发现，至今尚没有基于价值链或产业价值链视角研究食品企业盈利模式的专门文献，只有少量文献对这一问题有所涉及。由上可见，目前虽然已有相关研究文献从不同方面涉及到农产品生产或者农产品、食品销售等食品产业链环节的价值链、盈利模式问题，但是这些文献的研究对象往往都不是食品加工或者以食品加工为主的食品企业，更没有发现有文献基于产业价值链视角对盈利模式做进一步的细分研究，或者对食品企业盈利模式生成机理、盈利评价和优化策略等进行理论和实证研究。从科学角度看，还没有形成集成、系统、公认的理论范式。关于企业盈利模式，目前学术界尚没有形成公认的定义。已有的研究文献基本是从管理实务层面单纯地使用这个概念，而且时常将它与商业模式的概念混用。盈利模式建立的目的是实现价值增值，这种价值增值包括两个方面：一方面是企业利润的实现；另一方面是客户价值的增加，这两个方面都是通过发挥价值链的功能来实现的。以价值链理论为基础，分析食品企业的盈利模式，体现了盈利模式的目标。企业之间的竞争随着技术信息化与经济全球化的发展而日益激烈，竞争者的范围、竞争的焦点、竞争的规则也在不断变化，单纯靠扩大市场份额已不能取得持续的竞争优势。盈利模式是企业在优化资源的基础上取得利润的途径，建立在价值链优化基础上的盈利模式可以使企业在市场竞争中获得持续的竞争优势。本书将食品企业盈利模式定义为企业以价值创造为目的，包括资金流、服务流与信息流在内的业务经营模式，其具备利润导向性、动态创新性以及竞争优势性的特征，即"盈利要素的价值匹配度"。基于本书的研究主题，将价值链、企业盈利模式，以及食品企业价值链及食品企业盈利模式等与本书直接相关的研究文献加以梳理和分析，以进一步明晰其研究趋势与亟待研究的问题。

2.1.5 研究趋势及亟待研究的问题

通过对中国知网数据库统计，在"食品企业""价值链""盈利模式"以及"食品企业+盈利模式""食品企业+价值链""盈利模式+价值链""食品企业+盈利模式+价值链"的相关研究中，"价值链"的相关研究最多，其次为"盈利模式"相关研究和"食品企业"相关研究，而将盈利模式与价值链相结合的研究较少。食品企业相关研究主要集中在食品技术、食品安全以及食品企业的社会责任等方面，研究食品企业盈利模式，并将价值链分析融入其中，目前几乎为空白，如图2-1、图2-2所示。

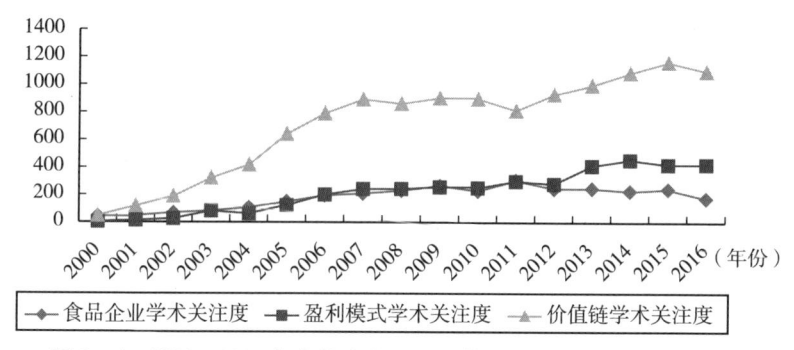

图 2－1　2000～2016 年食品企业、盈利模式以及价值链学术关注度

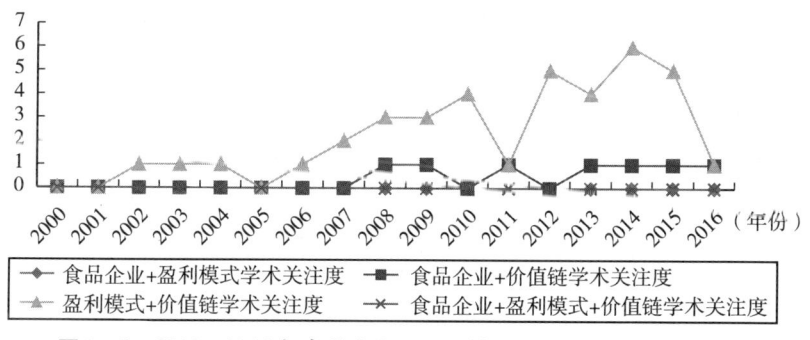

图 2－2　2000～2016 年食品企业＋盈利模式＋价值链等学术关注度

目前，企业盈利模式的研究多侧重实务层面，结合产业特性的研究文献虽在增加，但数量仍然极少，这与盈利模式自身边界不清、内容庞杂有直接关系。总体而言，需要对盈利模式形成的影响因素、盈利表现、演化趋势等深层次的问题进行深入研究，将零星、无序的知识系统转化为理论，以明确其含义、边界、影响因素及演化趋势等基础或者规律性的内容。而关于食品企业盈利模式的研究更亟待强化，因为它涉及工农、城乡利益关系以及中国实现全面小康和现代化等战略性问题。根据以上分析，目前的研究趋势及需要解决的问题主要包括以下两个方面：

（1）价值链会计理论研究需深化，盈利模式的研究需要有价值链等理论做根基。国内外对于价值链理论的研究，随着知识经济的发展和经济全球化的深化，从原来聚焦实体形态价值链发展到现在聚焦知识形态价值链，从企业内部价值链拓展到企业外部价值链乃至全球价值链，研究对象范围极大拓展，研究成果丰硕。但国内外对价值链会计的理论研究还停留在基础的理论研究上，内容比较零散，未形成能用于指导实践的较完整的理论体系。价值链理论关注价值链的价值创造活动，价值创造也是盈利模式研究的核心内容，因此，一些研究文献将价值链理论与盈利模式理论相结合，形成了盈利模式研究的一个新视角。随着企业间竞争转变为产业链竞争，产业链竞争拓展到价值网整合，价值链理论从企业内部价值链、产业价值链，发展到价值网。但价值链视角的盈利模式研究仍局限于从企业价值链的价值活动研究企业盈利模式，或从产业价值链的特点研究产业盈利模式，内容比较零散，没有从产业价值链分析边界、价值创造、价值实现、价值分配和治理属性的逻辑以及企业价值链与产业价值链条间的联系对企业盈利模式进行系统深入的研究。波特和克莱默（Porter & Kramer，2011）提出了"创造共享价值"的思想，但还未发现将创造共享价值思想应用于价值链视角的盈利模式创新研究中。结合价值链理论研究涉农企业和涉农产业盈利模式的研究已有出现，但研究成果甚少，从既有文献可以发现相关研究中的涉农企业和涉农产业多是农业生产企业，而不是食品加工企业。更为重要的是，食品加工企业所处行业不同，不同行业的食品加工企业、同一行业的不同食品加工企业的产业价值链在价值创造、价值实现、价值分配、治理属性等方面都存在较大差异，已有研究并未涉及从联系复杂、类型多样的食品产业价值链视角归纳出食品企业盈利模式的类型，以及食品企业不同盈利模式生成机理、盈利能力评价、演化趋势和优化策略。本书将基于实现食品企业价值增值目标，运用价值链和盈利模式的基本理论，在系统地探索食品企业特殊而复杂的营运流程的基础上，剖析食品企业的价值增值机理，结合上市食品企业不同价值链类型盈利模式的分析，进一步充实食品企业价值链与盈利模式的研究成果，为食品企业价值链管理实践和盈利模式的优化提供政策建议，有别于前人的研究。

（2）基于产业价值链视角的研究亟待进行理论构建和政策体系

保障。国内外学者对盈利模式的研究已经取得了一定成果，但盈利模式含义不明确，两者关系研究不深入，故在此领域还有很大的研究空间。价值链和盈利模式理论应用于"涉农产业""涉农企业/涉农产品"等农业活动方面的研究已有出现，但研究成果甚少。从既有文献可以发现相关研究中的"涉农产业"并不具备本书所界定的食品企业的基本特征。更为重要的是，已有的农业活动价值链和盈利评价方面的研究并未涉及"价值链模式分类""盈利模式分类"或"分类盈利模式评价""食品质量安全与盈利模式评价""非上市食品企业价值链盈利模式"等问题。如何将食品质量安全嵌入食品企业盈利模式是亟待研究的课题。食品质量安全是世界性难题，在中国这样一个食品消费大国面临的困难也更多。目前，关于食品质量安全监管和控制体系的研究文献可谓比比皆是，政府也通过法律和行政手段频频出招。但是，盈利和价值创造是市场经济制度下企业的基本经营目标，如果不进行综合性、系统性治理，不进行产业基础等方面的结构性改革，食品安全的治理成效就可能会大打折扣。因此，如何将食品质量控制体系和诚信嵌入企业盈利模式，让"质量安全""诚信"成为食品企业的重要驱动因素是亟待解决的理论和实践问题。而这一目标的实现又需要财税、金融等产业政策工具等组成的法规、政策和策略体系的配套性改革。

2.2 研究的理论基础

2.2.1 价值链理论

1. 价值链理论简介

价值与价值链。按照新古典主义经济学的观点，在开放和竞争的交易市场中价格即为价值，克莱默（Kramer，1990）提出价值具有层次性，产品价值层次、服务价值层次以及质量比较层次。罗福凯（2003）将财务学中的价值定义为凝结在商品中的生产力资源被社会接受的程度与效果。安特鲁·费勒（Andrew Feller，2006）认为企业的价值存在形式包括组织价值、技术价值以及个人价值。美国哈佛大学教授波特1985年在他的著作《竞争优势》中，首次提出了价值链的概念，并且在价值链概念的基础上识别企业的经营活动，进而分析企业特有的竞争优势。通过价值链的优化，可以形成企业自身的竞争优势。迈克尔．波特的价值链理论从单个企业的角度，将企业的价值增值活动分解为一系列的价值活动，并通过一系列的价值整合与协调，分析其在价值链上的价值活动以及竞争优势。价值链整合与优化的过程称为价值链管理，是传统意义上的价值链理论，也是战略分析的重要工具。受当时经济发展背景的制约，波特的价值链理论更侧重从单个企业的角度出发，而对行业内的合作以及顾客利益有所忽略，随着产业升级，价值链的观点逐渐演变为企业与合作者、供应商、顾客共同参与价值创造的动态过程。科格特（Kogut，1985）认为价值链是劳动、原料与技术投入最终商品的过程，企业将价值增值体系纳入等级制体系中。格里菲（1999）提出全球商业链概念，将价值链理论运用到全球经济化中。彼得·海因斯（Peter Hines，1993）在波特价值链定义的基础上进一步发展了价值链理论，他认为"价值链是集成物料价值的运输线。价值链由顾客需求来拉动，并且不同的价值活动之间具有交叉功能。"智力资本、信息等在知识经济到来后，作为独立的生产要素发挥作用，在此背景下，杰弗利与约翰（Jeoffrey & John，1995）提出了虚拟价值链的概念，并认为企业不仅具有物质资源构成的实体价值链，还存在由信息构成的虚拟价值链。随后在经济全球化不断发展的背景下，顾客需求逐渐多样化，市场需求更加不确定，随着企业间价值链交叉与融合，原有相对稳定的产业连接方式又促进了价值链的重新整合与优化，在价值链内容的基础上，此后又出现了价值流、价值网以及模块化管理思想。顾客需求是价值网络的核心，价值网络增强了资源的共享性，也随着市场环境的变化进行不断的调整。阿密特（Amit，2001）认为交易成本理论、价值链分析、虚拟市场以及战略网络等都是价值创造分析的工具。布拉巴卡（Prabakar，2001）认为价值网包括优越顾客价值、核心能力与相互使用关系三部分。杜鹰（1999）认为对信息进行加工、分配进而创造价值的过程即为虚拟价值链。马晓河（2000）认为根据环境需要，价值网形态随之发生变化。冯巧根（2001）以价值链为视角，分析了企业的财务竞争以及组合价值链的环节。李扣庆（2001）提出企业价值链优化的策略包括革新策略、集中策略、改良策略以及扩展策略。杜彦坤（2001）认为企业应利用价值链来强化自身竞争优势。谢恩（2003）认为价值活动的重构有利于组织创造价值活动。杨海波等（2002）从组织结构以及顾客导向等方面探讨了企业价值链优化。夏火松（2003）结合企业知识价值链管理模型分析了企业竞争优势可以通过知识价值链管理来提升。刘海虹等（2003）认为价值链活动范围的选择决定竞争优势。余伟萍等（2003）讨论了全球背景下价值链优化的问题。乔忠等（2003）建立了基于内部资源条件与顾客价值实现程度的价值链优化的模糊线性规划模型。徐宏玲（2005）认为价值链分为价值链环节少而松散的前钱德勒价值链形态，追求范围经济和规模经济的钱德勒价值链形态以及网络组织中模块化报酬递增的后钱德勒价值链形态。王竹泉（2004）将价值链从业务流程管理的角度，分解为一系列作业，并认为价值链增值依赖于作业之间的协调机制。董焕忠等（2005）在生产函数理论与价值链基础上提出了价值链管理模型。王天东（2006）认为价值形成与创造是价值链的核心。李作战（2008）以价值链为研究视角，分析了如何提高企业的竞争力。李梅（2008）通过分析价值链，提出了核心竞争力的整合模式。尹美群（2008）认为企业的竞争优势来源于价值链活动的组合创造。谢守祥（2008）分析了企业价值链整合的相关问题以及获取竞争优势的主要途径。岳中刚等（2011）认为掌握价值链的主导权是构建国内企业价值链的核心。徐咏梅（2015）认为企业价值最大化的有效实现途径是价值整合。

产业价值链。按照价值链包含范围的不同，将价值链划分为行业价值链、企业内部价值链以及竞争者价值链等。波特提出的基本价值链即企业内部价值链，它包括基本价值活动与辅助价值活动两类。企业外部价值链则包括纵向联系的行业价值链以及横向联系的竞争者价值链。行业价值链包括上游价值链供应商价值活动、企业价值链企业内部价值活动、下游价值链渠道商价值活动以及客户价值链。对于同一行业内生产相似产品的企业，则会形成竞争者价值链，同时也与企业形成既合作又竞争的关系。佩雷斯等（Perez et al.，2010）提出，价值活动不仅是相继发生的连续活动，还是由多个企业组成的系统，应从产业价值链视角制定价值链管理的统一战略。卡普林斯基（Kaplinsky，2000）在扩展波特价值链的基础上，认为产业价值链具有差异性。潘承云（2001）将产业价值链定义为具有相互衔接关系特定企业的集合，以满足消费者需求为目的，以某种核心技术为基础。产业价值链各连接点企业间协同方式逐渐转为以流程对接、战略联盟为特征，价值在产业链上转移与流动，成员企业依赖性增强，产业价值链是价值传递与增加延伸的有机整体，有效的治理模式产生协同效应，通过价值链竞争、延伸、集群以及整合效应，加快产业升级换代，提升产业结构，实现产业价值链升级。杜义飞（2004）将以消费者需求为目标，以核心技术为基础的价值创造组织形式定义为产业价值链。张琦等（2005）建立了价值链优化模型进而解决产业价值链的实际问题。冯智敏等（2006）以中国零售业为研究对象，提出了价值链整合方式。陈柳钦（2007）认为产业价值链是价值创造的结构形式，也是能够决定产业链经营战略与竞争优势的价值属性。毛霞等（2007）认为价值链战略环节上的竞争优势是企业持续盈利的关键。屈海群（2007）认为价值链的整合优化可以提升集群竞争力。马丁（Martin，2008）认为融合产业中的价值创造可以通过不同的方式获取。弗雷德里克林（Fredriklin，2010）认为产业融合的演进既在企业层面，又在产业层面，经济的发展会促进分工区域产业集群的形成。杨明强等（2013）以产业价值链为视角，研究了农产品品牌塑造模式与策略。唐玉生等（2014）研究了产业价值链视角下品牌价值传递机理。潘凡峰等（2015）研究了跨区域产业价值链协同创新路径。戴孝悌（2016）针对中国农业产业价值链现状，分析存在的问题并提出对策。王蕾（2017）以"五力模型"为基础，分析了新疆葡萄酒产业价值链。从价值链角度入手的产业价值链与从产业链角度入手的产业价值链侧重点不同，但都认为产业价值链是价值链与产业链的完美结合。产业价值链突出了价值创造，以及以顾客需求为目标的有效的竞争合作机制，通过产业创新能力以及资源配置能力的提升获得核心竞争力以实现产业升级。

2. 价值链理论对本文的指导作用

不同产业价值链环节以及同一产业价值链环节的不同时期，企业的盈利模式都不能一成不变，以价值创造为中心，围绕盈利源、盈利增长点、盈利屏障以及盈利措施的盈利模式价值链优化尤为重要。盈利模式决定企业处于无利润区、高利润区以及低利润区的位置。以主体企业为核心，整合要素协调价值链环节，在识别零附加值与低附加值以及高附加值的基础上，关注价值链上共生利益诉求，强化高附加值环节，减少低附加值和零附加值环节，推动价值链的持续发展，通过改善企业的竞争优势使企业长期获利能力得到提高。对原有盈利模式的内涵通过成本与价值两方面进行变革与调整，盈利模式是以客户需求为导向内在联系的结构，关注资源的产出效率，是核心竞争力的动态体现形式，价值链设计与核心能力的运用是企业盈利与否的关键。盈利模式优化体现在价值层面，主要包括重构和优化价值创造以及价值传递模式，并在重构过程中，获得更高的价值增值。本书将食品企业盈利模式的优化定义为以产业价值链为视角，通过纵向挖掘、跨界攫取以及横向挖掘，基于产业链发展方向，对可利用资源进行组合与优化，通过市场细分的协调，提高产业价值链的响应速度，改善价值获取能力的方式。

2.2.2 共生理论

1. 共生理论简介

"共生"(symbiosis),起源于19世纪中叶的希腊。德国生物学家德贝里,1879年首次提出共生概念,其后被广泛地应用于生态领域、社会领域以及经济领域。位于产业链结点的关联企业,在横向协调式管理的环境下,构成共生的生态系统。袁清纯(1998)认为共生理论不仅是自然状态还是一种社会方法,也是社会科学分析必需的工具体系。

共生理论与价值链管理。在食品产业价值链中,消费者与不同环节的企业构成共生系统,如何增加共生能量,对共生系统进行价值分配是食品价值链管理的重要内容。食品价值链的共生系统包括形成共生的基本物质条件,共生模式与环境以及共生系统生存与价值增值能力的共生能量。共生型价值链可以实现交易成本最小化,以市场为导向创新经营模式与组织制度。共生概念在关注组织个性特征的同时,也将其置于不同层次的环境中。共生系统内部长期的合作关系,在增强适应性的同时也降低了短期机会主义。价值共享可以理解为在增强企业竞争力的同时,对其辐射带动的社会经济存在改善提升的功能。刘畅(2016)以共生理论为基础,研究了中国农业产业化经营组织的演进。李梦娇(2016)以共生理论为视角,对产业集群生态化进行研究。食品企业在价值链中的位置,共生组织程度与共生能量分配等都是"共生型"价值链选择的重要影响因素。

共生理论与食品安全问题。在使用上具有非排他性以及非竞争性的商品,称为公共物品。市场主体需要的食品质量信息属于公共物品,公共物品的属性须由政府提供或者补助,通过市场机制无法解决。市场经济的外部性能够导致社会生产成本与个别生产成本产生差额,当食品市场存在正规厂商与非正规厂商两类供应者,通过信号传递理论，正规厂商传递给消费者好的口碑，产生正向的外部性；与此相反，非正规厂商对于消费者产生负的外部性。食品市场资源配置能力因为外部性的存在而降低，而使消费者缺乏可靠的评价标准。消费者对于产品质量信息与产业链条上产品生产、加工者掌握的信息程度不尽相同，加之中国食品市场体系建设不健全，如质量监测体系不完善、批发市场不健全、零售市场建设滞后等，都导致信息不对称的产生，加剧了食品市场中的安全问题。当政府职能不能弥补市场失灵，反而使资源配置效率降低时，就出现了政府失灵。食品安全问题的政府失灵，主要是由政府监督体系不完善以及缺乏持续性与规范性造成的，政府监管乏力也致使外部性问题不能有效解决。政府对食品安全的管理主要通过制定食品安全标准以及建立监管执法体系两个方面来进行。

2. 共生理论对本文的指导作用

产业价值链具有差异性、价值增值性、循环性、合作性以及开放性。基于内外部环境分析的盈利模式的优化是企业价值创造的源泉，企业的内部资源与经营环境是不断变化的，企业需要不断地在盈利模式之间进行选择，对盈利模式进行优化才能实现长远发展。建立在资源整合基础上的盈利模式优化，是企业持续性价值创造的源泉。食品产业价值链具有传递性、复杂性与合作性等特征，作为独立经济组织的企业之间，在产业内因异类资源互补或者同类资源共享，促进纵向、横向资源配置效率改进形成的共生系统称为产业共生。资源配置制度安排由不同资源交换模式的共生机理决定，通过资源的有效配置，优化食品供应链的结构。在食品价值链中，消费者与不同环节的企业构成共生系统，如何增加共生能量，对共生系统进行价值分配是食品价值链管理的重要内容。共生型食品价值链的连接模式包括"串联模式"与"并联模式"两种，主体企业要尽可能多地增加价值链中竞争性企业的进入，实现销售渠道多元化，保证系统有效与稳定以及必要的市场反应速度。食品企业价值链共生系统运行机制如图2-3所示。

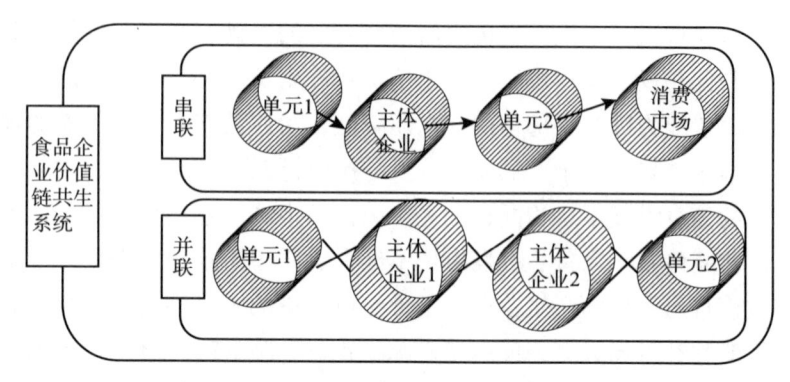

图 2-3　食品企业价值链共生系统运行机制

盈利模式从产业价值链角度看包括顾客价值认识、产业链上定位以及资源整合等内容。从食品企业所处产业价值链层面构建促进食品企业创造产业价值链共享价值的激励策略，包括价值链上游企业对下游企业的激励策略，价值链下游企业对上游企业的激励策略，价值链整体激励策略等。食品价值链共生具有资产专用性高、市场反应机制相对迟缓以及市场力量不均衡等特点，食品价值链的共生系统包括形成共生的基本物质条件、共生模式与环境以及共生系统生存与价值增值能力的共生能量。食品企业在价值链中的位置，共生组织程度与共生能量分配等都是"共生型"价值链选择的重要影响因素。

2.2.3　分工与协作理论

1. 分工与协作理论简介

价值链是产业分工发展的结果。分工也是供应链组织的前提条件，促进产业组织结构的演变。分工可以提高劳动生产率。分工在促进技术创新的同时，不同生产资料的聚集与劳动过程的聚拢，促进了产业效率的提升。亚当·斯密（1776）著作的出版标志着分工理论的形成，认为分工的动因是人们对商品的交换倾向，分工与价格是影响经济发展的重要因素，收益递增与劳动分工是经济增长的主要原因，提高劳动生产率是国民财富增加的重要前提。产业组织的发展受到产品需求不足以及市场规模小的阻碍。社会内部分工与企业内部分工之间联系密切，低成本与高效率的追求，分工与协作带来规模效益，而专业化分工又会受到市场规模的限制。马克思提到分工是商品生产的条件，分工引起交换，社会分工使生产关系变得复杂。市场规模与分工是互为因果的动态过程，劳动分工促进了技术创新，进而导致专业化生产带来的集群效应与规模报酬递增，而组织的改进可以增强区域竞争力。分工发展的结果是产业发展，各国的市场化取向促进了分工的发展，国际分工由产业间发展到产品内。社会分工与企业内部分工是相互促进的，循环演进也促进了国民财富的增长，推动了制造业的发展。周绍东（2009）认为分工的水平决定商品交换的规模，并且推动商品交换的不断发展。李瑞林（2009）以新经济地理为视角，研究了区域经济一体化与产业聚集、产业分工等内容。罗富民等（2011）以区际工农产业分工与交易为视角，对地理二元经济结构的"以工促农"展开了研究。卢艳（2013）基于微笑曲线理论，对中国农业产业分工与价值链延伸展开了讨论。刘明志（2014）分析了产业分工、产业转移及有机产业链的形成与延伸机制。顾振华（2015）以产业分工为视角，研究了利益集团影响下的中国贸易保护政策。胡秋阳（2016）针对产业分工与劳动报酬份额展开了研究。张琼等（2017）以价值链为视角，分析了产业分工以及国际贸易摩擦等问题。

交易成本视角。交易成本经济学是组织经济学理论中的核心部分，威廉姆森（Williamson，1985）提出组织理论研究的核心是交易成本经济学。威廉姆森（2010）将交易成本经济学称为治理经济学或组织经济学。威廉姆森的理论建立在机会主义倾向存在以及人与环境的关系具有有限理性的假设基础上。巴尼（Barney，1991）提出了组织经济学的概念，并将其细化为合作组织、代理理论、战略管理以及交易成本四个应用方面。农产品升级需要系统整合以及价值链协调确保产品质量，提高最终产品附加值进而缩减交易成本，提高最终产品竞争力。从传统现货市场到准一体化以及一体化是农产品价值链发展的趋势。农业垂直协作组织形式逐渐成为美国、加拿大等国家农业产业化的重要经营模式。盛洪（1994）降低交易成本的方式会随市场的扩张而增加，进而带来生产专业化的加深。经济组织可以通过供应链组织解决市场失灵的问题，周立群（1998）认为组织内部、组织之间关系的结构过程，可以用交易成本经济学来解释，作为组织形式选择的主要依据，组织可以看做是交易得以进行的一种机制。惠双民（2003）认为产品市场与要素市场可以相互替代，产品的交易费用与要素的交易费用相比较高时，就会产生企业，交易成本经济学的核心就是强调交易成本的节约。梁伟军（2010）在交易成本理论视角下，对现代农业产业融合发展机制进行了研究。原小能（2015）研究了劳动力成本、交易成本与产业结构升级有关内容。杨青龙（2016）梳理了交易成本变化对产业升级的影响。在交易成本经济学视角下，食品产品交易中的不确定性与交易双方专用性资产投入程度影响产生了食品产品供应链。作为自然生产与社会生产相结合的产物，食品产品生产资产专用性较高，面临较多的不确定性因素，食品产品供应链中，混合型治理结构占主要地位。解决有限资源在经济主体间的配置问题是新古典经济学的核心，市场对经济主体资源配置的效率，是由个体关系以及组织结构自身各种管理方式决定的。

资源依赖视角。资源作为企业生存的根本，组织对资源具有依赖性。资源具有异质性，通过合作可以降低企业对资源的依赖，组织需要改变行为与模式获取互补性资源，也是驱动供应链组织的动力机制。资源能使组织保持竞争优势，具有不可转移性以及不可替代性等特点。巴尼（1991）将资源定义为能为企业所掌控的资产、能力、信息以及知识等，能使企业改进效率并且提高效能。杨蕙馨、纪玉俊、吕萍（2007）认为产业分工是产业链形成的基础，产业链组织模式及纵向关系又会对分工制度产生作用与影响。马丁（2008）认为融合产业中的价值创造可以通过不同的方式获取。弗雷德里克林（Fredericklin，2010）认为产业融合的演进既在企业层面，又在产业层面，经济的发展会促进分工区域产业集群的形成。李楠（2015）、薛继亮（2015）等分析了资源依赖与产业发展有关内容。此外，分工与协作促进了产业价值链的延伸效应，分工协调问题也备受关注。聚集价值链、发挥集群优势其实质是在提高各利益主体积极性的同时降低交易成本。

2. 分工与协作理论对本书的指导作用

单一经营战略倾向于只生产一种或一类产品以形成专业化优势；多元经营战略倾向于多种产品或多种经营以开拓企业生产经营领域或规模。企业实施纵向一体化，延伸价值链的方式可以通过直接投资后向或前向产业链业务来实现，也可以通过兼并上游原材料供应商或者兼并购买生产下游产品的企业来实现。非一体化通过市场契约将产业价值链涉及的原材料供应、产品加工制造以及分销零售等各市场主体联结在一起，构成市场契约联盟，产业价值链链接发生在企业之间。本书在分工与协作理论的基础上，将食品企业价值链类型划分为单一经营一体化价值链类型、多元经营一体化价值链类型、单一经营非一体化价值链类型以及多元经营非一体化价值链类型四种。并在此基础上对各具特色的食品企业盈利模式进行科学分类，研究盈利模式生成机理、盈利能力评价和演化趋势。比较和分析食品企业不同盈利模式的盈利能力、预测食品企业不同盈利模式的演化趋势、提出食品企业盈利模式的优化策略。

2.3 本章小结

本章梳理相关文献综述与理论基础，研究的理论基础包括价值链理论、共生理论与产业分工协作理论。价值链的研究主要包括价值链含义、价值链与产业链关系、价值链与供应链关系等。企业盈利模式研究主要包括盈利模式定义以及盈利模式构成要素等。食品企业价值链盈利模式研究主要包括食品产业链模型的构建、食品企业价值链管理以及食品产业价值链可持续发展等方面,在此基础上分析了研究趋势以及需要解决的问题。

第 3 章
食品企业的产业环境与价值链特征

本章运用 PEST 分析及波特五力分析阐释食品产业概况,并在此基础上对中国上市食品企业整体情况进行分析。分析食品企业价值链特征,并且借鉴国外典型国家价值链模式,结合食品企业价值链特点,基于价值链增值目标,对中国食品企业价值链类型进行划分。

3.1 食品产业环境分析

3.1.1 PEST 分析

食品产业体系的发展是反映一个国家或地区富裕程度与科技进步的重要指标,也是提高国际竞争力的重要方面。中国是人口大国,食品产业体系有巨大的发展潜力与广阔的市场空间。作为人类长期以来赖以生存的物质基础,食品问题备受关注。而食品产业体系的发展受到农产品种植、加工以及运输等产业链发展影响,而未真正建立起来。中国食品行业发展大致经历了五个阶段。1980~1985 年为第一阶段,此段时期中国食品行业竞争程度不强,竞争优势的主要手段是扩大规模，市场出现供小于求的局面。1995～1998年为第二阶段，此段时期部分品牌已取得竞争优势，自由竞争市场局面明显。1999～2001年为第三阶段，此段时期食品行业细分市场产生，企业的竞争优势主要通过整合资源获得。第四阶段为2002～2008年，食品行业竞争由企业间的竞争升级为以资本运作为核心的产业链之间的竞争。2009年至今为第五阶段，此段时期食品行业呈现出产品创新、市场细分、加工精细化以及倡导绿色环保为主。消费者消费态度和偏好发生了改变，更加重视食品安全以及营养健康的多样化。消费者多样化、优质化的食品需求与农业综合生产能力的发展相对滞后形成鲜明对比，只有良好的外部环境的支持才能使产业价值链利益主体得到更好的发展。PEST分析法是战略外部环境分析的基本工具，它通过政治因素（politics）、经济因素（economic）、社会因素（society）和技术因素（technology）四个方面，从总体上对宏观环境进行把握，并评价这些因素对企业战略目标制定的影响。

1. 经济环境

食品企业是宏观环境中的微观个体，企业战略的制定受经济环境的影响，因此食品企业需要关注、预测与评估其所处环境的经济状况。现阶段，经济全球化与区域化发展趋势并存，市场化程度、经济结构、投资风险、对资本吸引程度以及消费市场潜力是食品企业面临经济环境因素的主要方面。中国的食品加工业是随着民族工业的发展逐渐从农业中分离出来的，其发展大致分为改革开放之前的停滞阶段与改革开放之后的快速发展阶段。新中国成立以后至改革开放之前，中国的国民经济发展战略以优先发展重工业为主，有效需求不足与农产品供给不足，是导致此时期食品加工业发展缓慢的主要因素。食品加工业与农产品关联性强，而农产品加工原料地域分布广泛、季节性强，受动植物自身生长规律以及自然条件变化的影响，呈现出风险高、周期长的特点。与此相对应，食品加工业则呈现出地域性强、关联性强以及季节性强的特点。食品产业生产链既是供应链又是价值链,价值链的治理形式受各环节规模影响。食品产业价值链是各种利益主体谈判博弈合约集成的结果。中国食品产业价值链逐步从计划经济向市场经济过渡、从市场型价值链到准一体化、一体化型价值链过渡。食品安全事故是由市场与政府双重失灵导致的。中国食品价值链在食品质量安全要求的推动下呈现向纵向协调治理发展趋势,价值链环节的利益分配受价值链所处位置、市场结构以及利益共生机制影响,并且由产品自身特点决定其市场竞争属于买方市场。国际与国内经济持续增长,市场潜力增大,作为刚性需求的食品,消费弹性较低,且市场竞争由产品竞争扩展到资源竞争,从产品经营转向资本运营,形成"宏观联合、微观竞争"的局面。随着农业生产和食品加工业的现代化发展,传统的数量型农业正在向价值型农业转变,中国食品品种日趋丰富多样、数量更加充足,已经能够满足人民群众对食品的基本需求。然而,中国已经进入中等收入国家行列,城乡居民的食品消费正在经历由生存型消费向健康与享受型消费的转变,食品的健康和营养价值备受关注,食品产业也承载着更多的期待。从宏观层面上看,食品产业发展必须要解决好两大问题:一是食品安全问题;二是食品产业链的可持续发展问题。而这两个问题又相互交织,相互影响。实现食品产业链的可持续发展必须以解决好食品安全问题为前提。而反过来,要真正解决好食品安全问题,除了强有力的监管体系之外,也有赖于食品产业链的优化和可持续发展。

2. 政治环境

与政策、体制以及国际政治关系相比,政策法规是政治环境因素的主要方面。食品企业面临的政治环境主要是指对其组织经营活动具有影响的法律、法规等因素。近年来,国家给予了食品加工业较多的财税政策支持。全球化趋势加速,市场环境日益激烈,已经形成"国内市场、国际竞争"的局面。食品安全的经济学特征包括食品安全信息具有信任特征、信息不对称特征以及逆向选择的特征。由于市场失效的存在,食品安全规制具有实施可行性与必要性。监管主体与监管标准，与国际食品法典相比，中国食品监管法律法规标准较低，如中国《食品卫生法》对农药残留标准做了291项规定，而国际食品法典则对农药残留标准做了2439项规定，而对食品安全事故的处理规定也不够严格。此外中国食品标准制定还存在多龙治水的现象，多套体系并存，质监部门、卫生部门以及行业主管部门各自制定标准的出发点不同，进而出现重叠甚至混乱的现象。例如农业部门制定《农产品质量安全法》、工商部门制定《消费者权益保护法》、卫生部门制定《食品卫生法》以及质监部门制定《食品安全法》等。部分群体较低的食品安全认知、分散的农户生产模式以及低效的政府监管是中国食品生产加工环节食品安全问题的主要影响因素。市场监管薄弱以及监督检测体系不完善是食品安全问题流通环节的主要影响因素。此外在农产品消费环节，消费者的消费偏好仍以价格、外观等因素为主，也是影响食品安全问题的因素。由于经济理性能力约束以及经济不理性限制，获得信息的成本及其边际效用发生递减，致使买卖双方沟通困难。食品安全本身辨识困难以及政府监管缺位、流通环节冗长、生产经营分散等都导致了信息不对称的发生。不完全竞争性市场结构以及外部性的存在，导致了市场失灵。食品安全问题产生的根源是信息不对称，"柠檬市场"的形成使食品交易质量下降，政府监管是有效的弥补手段。生产者与经营者短期利益最大化、政府监管的有效性不高也是导致食品安全问题的因素。市场与政府视角之外，食品安全治理中核心主体的行为规律也不容忽视，食品企业迫于经营压力忽视消费者利益的非社会责任行为，也会损害相关者利益。提高消费者信息获取能力、规范流通环节经济主体行为、加强生产组织化建设以及加强政府监管职能都有利于信息不对称程度的降低。

3. 技术环境

科学技术的迅速发展，促使食品企业加大了研发投入，新工艺、新设备以及新的食品原料不断涌现。随着食品加工业中新技术的应用，加之消费季节性、自然条件以及品质育种差异性，产品结构技术日益复杂化。农产品加工原料污染主要包括重金属超标、农药残留等的化学性污染，以及食物霉变等的生物性污染。食品加工环节中违规添加物、包装容器的污染以及操作不规范等都会产生不安全因素。食品安全的外部性包括食源性疾病引起的社会成本与食品安全信息公开带来的外部社会收益。食品安全信息不对称在增加市场集中度的同时也增加了消费者对食品安全信息甄别的难度，食品安全信息不对称导致高质量的食品安全信号传递受阻，催生企业短期行为，进而出现"柠檬市场"现象。由于安全信息缺失，市场提供给消费者的保护具有时滞性，以及食品安全的隐蔽性与不稳定性，导致食品安全供求市场失灵。在市场中，双方交易信息往往是不均衡的，市场失灵往往是由信息不对称引发的逆向选择引起的。食品产业价值链各环节也存在食品安全信息获取困难以及传递机制不健全的现象，具体体现为生产资料供给者、初级农产品生产者、食品加工者、消费者、监管者等主体之间形成的信息不对称。食品企业既要面对迅速发展的科学技术带来的竞争压力，又要面对产品结构技术日益复杂化加剧的信息不对称与食品安全问题。

4. 社会环境

食品企业面临的社会环境因素主要包括消费结构、消费方式以及人口环境等。食品的需求量与需求结构受生活方式的影响。不同地区的消费者对食品需求结构存在明显差异，而且人们的消费方式出现了多功能化、多样化、高转化率化以及方便化的新趋势。食品企业进入障碍与退出障碍较低，食品安全仍是发展的主要影响问题。"民以食为天，食以安为先"。经过多年的农业现代化建设，虽然中国食品品种繁多、数量充足，但食品质量安全事故仍频繁发生。自2003年爆发奶制品安全事件以后，假冒伪劣产品或"黑心食品"成为媒体曝光的焦点，2006年的苏丹红事件、2008年的三聚氰胺事件、2010年的地沟油事件、2014年过期鸡肉事件等都令消费者触目惊心。食品质量安全由食品供应部门负责和保障，食品供应部门是由农用生产资料、农业生产、食品加工、食品流通和食品零售等环节组成的食品产业链。仅对最终食品质量安全的检测难以完全控制食品生产和食品质量安全，需通过食品产业链中各个环节的流转实施共同控制才能保障食品质量安全。食品产业链中各环节通过价值链将食品生产和食品质量安全联系起来，食品产业价值链的所有参与者应作为一个整体共同建立食品质量追溯体系，实现从"源头"对食品质量安全的监督和管理。食品企业价值链上连农业生产，下接食品零售商或最终消费者，在农业生产和食品零售商或最终消费者之间建立了紧密联系，对食品产业价值链的食品生产全过程实施质量溯源控制是实现食品企业产品质量安全的重要保障。关于食品安全问题，中国已有史上最严"食品法典"（指新修订的《食品安全法》），且正在努力打造高效、管用的食品安全监管体系。中共中央"十三五规划建议"还将食品安全上升为国家战略高度来治理，旨在形成从田间到餐桌全过程全覆盖全产业链的监管体系。关于食品产业链的可持续发展问题，重在夯实食品产业基础，主要是要解决"多、小、散、乱"的产业组织方式和组织结构问题，尽早实现食品产业的转型和升级，而食品产业的转型和升级自然也会促进食品安全控制体系效能的提升。食品问题是一个复杂的系统工程，法律法规和政府政策只有通过良好的传导机制才能有效作用于微观主体，也只有有效地传导到微观主体才能实现预期目标。食品产业链冗长，产业链条上的利益相关者众多，利益相关者关系错综复杂，必须从关键环节和部位入手，以达到"牵一发动全身"的功效。在冗长的食品产业链中，农业生产（或称农产品生产）是产业链的基础，在温饱阶段，它通常是整个食品产业链的主导者，食品加工业尤其是深加工居于次要地位。然而，农业生产的小规模、分散化缺乏竞争优势，使得食品加工企业以及食品流通企业日渐成为食品产业链的主导者。当然，食品企业中有很多是"既农又工也商"的食品（农业）综合企业（綦好东，2014），它们在食品产业链中发挥着更为强大的主导地位。食品加工和流通企业通常通过品牌塑造形成强大的市场影响力而主导食品产业链、主导食品消费市场。

3.1.2 波特五力分析

波特五力模型是迈克尔·波特（Michael Porter）于20世纪80年代初提出的。他认为，产业竞争激烈程度是由替代威胁、进入威胁、供方砍价能力、买方砍价能力以及现有竞争对手之间的竞争力的综合作用组成的。这些因素对企业竞争战略决策以及产业吸引力具有决定作用。企业在行业里取得超额收益率的能力是由这种综合竞争力决定的。对行业竞争过程的深入分析，有助于企业认清各竞争力量的强度以及所处环境的竞争压力。刘尔琦（2003）认为供应商、竞争者与消费者也有必要纳入企业盈利模式的研究范围。食品企业作为产业竞争者，同样面临新入侵者威胁、买方砍价能力、供方砍价能力以及替代品威胁等竞争力量，食品行业五种竞争力量模型如图3-1所示。

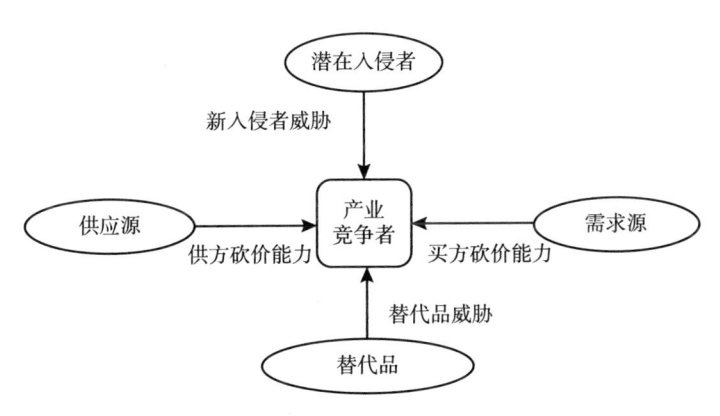

图3-1 食品行业五种竞争力量模型

1. 替代威胁

替代品威胁来源于替代品性能、买方的转换欲望以及替代品转换成本。对于食品行业来说，替代品交叉弹性大且威胁程度增强，同时也增加了企业的产品开发成本。当替代品容易获得，用户转换成本较低时，替代威胁就会加大。科学技术的迅速发展，促使食品企业加大了研发投入，新工艺、新设备以及新的食品原料不断涌现，加剧了食品行业的替代威胁。

2. 进入威胁

潜在竞争者增加的主要因素包括利润前景的吸引力以及行业的成长。潜在竞争者的进入会瓜分原有竞争者的市场份额，进入威胁的大小由原有企业的反击程度以及进入障碍决定，主要体现为差异化产品、规模经济、资金需求以及销售渠道等方面，行业进入壁垒是影响资源优化配置以及行业间竞争的重要因素，进入壁垒主要包括资源性壁垒、政策性壁垒以及技术性壁垒以及市场性壁垒。规模经济与市场集中度的增强，提升了市场进入壁垒，但与此同时市场化进程的增强也降低了政策性"门槛"，推动投资多元化格局的形成。中国食品行业的进入者按照资本来源可以分为国外进入者与国内进入者。其中国内进入者的威胁主要来自企业资本实力雄厚的相关企业，开放的资本市场与行业政策以及农产品加工企业市场细分程度低、企业生产成本低、进入壁垒低以及行业吸引都是吸引国内竞争者的因素。国外进入者进入的主要影响因素包括政府限制性条款少，WTO农业条款的生效，欧盟等发达国家不断削减农产品生产与出口补贴，国际知名食品企业的生产逐渐转向市场潜力大且成本较低的国家和地区。

3. 供方砍价能力

供应商所在行业的市场条件以及所提供商品的重要性决定了供方砍价能力的强弱，较强的议价能力能够影响行业的利润。农产品加工原料的供方位于产业链上游，既承担行业风险又较容易受市场供求关系与下游企业的影响，供方砍价实力弱在提高中国农产品加工业索价能力的同时也削弱了国际竞争力。此外，食品产业的供应方存在生产集约化程度低的劣势，加工原料基地建设的滞后性也增加了中国食品企业原料成本。

买方砍价能力。购买方讨价还价的能力由产品差异化、品牌依赖、信息掌握以及转换成本决定。中国食品消费市场，消费者对价格的敏感程度较高，提高产品的差异性以及品牌影响力是企业持续发展的关键。当关系专用性投资销售者被购买者约束，购买者的议价能力就会增强，替代品的多样性以及买方市场的形成都增强了买方的砍价实力，对食品企业的盈利水平造成了一定程度上的影响。

现有竞争对手之间的竞争力。企业间的竞争手段主要包括新产品开发、服务质量提升以及价格竞争等，中国食品企业目前具有较强的区域集中性，食品企业竞争战略应定位于减少替代品的威胁，提高创新能力以及培养国际竞争力，增强市场防御能力。建立进入或者退出壁垒是战略竞争的主要手段之一，注重产品差异化，产品差异化既是同类产品不完全替代的主要原因，又是构筑进入壁垒，提高市场地位的主要手段。

综上所述，中国食品产业的竞争强度较大，主要包括潜在进入者危险较大、买方砍价能力较强、供方谈判实力弱、产业内竞争强度大以及替代产品威胁高等。企业必须从自身所处的内外部环境出发，制定适合自身当前阶段发展的经营战略，如多元化战略与单一化战略、一体化战略与非一体化战略等，通过战略的制定来寻求有效的盈利模式，对抗行业利润的威胁力量，进而实现企业价值增值。

3.2 食品企业整体情况分析

从行业分类看，样本上市公司按照2012版证监会行业分类，将A类农林牧渔剔除02林业、05农林牧渔服务业，剩余为01农业、03畜牧业、04渔业。C类制造业仅包括01农副食品加工业、02食品制造业以及03酒、饮料和精制茶制造业，不包括04烟草制品业以及其他行业。剔除食品相关不是主要业务的企业，如食品冷藏设备经营与管理、进出口贸易服务、单纯咨询服务、销售服务与技术推广以及生物技术研发等，此外，兽药、饲料行业以及不包括生产的单纯经营销售行业不包括在研究范围。截至 2017 年 1 月，中国食品企业非 ST 上市公司共 146 家，其中采取纵向一体化价值链的上市公司为 51 家，占比 35%，采取购销合约实现产业链联结的上市公司 95 家，占比 65%。其中 88 家在深圳证券交易所上市，58 家在上海证券交易所上市。通过分析样本公司的上市时间，可以发现第一次上市高峰集中在 1996～2002 年，此后深交所 IPO 暂停以及发行制度改革影响了上市公司数量增加。随着 2006 年中小企业板的推出，以及 2008 年《中华人民共和国企业所得税法实施条例》《财政部国家税务总局关于发布享受企业所得税优惠政策的农产品初加工范围（试行）的通知》《国家税务总局关于贯彻落实从事农、林、牧、渔业项目企业所得税优惠政策有关事项的通知》的颁布，食品相关企业迎来第二次上市高峰，2010 年达到 19 家，食品企业上市时间统计如图 3-2 所示。

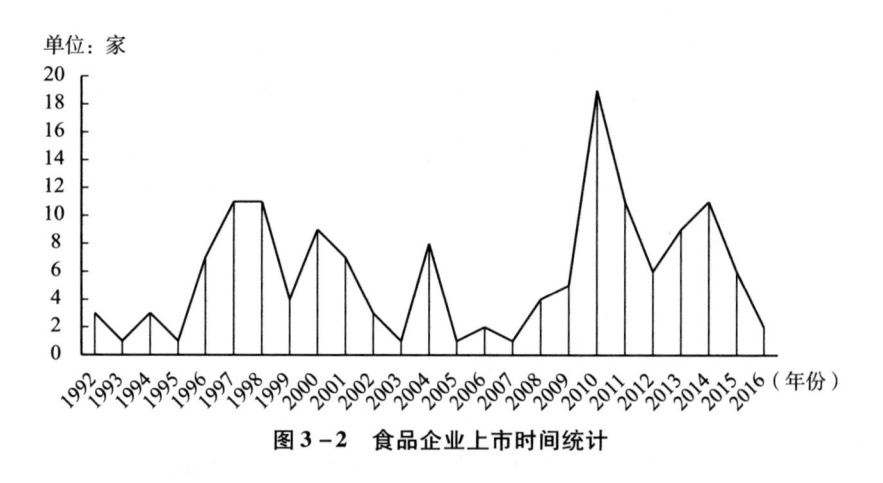

图 3-2　食品企业上市时间统计

3.2.1　主导行业分析

农业与加工业是食品产业链的基本环节，也是关系国计民生的重要关键产业环节活动，其质量管控与价值链优化备受关注。按照行业划分，上游相关农业上市公司占比 10%，渔业上市公司占比 6%，畜牧业上市公司占比 10%，下游相关加工业上市公司食品制造业占比 24%，农副食品加工业占比 21%，酒、饮料和精制茶制造业占比 29%，主导行业构成占比如图 3-3 所示。

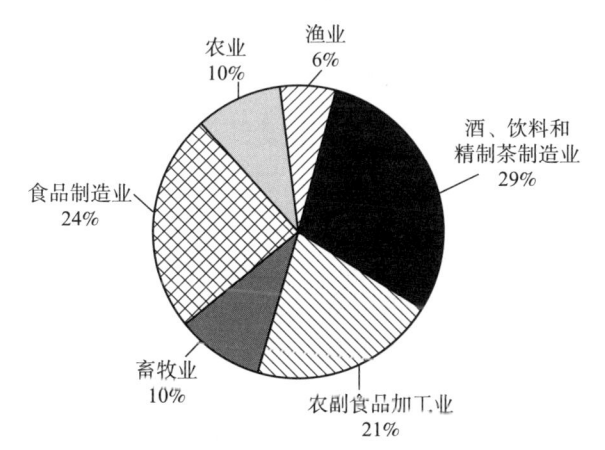

图 3-3 食品企业主导行业构成分析

通过图 3-3 可以看出，在样本食品上市公司中，占比较大的是位于产业链下游的酒、饮料和精制茶制造业，食品制造业以及农副食品加工业，占到样本企业数量的 74%，而位于产业链上游的农业、渔业以及畜牧业仅占 26%。

3.2.2 股权性质分析

从股权性质看，样本上市公司中国有性质 56 家，占比 38%，以民营企业性质为主的样本上市公司 90 家，占比 62%。相对于非国有控股企业来讲，国有控股企业更容易出现委托—代理问题以及内部控制人问题。委托—代理问题较为集中地反映在食品安全信息不对称问题上。食品安全信息不对称具体体现在消费者与经营者信息不对称、监管者与经营者信息不对称、监管部门之间信息不对称以及流通环节信息不对称等，此外食品安全信息的公共品特性还容易产生"搭便车"现象。加强食品安全信息对称程度、提高行业自律水平、加强社会舆论监督以及提高消费者维权水平都势在必行。政府管制包括经济性管制与社会性管制,而食品安全问题的管制则属于社会管制的范畴。多元主体之间的协调,是食品安全治理的主要目标,政府食品安全管制方向应包括政府应当免费供给科技型公共服务,将食品信息甄别服务推向市场化,形成生产者、消费者、非政府组织、政府以及新闻媒体的多元合作治理。

3.2.3 区域分析

产业结构、资本投入规模、劳动力、运输成本、交易成本等都是影响区域优势还是劣势的因素。按照中国行政区域划分,大陆各省份划分为7个区域,样本上市公司数量华北地区占比10%、东北地区占比5%、华东地区占比31%、华中地区占比14%、华南地区占比15%、西北地区占比14%、西南地区占比11%,企业数量分布如表3-1所示。

表3-1　　　　　　　　样本上市公司数量区域分布

区域	省份	上市公司数量(家)	区域	省份	上市公司数量(家)
华北地区(10%)	北京	6	华南地区(15%)	福建	5
	天津	1		海南	3
	河北	4		广东	14
	山西	1	西北地区(14%)	陕西	0
	内蒙古	2		宁夏	0
东北地区(5%)	辽宁	4		甘肃	6
	吉林	1		青海	2
	黑龙江	2		新疆	12

续表

区域	省份	上市公司数量（家）	区域	省份	上市公司数量（家）
华东地区（31%）	上海	8	西南地区（11%）	广西	4
	山东	17		四川	7
	江苏	4		贵州	1
	浙江	8		云南	1
	安徽	7		重庆	2
	江西	1		西藏	2
华中地区（14%）	河南	8			
	湖北	2			
	湖南	11			

从企业分布地区看，产业链下游食品加工制造业主要集中在华东地区，种植、养殖产业链上游主要集中在中部地区。样本上市公司数量较多的省份主要包括山东省、广东省、新疆维吾尔自治区、湖南省、上海市、浙江省、河南省、安徽省、四川省以及北京市。

3.2.4 社会责任履行情况分析

戴维斯（Davis，1960）认为企业社会权利与责任成正比。帕瓦（Pava，1995）等通过分析发现履行社会责任的企业绩效要优于不履行社会责任的企业。高志宏（2012）认为食品企业社会责任标准还应包括保护消费者合法权益。赵越春等（2013）从利益相关者的角度分析了食品企业社会责任的内涵。陈煦江等（2014）从慈善责任、经济责任等角度分析了食品企业社会责任内涵。经济责任是食品企业承担的基本责任，盈利也是其生存与发展的前提。法律责任则要求食品企业通过合法的经营实现盈利，与此同时，食品安全责任又是其核心责任。赵颖（2016）认为中国食品企业社会责任缺失的主要原因包括法律法规方面、社会监管以及组织层面原因。国泰君安数据库关于上市公司社会责任披露的统计数据自2008年开始，因此，本文统计了2008~2015年样本上市公司的社会责任披露情况，如表3-2、图3-4以及图3-5所示。

表3-2　　2008~2015年样本上市公司社会责任披露情况

	是否披露股东权益保护	是否披露债权人权益保护	是否披露职工权益保护	是否披露供应商权益保护	是否披露客户及消费者权益保护	是否披露环境和可持续发展	是否披露公共关系和社会公益事业	是否披露社会责任制度建设及改善措施	是否披露安全生产内容	是否披露公司存在的不足
2008年（项）	9	6	9	8	9	9	9	5	7	3
占比（%）	6	4	6	5	6	6	6	3	5	2
2009年（项）	9	8	9	5	10	10	10	2	5	2
占比（%）	6	5	6	3	7	7	7	1	3	1
2010年（项）	19	12	19	12	17	19	19	5	16	5
占比（%）	13	8	13	8	12	13	13	3	11	3
2011年（项）	25	17	25	21	23	25	22	9	21	5
占比（%）	17	12	17	14	16	17	15	6	14	3
2012年（项）	27	24	28	24	27	28	26	11	25	6
占比（%）	18	16	19	16	18	19	18	8	17	4
2013年（项）	33	23	33	26	33	33	31	4	29	4
占比（%）	23	16	23	18	23	23	21	3	20	3
2014年（项）	37	23	36	27	37	36	36	7	29	7

续表

	是否披露股东权益保护	是否披露债权人权益保护	是否披露职工权益保护	是否披露供应商权益保护	是否披露客户及消费者权益保护	是否披露环境和可持续发展	是否披露公共关系和社会公益事业	是否披露社会责任制度建设及改善措施	是否披露安全生产内容	是否披露公司存在的不足
占比(%)	25	16	25	18	25	25	25	5	20	5
2015年(项)	35	20	35	28	35	34	33	4	30	3
占比(%)	24	14	24	19	24	23	23	3	21	2

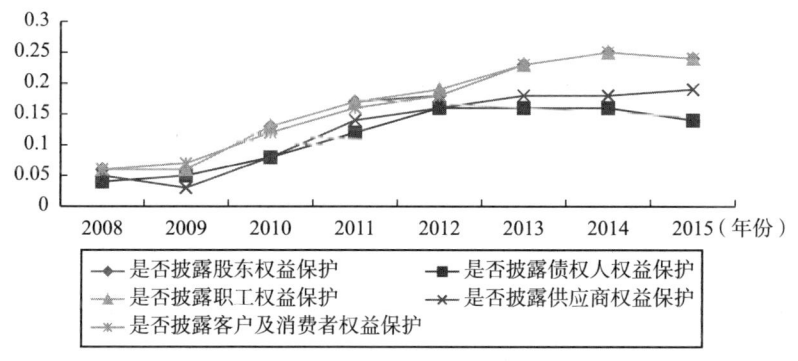

图 3-4 2008~2015 年样本上市公司社会责任披露内容 1

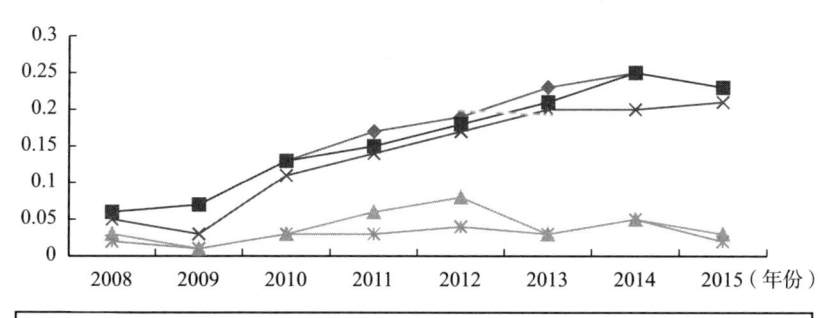

图 3-5 2008~2015 年样本上市公司社会责任披露内容 2

通过图 3-4 及图 3-5 可以直观地看出，2008~2015 年，中国食品企业上市公司在披露股东权益保护、债权人权益保护、消费者权益保护等方面都呈现逐年增长态势，但整体披露程度较低，进行社会责任披露的样本上市公司数量占比不足 30%。

3.2.5 食品安全认证情况分析

1974 年，联合国粮农组织提出了食品安全的准确定义，将其定义为保证任何人在任何地方，得到为了生存与健康需要的足够食品。1991 年国际营养大会又对食物安全做出了新的定义，将食品安全定义为在任何时候，任何人都可以获得安全营养的食物，以维持健康能动的生活。1984 年世界卫生组织发布的《食品安全在卫生和发展中的作用》将食品安全表述为有益于健康并且适合人消费的必要条件和措施。随着社会物质条件以及技术水平的提高，消费者对食品诉求也在提高，也对政府提出了维护食品安全的更高要求。1996 年世界卫生组织发布的《加强国家级食品安全计划指南》将食品安全表述为不使消费者健康受到损害的一种担保。中华人民共和国第十二届全国人民代表大会常务委员会第十四次会议 2015 年 4 月修订通过、2015 年 10 月实施的《中华人民共和国食品安全法》，其中对食品安全风险监测和评估、食品安全标准、食品生产经营、食品检验以及食品进出口、食品安全事故处置、监督管理、法律责任等方面都做了修订，被媒体誉为"史上最严的食品安全法"。其中将食品安全表述为无毒无害、符合应有的营养要求，对人体不造成急慢性危害。在国际食品市场竞争中，食品安全问题已成为贸易竞争力的首要影响因素。随着食品产业规模化和产业化的发展，食品安全问题也日益突出。食品安全监管包括安全价值监管、效益价值监管以及秩序价值监管等，要体现个人利益、国家利益与公共利益的平衡。食品行业的主体在市场中同样存在信息不对称的现象，相对于食品消费者，食品供给者对信息获取具有相对优势。食品本身又具有技术性、隐蔽性与专业性等特征，容易带来市场机制的失灵，而食品经济的可持续发展更体现了食品安全规制的重要性。有效的食品安全监管制度包括监管法律、监管主体、监管标准以及监管环境等结构要素。中国目前虽然食品卫生检测合格率不断提升，安全科技得到了发展，监测体系基本形成，但存在农业投入品滥用、流通与加工环节存在安全隐患以及食品安全科技水平不高等现象。在食品安全规制方面存在监管法律不够细化、监管主体多头分管、监管标准落后于国际水平、监管环境存在信息披露制度不健全以及舆论监督体制不完善等现象。欧盟成员国的食品安全立法和美国的食品召回制度，以及以品种划分为主的分散性监管模式都对中国的食品安全规制具有借鉴意义。以美国食品安全监管法律体系为例，其包括行政管理程序法 APA、联邦咨询委员会法 FACA 以及新闻自由法 FOIA 等，其具有比较严格的由政府职能部门主导、责任明确化的食品召回制度、可追溯制度与风险管理制度。与美国市场前管制准入对象为产品不同，中国市场前管制准入对象为企业；与美国不定期随机监督不同，中国以计划监督为主。欧盟食品安全监管法律体系由欧洲食品安全管理局 EFSA 为核心，按照全程监控原则、实时更新原则与责任明确原则实施可追溯制度、风险评估制度以及快速预警制度。这些发达国家先进的食品安全规制制度都体现了事前预防、全程监控以及食品企业负主要责任的特点，中国应针对食品安全法律体系横向协调性差、纵向协调不足以及处罚力度小等不足，完善风险分析制度与食品召回制度、可追溯制度等。食品安全标准的相关保障制度主要包括 ISO9000 体系、ISO14000 体系、良好生产规范 GMP、卫生标准操作程序 SSOP 以及 HACCP 体系等。其中 HACCP 体系是全面分析食品状况基础上的预防性措施，与 ISO9000 体系相比，ISO9000 体系具有普适性，而 HACCP 体系只针对食品行业，而 SSOP 体系则更侧重于人员或环境的危害控制等，由此可见，对于食品行业而言，HACCP 是首选的安全控制模式。本书对食品企业的食品安全状态以通过中国食品农产品认证信息系统①进行查询,加入国际认可的食品安全体系如 HACCP、GAP、FSMS 以及 LB 等且当年度在有效期为判断标准。样本上市公司加入 HACCP、GAP、FSMS 以及 LB 食品安全认证体系数量占比如表 3-3 以及图 3-6 所示。

表 3-3　　样本上市公司加入食品安全认证体系数量占比

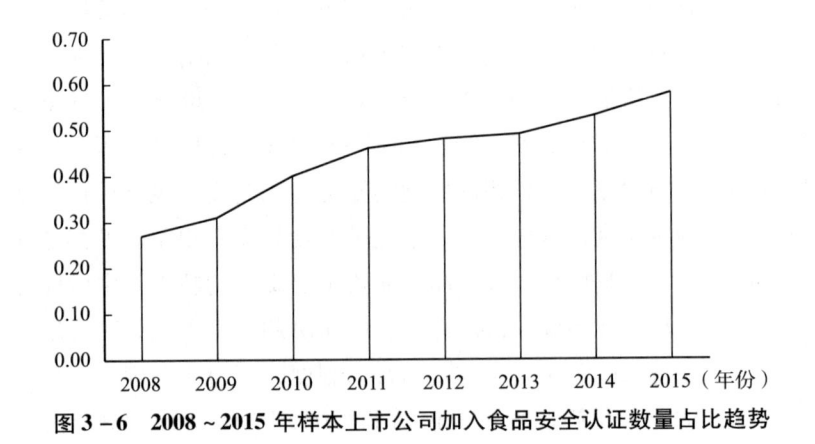

	2008年	2009年	2010年	2011年	2012年	2013年	2014年	2015年
加入 HACCP、GAP、FSMS 以及 LB 食品安全认证体系企业数量	39	45	58	67	70	71	77	85
占比(%)	27	31	40	46	48	49	53	58

图 3-6　2008~2015 年样本上市公司加入食品安全认证数量占比趋势

可以看出,样本上市公司中加入 HACCP、GAP、FSMS 以及 LB 食品安全认证体系企业数量逐年增多,但截至 2015 年 12 月,仍不超过 60%。

---

① 查询平台网址 http://ffip.cnca.cn/ffip/publicquery/certSearch.jsp.

3.2.6 现存问题

1. 微观共生单元质量不高

食品行业价值链是以食品生产企业为中心的整体功能网络，核心企业对链条稳定发展至关重要。产业进入壁垒低、退出壁垒高。政策法规、产品差异、规模经济以及相对费用是产业市场进入壁垒的主要影响因素。中国政府对农产品加工企业的优惠政策较多、中国农产品加工企业产品差异不显著、规模经济普遍较低、加之农产品加工品需求价格弹性不大致使中国农产品加工产业进入壁垒较低，进而导致了分散经营、专业化程度低等局面的出现，且对于新进入企业而言，产业内原有企业也并无较大优势。农产品加工业的市场集中度也因为行业内的过度进入而降低。农产品加工企业低水平的重复建设也导致了市场竞争效率的降低。而伴随产业进入壁垒低的同时，农产品加工业的退出壁垒较高，企业间并购困难、交易费用过高、保障制度不健全以及资本市场不发达等是主要因素。技术进步与规模经济利用程度的状况，可以通过企业规模结构指标反映出来，也是资源配置效率的重要体现。缺乏品牌竞争意识，核心技术的缺乏也导致产品差异化程度小，造成产业内竞争无序或过度竞争。全球竞争战略观念不强，规模小、观念落后以及市场竞争意识不强，致使中国农产品加工业没有出现像雀巢一样的全球知名品牌。一些国内知名品牌如双汇、金锣、伊利、蒙牛等，但与雀巢、可口可乐等国际企业相比差距较大。

2. 中观共生界面不畅通

产业链是产业层次、深度以及关联程度的表达，具有价值增值力，是供求关系与价值传递的战略关系链。将价值链分析方法应用到产业层次上，反映了产业链深层的价值含义、创造价值与竞争优势，整合企业价值链并产生协同效应。共生型食品价值链是以市场为导向，实现各共生单元价值创造协同的组织体系。产业链是产业经济中的概念，是原材料采购、中间产品与最终产品形成的整体链条。目前，食品加工业比重在农产品加工业中上升，也出现了一些区域集群特色，如山东的蔬菜肉鸡加工、内蒙古的乳品加工、河南的肉类加工、黑龙江的大米加工等。农产品加工业总量不断扩张持续快速发展的同时，中国食品产业链存在地区分布不均衡、产业组织缺乏有效关联、产业集中度低以及产业结构协调化程度低等问题。目前虽然行业市场行为优化，市场绩效提高，但仍存在研发创新投入不足、加工业区域分布不合理、产业集中度低等问题。市场集中度与市场竞争度呈反比关系，反映了行业内部市场份额集中在少数规模企业的程度。中国农产品加工业竞争效率较低。农产品加工业加工水平低。中国农产品加工程度在20%～30%，发达国家农产品加工程度在90%以上，中国加工食品占食物消费总量30%左右，而发达国家加工食品占食物消费总量的80%左右。农产品品种单一、品质层次低、科技含量不高。短缺经济的长期影响下，农产品加工研发不足，忽视品质的现象依然存在，此外，农产品回收价格体系与质量标准的不完善，也是导致中国农产品加工业优质原料缺乏的主要因素。农产品加工业工艺相对落后的同时，高能耗也带来了环境污染问题，农产品加工企业的经济效益与环保不能协调发展。行业进入壁垒低，也会造成资源配置效率难以达到最优、资产负债率高、速动比率和流动比率低、偿债能力低的局面。中国农业上下游衔接不协调而造成产业链短、产业结构不合理、组织化水平较低以及农业科研投入不足、农业服务体系不健全等问题，使中国农业在全球经济分工中处于低端地位。此外针对食品产业区域发展不平衡、产业内部结构不合理、相关产业之间不协调等问题，应以农产品生产基地为中心，对食品加工制造企业进行结构调整，实现规模经济；以食品消费市场为中心增加市场占有率；以食品制造业聚集区为中心，便于获得较高的资本市场价值和良好的融资环境等政策支持。

3. 宏观共生环境欠理想

共生型产业价值链信息不对称发生在产品生产者与消费者、产品生产者与政府等不同环节利益主体之间，国内市场与国外市场之间。食品行业共生环境存在质量保障体系不健全、政策扶持力度不够等问题。区域劣势影响集群优势发挥，缺乏品牌效应。产业竞争力与微观的企业竞争力以及宏观的区域竞争力联系密切。"以合作求发展，在竞争中合作"是产业经济新局面。产业布局的合理性与优化程度通过合理的资源配置，将动态优势转化为更高的价值创造。农业支持保障体系薄弱，市场机制不完善，金融税收、信贷、法律等支持体系不健全也在一定程度上影响产业组织创新。信息透明度提升包括三个方面：一是食品安全法律法规的制定与执行信息透明，并且通过正规渠道保证公众的知情权；二是食品消费者具有知情权；三是食品安全问题出现后的信息透明度，减少信息不对称。完善食品来源可追溯和食品召回制度，提高监管效率。健全包括食品进入市场阶段、交易阶段以及退出市场制度，以及食品安全信息反馈。建立新闻媒体良好互动机制，提高信息透明度。

3.3　食品企业价值链特征与分类

3.3.1　食品企业价值链特征

价值链与供应链、产业链既有联系又有区别。价值链、供应链与产业链都以市场为向导，以客户为核心，存在于企业的价值系统中。价值链、供应链与产业链的相同点都是链式结构，都以价值创造最大化为核心，都由市场需求拉动。不同点主要包括目标不同、侧重点不同以及关注环节不同。价值链的目标是满足消费者需求使企业价值最大化，供应链目标是提高供应流程效率降低成本，产业链目标则是两者的结合。价值链的侧重点是有效的创造价值，供应链的侧重点是降低供应成本，产业链的侧重点则是两者的结合。价值链的关注环节是产品研发与销售环节，供应链的关注环节是产品的生产环节，产业链则是两者的结合。供应链是以满足客户需要为出发点，实现企业成本最优。而价值链则是企业维持与创造竞争力优势的基本工具。价值链所强调的联系不仅存在于企业价值链内部，也存在于企业与供应商以及渠道的价值链之间。价值链管理则是一种强调协调联系的战略管理方法，它的着眼点是企业的价值增值过程。食品供应链组织存在较稳定的包含双方社会投资以及信息交流的商品交换关系，以及激励与控制机制、信息共享机制，上下游主体之间通过合同的形式实现商品交换，其交换关系治理的核心机制是契约，具有社会嵌入性，体现了社会交换关系。供应链社会资本水平的提高也促进组织关系的快速发展。在产业链的结构下遵循价值的发现和再创造过程，通过产业内分工协作与价值整合进而形成有效的价值创造与传递系统。

本书重点讨论食品价值链盈利模式的类型、盈利表现以及优化路径，食品企业的价值链应具有以下特征：

（1）食品企业的价值链以价值增值为核心。企业提供给消费者的产品的价值主要是通过消费者愿意支付的价格体现出来。价值既有外在的体现形式，也有内在的体现形式，既有广义的概念，也有细分的概念。企业活动的核心是以收入最大与成本最低取得价值增值。

（2）食品企业的价值链具有差异性与继承性。不同企业具有差异化的价值链，同一企业在不同时期的价值链也存在不同表现，其背后体现了企业战略的差异化及其各自不同的来自价值活动有效组合的竞争优势，具体表现为食品企业的价值链具有动态发展的特性。

（3）食品产业整体竞争优势可以通过价值链优化来提升，进而实现产业价值增值最大化。这些竞争优势的考察通常通过分解价值链活动来进行。价值链的组成实质是企业联盟，由多个企业共同组成。处于价值链上任何企业的组织经营行为都会对其他企业的组织经营行为产生一定的影响,因此,要实现价值链的整体增值,就必须实现以协作为基础的全面优化,这也是提升食品产业竞争力的有效途径。与此同时,消费者也会得到质量更高的产品和服务,也体现了消费需求发展的进步。食品企业在要素价值的分解与整合过程中,也同时实现了产业资源优化与产业技术升级,产业技术升级又会带来规模效益的递增以及价值链增值的延伸效应。食品行业结构科技含量的提高带动整个价值链竞争力的增强,使优势资源在流动过程中完成增值。

3.3.2 国外典型价值链模式

美国农业产业20世纪五六十年代出现了最早的生产者与下游购买商的纵向合作价值链组织。伴随着农业现代化的发展以及农业技术的运用,激励了新的组织形式产生。欧洲农场规模较小,具有与美国相比更为紧密的农业与文化、人口以及地方经济的联系,农产品价值链组织形式的依托是农民专业合作社,并且逐步以合作社为核心,向下游不断延伸,形成一体化的农产品价值链。丹麦是最早建立农民营销合作社的国家,其乳品产业专业化发展迅速,并于1985年成立合作控制协会以及黄油出口协会,产前、产后系列化合作迅速发展起来。作为第二大农产品出口国的荷兰,1874年在海牙成立了第一家合作社,此后逐渐出现了信用合作社、购买型合作社以及荷兰独具特色的农产品拍卖合作社。第二次世界大战以后,各国农业生产者组织迅速发展、形式多样。如美国的纵向合同农业,欧洲、日本等地区的横向联合,并向加工领域延伸。20世纪80年代随着农产品供给相对过剩以及农业领域资本集中度的提高,市场转向卖方市场并出现了前向一体化以及后向一体化协调的趋势,以降低农产品易腐特征以及同质特征带来的损失。同一时期欧洲的农民专业合作社也将网络组织通过利用信息分散决策激励而相互结合,农产品网络组织在商品销售集中与家庭经营权不匹配以及消费者对质量认证需求增长迅速的背景下快速发展起来。此时期以产品异质性为前提的新的价值链组织模式出现的主要动因为普通农产品市场供给过剩。新的价值链组织模式更加突出细分市场导向，高度专门化农产品生产者逐渐增多，超过普通农产品生产者。90年代以后，美国农业生产总值中合同农业占比增加，纵向合作发展趋势明显且进入稳定时期，大型农场通过合同形式销售产品占比增加，在市场竞争中也占有绝对主导地位。新的生产组织在市场中也发展起来，农产品加工企业的现代营销渠道发展起来。在欧洲，以大型加工企业整合整个价值链成为合作社的发展方向。

1. 美国"新一代合作社"一体化价值链组织模式

20世纪80年代以来，亚太地区以及欧洲国家的竞争加剧加之国内需求有限，美国农产品出口下降。在农产品出现相对供给过剩的背景下，农民合作社开展以提高农产品附加值为目的的农产品加工经营增值的变革，被称为"新一代合作社"。"新一代合作社"摒弃了传统合作社单个农户联合，通过规模化采购降低生产成本的方式，将农业投资企业功能与传统的合作社结合起来，延长产业链条获取盈利。作为新型的农产品纵向合作组织，合作社社员的身份也转变为所有者和出资人，以合作社为核心，实现农产品生产、加工环节的后向一体化。美国农产品产地市场集中，大部分直接从产地直接配送到零售商，流通速度快、营销渠道短。基础设施设备发达，组织服务体系完备，既包括政府服务体系，又包括盈利性企业服务体系以及非营利性中介服务体系。有效的政府调控为农产品供应链的发展营造了良好的社会环境。总统食品安全委员会是美国食品安全的最高监管机构，相关法律健全，各州各邦都对食品行业生产安全做出明确规定，对危害消费者健康的食品设置了召回制度，且鼓励消费者及公众参与监督。美国是玉米生产加工和消费大国，约占世界总产量的40%，美国的食品安全法注重信息安全性透明原则以及风险管理制度，被世界公认为最先进与最完备的法规之一。美国农业经营体制大多采取农场制，以美国奶业发展模式为例，存在养殖、加工与营销的一体化模式，股份制合作模式以及合同连接方式，其中合同连接方式较为多见。其科技与现代化水平也居世界前列，具有发达的产、学、研、推体系。具有大量起着重要作用的民间协会，如美国管理协会、全美养牛人协会、奶牛群体改良协会等，并且具有严格的原料奶质量控制体系。美国食品安全立法的核心是国家的政策导向，并且不断平衡安全监管机构、消费者和食品行业的关系，美国食品安全立法属于混合立法，由国会交给农业部及卫生部负责，联邦政府规制食品安全问题的大门自1906年《纯净食品与药品法》的颁布而开启，随后《肉类检查法》《食品药品法》《联邦食品药品和化妆品法》以及2009年美国众议院《2009年食品安全加强法案》等一系列法律法规相继制定。监管范围也由原来的以食品卫生安全为主的监管发展到以食品添加剂为主的监管以及食品生产中高科技手段的监管。2011年美国颁布的《FDA食品安全现代化法》在食品安全防控方面、进口食品安全方面、加强安监机构合作方面以及食品安全法立法方面等都做出了较大规模的改革，以及对相关安全控制措施落实的监督。美国食品安全管理体系中司法、立法与执法相互分离，各机构分工明确。美国重视农业科技进步以及农业合作社与产业协会合作，重视补贴政策与信贷政策对产业的扶持。美国大豆产业集群以及加州葡萄产业别具特色，美国政府成立的产业协会与农业合作社在大豆产业发展中起到了重要作用，政府注重科技进步在产业集群建设中的作用，加强基础设施建设，重视农业合作社与产业协会作用，加大产业政策扶持。50年代以来，美国的农产品加工经营模式逐渐形成分工协作的食品联动体系，转向农工商综合企业经营模式、合作社经营模式以及合同制经营模式，投资规模大、政策导向明显、规模效益有利。美国的农产品加工企业主要特点体现在强化原料基地建设、建立合理利益共享机制以及产销体制，提高资源综合利用能力以及社会公共服务体系，规范质量强化监管。美国"新一代合作社"一体化价值链组织模式如图3-7所示。

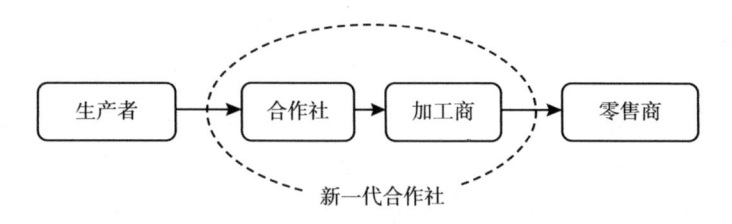

```
生产者 → 合作社 → 加工商 → 零售商
         ╲_____╱
           新一代合作社
```

图3-7 美国"新一代合作社"一体化价值链组织模式

2. 法国公私治理结合禽肉生产者团体价值链组织模式

法国农业产业组织的发展特色是"红色标签"认证为纽带的家禽业供应链组织，法国的家禽联合会都有由生产者、屠宰厂以及饲料厂组成的质量小组，通过由审查技术规范文件通过的"红色标签"为质量认证标志，以突出鸡肉产品的食品安全以及口味品质的差异化，其上下游企业的高度协调以及别具特色的品牌形象，受到消费者的广泛认可，也使其产品溢价得到提高。19世纪末，法国主要地区和行业合作社发展起来，集约化规模化的经营使法国农民收入快速增长。法国有专门控制乳制品质量的机构，法国奶业质量控制署，独立于种羊和牛的专业部门，隶属于农业部的省级畜牧组织。法国食品加工业主要是肉类加工，其次是奶类加工，法国也是全球第一大食品出口国。法国的食品产业部门，以食品为连接点，形成第一、第二、第三产业一体化的经济结构。法国葡萄酒产业别具特色，其产业集群形成包括法国税务局、原产地协会与国家酒局在内的监管体系，通过有效的监管为产业集群的健康发展提供保障。

3. 丹麦核心领导协调下猪肉价值链组织模式

生猪产业是丹麦供应链组织的成功典型，丹麦生猪出口占世界总量的30%左右，因其环境资源与生产成本不具优势，其优势来自紧密协作与分工明确的纵向一体化竞争力。丹麦较注重以生产环节为核心的教育与培训，以适应行业的不断变化发展。其合作的结构主要是通过合作社进行销售，合作社的董事会有许多互联网络，董事长可以同时在多个董事会中任职，使得在产业链协调运作中，信息发挥了重要作用。其网络组织的核心是丹麦肉类委员会，它协调产品研发、外部机构谈判、市场研究等多个阶段。欧盟的食品安全法适用于各成员国，全程监控、实时更新以及保障人民知情权是它的主要特色。以预防为主，从农田到餐桌，确保食品健康安全。按照"统一、完善、透明的原则对食品安全标准不断修订调整"。

4. 荷兰拍卖制转型的新型果蔬价值链组织模式

荷兰一直以来是通过拍卖行联结生产者与销售商，农产品的销售基本是通过拍卖的方式，并且在农产品拍卖过程中，形成有利于生产者的价格机制。此后伴随着1965年荷兰《拍卖法》的取消，加之农产品出口量减少，荷兰拍卖合作社的发展开始衰退，荷兰的农产品生产者也开始考虑新的转型机制，与下游零售商、下游批发商进行有效协作。部分先进的生产者脱离传统的拍卖形式成立新的生产者协会，改变生产计划以适应消费者对产品多元化以及高质量的需求，以期获得更高的市场回报。原有的拍卖合作社也通过建立协调双方服务机制来进行重组与改革。农产品经营环境的变化，促使新的供应链合作组织和新的生产者协会形成，相应的此时的生产者就有两种类型，一种是拥有自己的品牌在蔬菜市场和高端水果市场运作的由脱离了拍卖合作社生产者组成的群体，另一种则是在大型市场营销组织中以维护自身利益为目的生产同类产品而建立的生产者协会成员。新的组织形式在合并下游批发商的基础上转变为营销合作社。荷兰具有欧洲中心的区位优势，其先进的农业生产技术体系以及科学的市场运作弥补了自然条件不足的缺陷。荷兰农产品供应链先进，农业合作组织成熟，基础设施发达，如以水果和蔬菜为主的鹿特丹港，以冷冻食品为主的埃姆斯哈芬港等。欧盟食品安全具有统一的法律法规《欧洲食品法典》，食品安全理念较为先进，食品的生产、加工、流通以及销售各环节都承担不同的责任，由统一的食品安全专管部门进行监督。欧盟食品安全法体系是典型的统一立法模式，以乳业为例，荷兰设有国家牛奶测试实验室，有关牛奶质量和食品安全方面的法规与欧盟的法律一致，政府注重采取措施提高牛奶质量，且 HACCP、GAP 认证标准引入乳品相关企业，荷兰"营销合作社"价值链组织模式如图 3-8 所示。

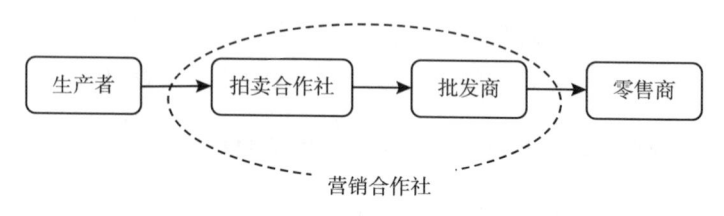

```
生产者 → 拍卖合作社 → 批发商 → 零售商
         _____/
           营销合作社
```

图 3-8 荷兰"营销合作社"价值链组织模式

通过霍布斯（2001）美国"新一代合作社"一体化价值链组织模式、丹麦核心领导协调下猪肉价值链组织模式、荷兰拍卖制转型的新型果蔬价值链组织模式以及法国公私治理结合禽肉生产者团体价值链组织模式的演进与发展我们可以看到，世界农产品价值链组织的发展协作越来越紧密，这是农业生产经营者适应经济环境、技术环境以及制度环境进而不断自我调整的结果（Hobbs and Young, 2001）。其内在动力机制包括劳动分工和专业化生产、市场协调机制本身的缺陷。其外部动力机制包括宏观政策环境的改变、信息技术与生物技术的发展、市场竞争的加剧、消费者需求的变化以及终端渠道力量的推动。国外农产品加工经验主要包括充分依靠政府产业政策以及农民合作组织支持。产业组织协调性好、关联度高、农业社会化服务程度强。农业的规模收益也随着生产的专业化与分工的细化逐渐增加。在农业技术进步的背景下，农产品的季节性与生物性特征以及需求价格弹性小的市场特征使得各种专业组织开始与下游购买商进行纵向合作，新的要素组合逐渐发挥有效的协调作用。

3.3.3 中国食品企业价值链模式分类

关于价值链模式的分类，科斯（Coase, 1937）认为交易成本的权衡是企业边界选择的重要影响因素，企业的最优边界是市场组织交易成本与企业内部组织交易成本的均衡点，当内部生产代替市场交易时，节省交易成本即为纵向一体化的动因。威廉姆斯（1985）强调了纵向一体化的资产专用性动因，是否选择一体化战略，与新增管理成本与市场交易费用的比较有关。斯莱沃斯基提出了强化价值链薄弱环节、价值链整合以及价值链分拆等价值链盈利模式。格罗斯曼（Grossman，1986）认为交易费用与生产费用共同作用，决定了企业边界。卡普林斯基（Kaplinsky，2000）将公司之间的联系纳入产业价值链的划分标准。孙茂竹（2002）将价值链划分为横向价值链、纵向价值链以及企业内部价值链三种形式。都晓岩等（2006）将企业间的市场关系划分为低级产业链与高级产业链。刘贵富等（2006）对产业链进行了基于企业地位、行业、生态属性的分类研究。吴金明等（2006）认为市场交易模式、纵向一体化模式、准市场交易模式以及混合模式等是产业链模式的主要形式。刘富贵等（2006）详细地分析了纵向一体化模式与横向联盟模式的区别。王海林（2006）认为价值链可以分为企业内部价值链、与上下游企业联结延伸形成的价值链以及产业链上形成的价值网。姜海燕（2008）分析对比了一体化合作模式、龙头企业带动模式以及农业中介组织联动模式在乳品行业的应用并给出了发展建议。钟敏等（2009）认为随着分工不断细化，乳品行业产业链从纵向化逐渐发展为多元化，纵向关系结构不断优化。产业价值链的整合效应分为横向整合效应与纵向整合效应，体现产业创新能力升级的产业竞争效应也分为横向竞争效应与纵向竞争效应，产业品牌优势升级则通过产业集群效应实现，这些效应相互作用，推动产业升级，产业升级战略包括完善产业价值链委托—代理制度、战略联盟制度、合作性竞争运行机制，发展产业品牌，拓展产业价值链创造空间。

企业价值链模式主要包括纵向延伸模式、横向延伸模式、价值链拓展模式以及价值链收缩模式等。

1. 价值链纵向延伸

价值链延伸是以本企业为核心，突破企业原有内部价值链的限制,向上游价值链、下游价值链纵向延伸,获得价值链增值效应,进而规避风险,创新盈利模式,通过节点的延伸控制更多价值链环节,避免交易成本增加引起的效率损失,实现规模效益,优化产业链上下游企业的协同程度。实行纵向延伸价值链模式,可以更好地把握顾客需求,增强生产和销售的稳定性,提高行业壁垒,增加企业利润。实施纵向延伸价值链模式的企业可以通过从战略联盟的角度选择供应商与分销商,建立合作伙伴之间的信任关系,对上下游企业采取适度的管理与协调措施以及建立公平的利益分配制度来规避风险,合理配置生产要素,保障产业链的合理性与关联性。利用范围经济效应和规模经济效应,实现成本协同。斯蒂格勒(Stigler,1951)认为处于成熟期或者衰退期的企业出于提升产业组织效率的角度而采取一体化经营模式。米格尔(Mighell,1963)认为纵向协调的组织形式可以减少市场风险、提高议价能力。贝恩(Bain,1968)认为纵向一体化可以通过垄断价格提高市场进入壁垒。市场交易由企业治理结构来替代,可以解决由专用性投资带来的要挟问题。斯密格勒(Smigler,1989)认为双重加价现象可以通过纵向一体化组织模式消除。巴克马(Barkemg,1993)研究发现纵向合作可以提高对顾客需求了解的效率。格罗斯曼(Grossman,1999)认为上下游企业资产具有特殊性且纵向一体化会降低交易成本。奥多佛(Odover,1999)研究发现未参与一体化厂商的成本会因为纵向一体化模式而提高。霍布斯(Hobbes,2002)通过研究加拿大与美国农产品供应链,发现其协调程度日趋紧密,并且垂直一体化、生产或采购合同以及战略联盟的方式应用程度加强。彼得森(Peterson,2001)提出了包括现货市场、专门合同、以关系为基础的联盟、以产权为基础的联盟以及纵向一体化的纵向协调连续体概念,从事前控制向事后控制整合,从不稳定的市场交易关系向稳定的一体化组织整合。里加托(Rigato,2004)认为完全一体化比较适合自身拥有初级农产品原材料的企业。雷诺(Renault,2002,2005)在威廉姆森治理类型的基础上,将组织治理结构分为现货市场合同、与有资格伙伴的关系型双边治理、与非资格伙伴的关系型双边治理、完全纵向一体化及以产权为基础的合作。当食品企业有足够的资金以及有较好的市场前景时,可以采取价值连接点向前延伸或者向后延伸的方式,提高价值增值空间。价值链纵向延伸如图3-9所示。

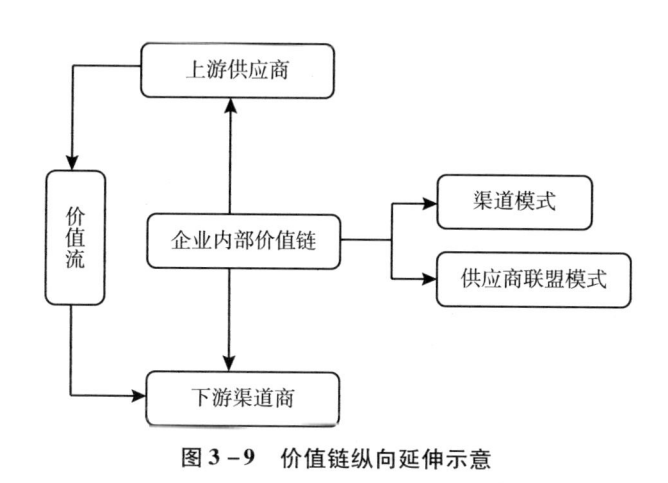

图3-9 价值链纵向延伸示意

2. 价值链横向延伸

斯皮克曼(Spickeman,1998)将价值链关系发展为协作、协调以及合作三个层级,以应对激烈的竞争市场。莫尔纳(Molnar,2009)选择多个有代表性的变量指标,研究农产品价值链治理结构,得出不能将变量值"身份的无关型"决定治理结构的选择归为现货市场,将以关系为基础的战略联盟增加在产权为基础的合作以及正式书面双边合同之间,认为产品属性、国家属性与价值链水平是价值链治理结构的三个主要因素。当资产专用性程度低,信息不对称性也较低时更倾向于选择市场治理。价值链关系的发展由业务层级上升为战略层级,稳定的销售合同可以降低市场交易费用,交易价格和产品质量通过合同进行保障,随着合作关系的日益紧密,竞争力也得到不断提高,消费者信任建立在链的共同行动基础上。影响农产品价值链组织治理结构选择的主要因素包括产品属性、协作能力、资源依赖程度以及农业生产者组织发展水平。企业通过兼并、联合等方式与生产同类或者相近产品的企业进行价值链整合，扩大生产规模，优化企业价值链结构。处于成熟期或者衰退期的企业采用横向延伸价值链模式的比较多，面对竞争激烈、市场增长率下降以及产能过剩的局面，采用横向延伸价值链模式，进而提高市场占有率获得规模效益，实现优势互补，增强协同效应，降低行业退出障碍。横向延伸价值链模式是否实施需要从提高协同效应和竞争力两方面来判断，实施过程中需要注意企业资金链断裂、流动性风险的防范。约束产业链上相同类型企业，提高企业集中度进而扩大市场占有率，增强市场控制力，节约研发成本。价值链横向延伸如图3-10所示。

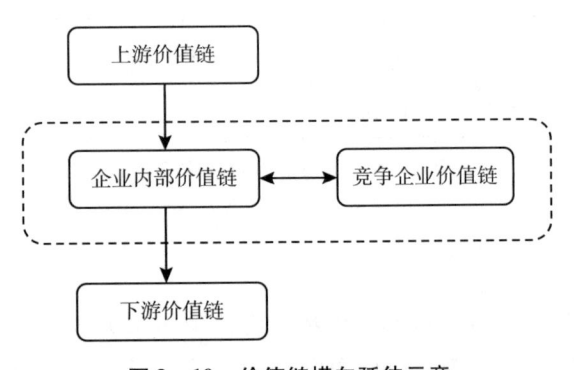

```
        ┌─────────────┐
        │  上游价值链  │
        └──────┬──────┘
               │
   ┌───────────▼───────────┐     ┌──────────────┐
   │    企业内部价值链      │◄───►│ 竞争企业价值链 │
   └───────────┬───────────┘     └──────────────┘
               │
        ┌──────▼──────┐
        │  下游价值链  │
        └─────────────┘
```

图3-10　价值链横向延伸示意

3. 价值链拓展

企业基于竞争战略的要求，通过兼并、收购以及联盟等方法，将内部资源与外部相关或者非相关行业进行联结，形成以核心业务为主，涉足多种业务领域的多元化盈利模式，以期达到降低行业风险、实现规模优势的效果。实现充分利用现有资源、风险分散、获得新的增长空间以及发挥内部资本市场资源配置效应。实施价值链拓展盈利模式的条件是企业具有充足的财务资金以及前景较好的目标市场，且拓展行业需要具有关联性，保持核心竞争力、避免陷入多元化陷阱。针对产业边界的扩张或收缩形成的跨界整合可能导致新的价值分配模式以及产业主导技术产生。企业通过重组兼并等资本运作方式获取链外资源，有效地避免资源浪费与产业链同构带来的恶性竞争。发挥各自行业优势，促进业务的延伸，节约企业的固定成本投入。价值链拓展如图 3-11 所示。

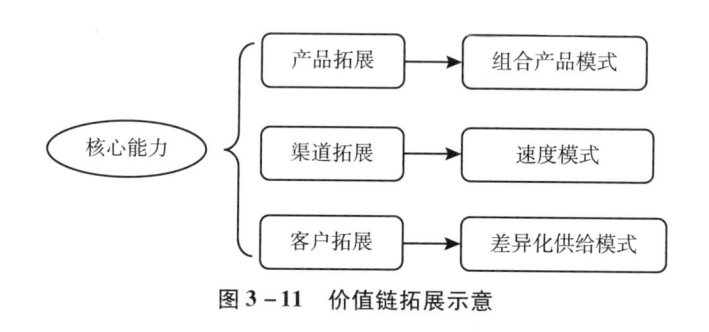

```
              ┌─ 产品拓展 → 组合产品模式
核心能力 ─────┼─ 渠道拓展 → 速度模式
              └─ 客户拓展 → 差异化供给模式
```

图 3-11 价值链拓展示意

4. 价值链收缩

科斯认为企业与市场的实质，是资源配置的不同制度安排。在价格机制的作用下，市场对资源配置自动调节，在权威机制作用下，企业通过等级制度对资源配置进行调节，市场与企业是可以替代的经济组织形式。企业通过出售、剥离以及外包等形式将非核心业务剥离出去，而将自身的核心优势定位于特定行业价值链或者价值链的特定环节。价值链收缩盈利模式的动因是低效率环节会降低价值链的竞争力。价值链收缩盈利模式通常在价值链延伸、价值链拓展效果不佳的情况下采用，将企业的优势资源和经营发展重点放在价值链优势环节上，以期增强企业灵活性与环境适应性、改善经营管理绩效、获得低成本优势，摆脱多元化困境提升企业核心竞争力。正确识别企业的核心能力、防止风险抵御能力降低以及投资者对企业丧失信心是实施价值链收缩盈利模式的关键。价值链收缩如图 3-12 所示。

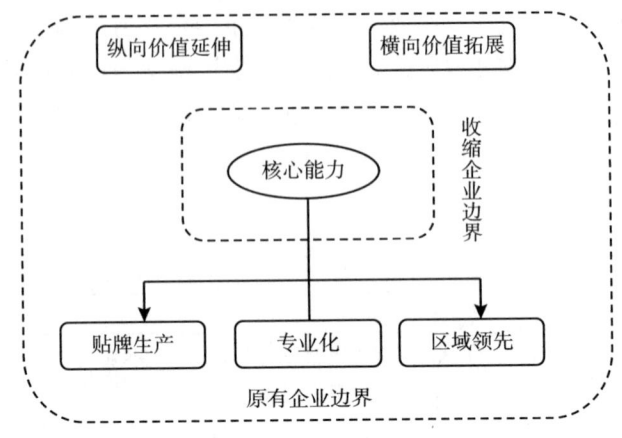

图 3–12　价值链收缩示意

中国食品企业价值链分类标准多种多样，可以按照存在形式、优化目标、驱动方式以及核心企业的不同进行分类，其中以核心企业的不同可以划分为批发市场为核心、生产基地为核心、连锁超市为核心以及物流企业为核心的模式。当以个体交易为主抗风险能力差、信息化程度低以及专用性投资不足交易环境差时，采用以批发市场为核心的价值链模式可以提供多样化服务，拥有更多客户群，这种模式食品安全保障程度较低。以加工企业为核心的价值链模式可以避免生产盲目性，增强食品安全的保障程度以及市场风险承载能力，但企业一次性投资较大。以连锁超市为核心的价值链模式具有良好的交易环境，响应市场变化能力强，食品安全更有保障，但专用性资产投资较大。以物流企业为核心的价值链模式具有专业化的物流服务，信息通畅，有利于节约成本，但食品安全难以保障且容易产生连带的经营风险。完全以市场为纽带的协调机制存在诸多弊端，如随机性交易使食品安全问题无处溯源、交易主体的投机行为、流通环节过多造成的组织化程度低、信息不对称产生的道德风险与逆向选择等，这些都容易造成食品安全问题的产生。此外还可以划分为产品导向型价值链模式、需求导向型价值链模式以及市场导向型价值链模式。产品导向型以产业链的末端为出发点，对产品进行导向性的追本溯源，供应企业的竞争环境激烈，下游企业的产品需求，对于供应企业来讲，具有较大的依赖性。下游企业具有竞争优势与选择权，包括中间产品价格、企业规模等。需求导向型以产业链源头为出发点，对资源的供应呈现出循序渐进的特征，以产业链的末端为出发点，又对产品进行导向性的追本溯源。上游企业与下游企业同样存在数量较少的现象，由于交易成本与资产专用性较高，上游企业与下游企业互相对对方具有较高的依赖性。市场导向型产业链包括产品服务、市场与资产等相互关联的要素。上游企业与下游企业同样存在数量较多的现象，共同存在于激烈的市场竞争中，上游企业与下游企业互相不具有依赖性而是独立的竞争关系，都是市场的被动接受者。

波特的价值链理论主要分析企业内部价值链及与上下游企业价值量关系。本书以波特价值链理论为指导，参照綦好东（2015）对"农工企业价值链的分类"，将食品企业价值链类型划分为单一经营一体化价值链类型、多元经营一体化价值链类型、单一经营非一体化价值链类型以及多元经营非一体化价值链类型四种。一体化价值链类型特指在企业内部既从事上游农产品种养殖又从事下游食品相关加工，根据其经营范围是否涉及食品加工以外的其他领域，如房地产、电子设备等，进一步将一体化价值链类型细分为单一经营一体化价值链类型与多元经营一体化价值链类型。非一体化价值链类型具有专业化优势，其企业内部只从事上游农产品种养殖，或者下游食品相关加工，其经营的稳健性依赖于市场合约的有效性与完备性，同样根据其经营范围是否涉及食品加工以外的其他领域，如房地产、电子设备等，进一步将一体化价值链类型细分为单一经营非一体化价值链类型与多元经营非一体化价值链类型。截至 2017 年 1 月，中国符合食品行业及相关的非 ST 上市公司共 146 家，根据国泰君安数据库资料分析，符合本书研究条件的 146 家上市公司中，单一经营一体化价值链类型 32 家，占比 22%，多元经营一体化价值链类型 19 家，占比 13%，单一经营非一体化价值链类型 54 家，占比 37%，多元经营非一体化价值链类型 41 家，占比 28%。中国上市食品企业价值链类型划分如图 3-13 所示。

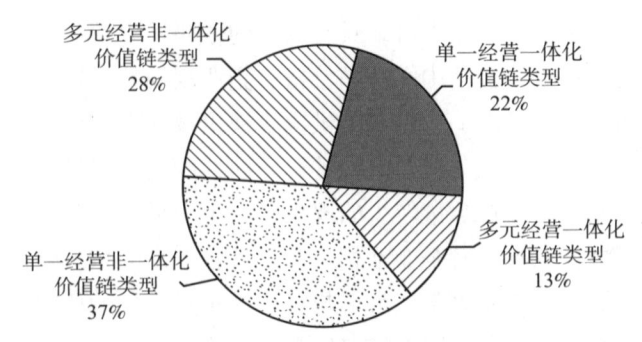

图 3-13 中国上市食品企业价值链类型划分示意

通过图 3-13 可以看出，在中国食品企业中，单一经营非一体化价值链类型占比最高，其次为多元经营非一体化价值链类型与单一经营一体化价值链类型，最少的是多元经营一体化价值链类型。面临复杂多变的经营环境，价值链类型的选择需要基于外部环境与内部资源现况，通过强化价值链薄弱环节，重新整合价值链中的资金流、信息流与物流，构建富有成效的盈利模式，使企业适应产业环境，关键能力与核心资源相匹配，实现基本价值活动与辅助价值活动的协同，进而优化盈利模式。

3.4 本章小结

本章首先运用 PEST 分析及波特五力分析阐释了食品产业概况，在此基础上从主导行业、股权性质、区域差异、社会责任履行情况、食品安全认证情况等方面分析中国上市食品企业整体情况。其次分析了食品企业价值链特征，并且借鉴国外典型国家价值链模式，在价值纵向延伸、价值横向延伸、价值链拓展、价值链收缩的基础上，结合食品企业价值链特点，基于价值链增值目标，本书将食品企业价值链类型划分为单一经营一体化价值链类型、多元经营一体化价值链类型、单一经营非一体化价值链类型以及多元经营非一体化价值链类型等，并对样本上市食品企业的价值链类型构成情况做了统计分析。

第4章
基于价值链视角的食品企业盈利模式特征分析

盈利模式研究视角主要分为三类,第一类是以德鲁克(Drucker,将盈利模式定义为公司的经营理论)、明兹伯格(Mintzberg,将盈利模式定义为企业的战略思想)、加里·哈默尔(Gary Hamel)和普拉哈拉德(C. K. Prahalad,将盈利模式定义为一种战略意向)为代表的战略盈利模式。第二类是以托马斯(Thomas,认为盈利模式是资源、供应商、渠道、客户以及流程的构造)、杜波森(Dubosson,认为盈利模式是企业为维持客户关系资本收益流形成的结构)、博西迪(Bossidy,认为盈利模式包括企业为获取财富形成的内部组成以及与外部因素的联系)为代表的要素盈利模式。第三类是以迈克尔·波特为代表的价值链盈利模式,认为企业的价值由相互关联的活动创造。本书以第三类,即价值链视角对盈利模式展开研究。在价值链理论的视角下,企业盈利模式可以定义为企业以客户为中心,对其价值活动以获得独特性、难以模仿的竞争优势实现盈利的模式。我们将盈利模式定义为企业以价值创造为目的,包括资金流、服务流与信息流在内的业务经营模式,其具备利润导向性、动态创新性以及竞争优势性的特征,即"盈利要素的价值匹配度"。本书选择不同类型价值链食品企业盈利模式为研究对象,从理论上探讨食品企业价值链组织模式的分类、内在特征,并为核心利益主体进行盈利模式选择和构建实施提供决策依据与决策方法,为食品产业链稳定运行提供政策支持。本章以价值链为视角,对食品企业盈利模式进行分类,并分别从形成机制、驱动因素与运作特征三个方面对不同类别盈利模式的特征进行分析。

4.1 盈利模式的分类定型

4.1.1 基于杜邦模型的盈利模式因素分析

现实经济世界所创造的五彩缤纷的盈利模式为理论研究增加了难度,也提供了丰富的素材,而它们本身也需要进行理论总结并升华为科学范式,再以所形成的科学理论指导实践。雷纳(Reiner,2001)将盈利模式划分为收入模式、部门和行业模式以及市场和角色模式三种类型。斯莱沃斯基在《发现利润区》和《利润模式》中对企业盈利模式进行了概括,提出了包括价值获取、产品差别、客户的选择以及业务范围在内的以客户和利润为核心的企业盈利模式。哈默尔在《领导企业变革》中提出企业的盈利模式由核心战略、战略资源、客户界面以及价值网络组成,并且通过公司边界、配置和客户利益进行协调运作。迈克尔·莫里斯(Micheal Morris,2003)将盈利模式分为战略类、经济类与运营类。栗学思(2003)认为企业盈利模式具有差异性。郭金龙(2005)认为中国的盈利模式包括价值协同盈利模式、产品盈利模式、品牌盈利模式、服务盈利模式、渠道盈利模式等。斯莱沃斯基等(Slywotzkg et al., 2007)从多个视角将盈利模式划分为 30 种。张锡民(2009)总结了"资源独享模式""网站联盟模式""产业链循环模式""行业标准模式"等 24 种盈利模式。魏炜等(2012)则将盈利模式分为"固定""剩余"和"分成"三种模式。拉斐尔(Raphael,2012)以

第4章 基于价值链视角的食品企业盈利模式特征分析

电子商务企业为例,将企业的盈利模式分为技术集中型、产品集中型以及混合型。宋海燕(2012)认为盈利模式具有差异性的特征,盈利模式的类型包括资源投入型、产品提供型、资源投入型与客户选择型。盈利模式是否有效,体现在盈利能力的强弱上,通过评价企业综合盈利能力状况,可以分析企业盈利实质的来源以及判断企业当前盈利模式是否有效。单一的财务指标并不能判断企业盈利能力的强弱,杜邦分析法通过财务指标的关联分析,为盈利能力的衡量提供了判断标准。

杜邦财务分析体系是以净资产收益率为核心,通过重要财务指标的相互关系反映企业的经济效益与经营状况的分析体系,是企业盈利能力、营运能力、成本控制以及偿债能力的综合作用结果,是衡量企业盈利能力的最主要方法。通过将资产净利率与权益乘数相结合,分解资产净利率,进而分析企业的盈利能力与盈利路径。杜邦财务分析体系在评价股东权益回报水平与企业盈利能力的同时,也为企业管理者提供经营管理与财务等方面的重要信息。杜邦分析体系在揭示各项财务指标之间层次关系的同时,也揭示了各项指标变动的影响因素,传统的杜邦财务分析体系虽然存在未反映现金流量信息、未区分经营活动与金融活动等局限性,但通过不同角度分析权益净利率的提高途径,进而实现股东投资回报最大化,企业管理效率最优化的目标,是杜邦财务分析体系的优势。巴金斯基(Baginski,2005)认为评价公司财务状况主要采用杜邦分析法。艾伦(Allen,2007)认为杜邦分析体系通过财务比率内在联系综合评价企业的经营状况与财务成果。国外学者对杜邦财务分析体系的研究较多的是讨论其如何改进,如克里什纳(Krishna,2001)、兹维博迪(Zvi Bodie,2003)等,也有针对不同行业进行应用研究的,如麦尔尼斯(Melnnes,1975)、史密斯·巴里德(Smith Bared,2006)等。乔尔·埃文斯(Joel Evans,2005)认为盈利模式的构成要素包括净值报酬率、资产周转率以及财务杠杆、利润率等。杨霞(2000)认为盈利模式的主要表现是会计利润。艾德利(Adley,2006)认为盈利模式的构成要素包括杠杆比率、销售净利率、净资产收益率等。吴伯凡(2007)认为盈利模式包括企业价值配置、核心竞争力、成本结构与收入结构等。林桂平等（2015）认为，盈利模式属于商业模式的核心要素之一，是企业的收支来源和收支方式。付源（2008）、马春华（2012）讨论了杜邦分析法在盈利模式中的应用，运用杜邦分析法的关联因素思路对企业盈利模式进行了划分，利用杜邦分析法将盈利模式划分为周转型、综合型与销售型。彭彦敏（2014）等、张雪云（2014）利用杜邦分析法对 A 股上市公司盈利模式进行分类，将盈利模式划分为作业效率型、销售获利型以及财务杠杆型。本书借鉴杜邦分析法关联因素思路对企业盈利模式进行划分，利用净资产收益率相对贡献率测度划分样本上市公司盈利模式的基本类型。

4.1.2 净资产收益率贡献率测度

通过不同角度分析权益净利率的提高途径，评价企业综合盈利能力状况，可以分析企业盈利实质的来源以及判断企业当前盈利模式是否有效。杜邦分析体系的核心计算公式为净资产收益率 = 销售净利率×资产周转率×权益乘数。净资产收益率变化的原因可以通过成本费用占营业收入的比重分析。净资产收益率是净利润与股东权益的比值，净利润可以看做是股东的所得，股东权益可以看做是股东的投入。企业在销售商品过程中发生的营业费用，组织与管理企业生产经营发生的管理费用以及为筹集资金发生的财务费用都影响净资产收益率的大小。销售净利率是净利润与销售收入的比值。销售净利润率与企业获利能力强弱成正比。总资产周转率则通过存货周转率与应收账款周转率来分析。资金的周转速度与资产的管理效率成正比，总资产周转率越高，企业的营运能力越好。权益乘数是资产与权益的比值，权益乘数越大，反映了企业长期偿债能力越弱，其风险就越大。适当的资产负债率可以带来税收利益，因此企业需要合理安排债务结构。依据杜邦分析体系的核心计算公式，净资产收益率（ROA）= 销售净利率（a）×资产周转率（b）×权益乘数（c），计算三个指标对净资产收益率的贡献度，本期的贡献度以上期为计算基础，即：

$$a_1 = (a - a_0) \times b_0 \times c_0$$
$$b_1 = a_0 \times (b - b_0) \times c_0$$
$$c_1 = a_0 \times b_0 \times (c - c_0)$$

其中 a 为当期销售净利率，a_0 为上期销售净利率，b 为当期资产周转率，b_0 为上期资产周转率，c 为当期权益乘数，c_0 为上期权益乘数。

计算本期销售净利率、资产周转率、权益乘数对本期净资产收益率的相对贡献度：

$$a_{11} = \frac{a_1}{|a_1 + b_1 + c_1|}$$
$$b_{11} = \frac{b_1}{|a_1 + b_1 + c_1|}$$
$$c_{11} = \frac{c_1}{|a_1 + b_1 + c_1|}$$

销售净利率、资产周转率以及权益乘数对净资产收益率的相对贡献度计算结果为 a_{11}、b_{11}、c_{11}。

通过不同角度分析权益净利率的提高途径进而分析企业盈利实质的来源，在此基础上可以判断企业当前盈利模式是否有效。关于权益净利率不同角度的提高途径，本书拟结合盈利模式的构成要素进行分析。对于盈利模式的要素，本书较倾向钱廷仙、甄国红、郑掘金、张美娟、邹利林等人的观点。钱廷仙等（2004）认为企业盈利模式包括利润组织、利润源、利润屏障以及利润杠杆等。甄国红（2007）认为盈利模式的要素主要包括利润杠杆、利润源以及利润对象等。郑掘金（2009）认为盈利模式的要素包括利润源、利润点、利润屏障、利润杠杆、利润组织、利润家、利润文化等。张美娟（2011）认为盈利模式的要素包括利润源、利润点、利润杠杆、利润屏障等。邹利林（2011）认为盈利模式的要素包括利润点（产品或服务）、利润对象（服务对象）、利润源（收入来源）、利润杠杆（业务活动）、利润屏障（持久力）等。目前，普遍认可的盈利模式要素大致包括利润点、利润源、利润杠杆、利润屏障与利润家五个方面。利润点是企业可以获取利润的产品与服务的概括；利润源则是企业提供产品或服务的对象，即目标客户；利润杠杆则是企业吸引目标客户购买产品的业务活动；利润屏障是防止竞争者掠夺利润而采取的防范措施；利润家则是对企业盈利具有预见性的职业经理人等。本书选择不同类型价值链食品企业盈利模式为研究对象，旨在从理论上探讨食品企业价值链组织模式的分类、内在特征，并为核心利益主体进行盈利模式选择和构建实施提供决策依据与决策方法，为食品产业链稳定运行提供政策支持。分类评价各类价值链类型食品企业盈利模式，分析优势竞争要素以及存在的竞争劣势。在不同价值链类型食品企业盈利模式评价对比分析的基础上，系统分析食品企业盈利模式的演化趋势，为建立创造共享价值的食品产业链，促进第一、第二、第三产业有效链接以及可持续发展的食品企业盈利模式提出优化策略。结合本书的研究目标与研究内容，本书将食品企业的盈利模式要素概括为利润点、利润杠杆与利润屏障。

本书所说的食品企业盈利模式利润点是指在对利润源（目标客户与消费市场）的需求与偏好把握的基础上，通过挖掘利润源，形成与竞争者相比较而言的竞争优势。当前，中国食品的需求量与需求结构受生活方式的影响，不同地区的消费者对食品需求结构存在明显差异，而且人们的消费方式出现了多功能化、多样化、高转化率化以及方便化的新趋势。随着农业生产和食品加工业的现代化发展，传统的数量型农业正在向价值型农业转变，中国食品品种日趋丰富多样、数量更加充足，已经能够满足人民群众对食品的基本需求。然而，中国已经进入中等收入国家行列，城乡居民的食品消费正在经历由生存型消费向健康与享受型消费的转变，食品的健康和营养价值备受关注，食品产业也承载着更多的期待。利润点驱动盈利模式注重研究市场与产品，通过产品单一突破到细分覆盖以及组合发展，产品丰富化与多样性来增加企业的盈利能力。如品牌引领等带来的差异化、成本领先与服务增值等，此类盈利模式更加注重产品的不可替代性。企业依靠产品与服务从市场获取超额利润，以此作为权益净利率的主要提高途径，盈利实质的来源通过利润点驱动的方式获取。在上文净资产收益率相对贡献率测度中，a_{11}销售净利率对净资产收益率相对贡献率最大，结合本书对利润点要素的理解，将其定义为利润点驱动盈利模式。

本书所说的食品企业盈利模式利润杠杆是指企业吸引目标客户购买产品的业务活动。食品企业的利润杠杆具体体现主要包括通过交货时间缩短及质量成本降低等间接方式提升企业竞争地位，实际成本的节约以及通过合理的管理质量与物流，实现更高的资本周转。国际与国内经济持续增长，市场潜力增大，作为刚性需求的食品，消费弹性较低，且市场竞争由产品竞争扩展到资源竞争，从产品经营转向资本运营，形成"宏观联合、微观竞争"的局面。食品企业的上游源头以"农"为根，较多受到周期性、地域性以及季节性影响，食品加工业与农产品关联性强，而农产品加工原料地域分布广泛、季节性强，受动植物自身生长规律以及自然条件变化的影响，呈现出风险高、周期长的特点。与此相对应，食品加工业则呈现出地域性强、关联性强以及季节性强的特点，因此，通过营销手段如基础设施运作、网络价值与服务、规模渠道分销、消费体验以及专卖突破等，减少商品积压，提高现金利用率，缩短盈利周期尤为重要，并以此作为权益净利率的主要提高途径，盈利实质的来源通过利润杠杆驱动的方式获取。在上文净资产收益率相对贡献率测度中，b_{11}资产周转率对净资产收益率相对贡献率最大，结合本书对利润杠杆要素的理解，将其定义为利润杠杆驱动盈利模式。

本书所说的食品企业盈利模式利润屏障是指企业防止竞争者掠夺利润而采取的防范措施。对于食品行业来说，替代品交叉弹性大且威胁程度增强，同时也增加了企业的产品开发成本。进入威胁的大小由原有企业的反击程度以及进入障碍决定，主要体现为规模经济、资金需求以及销售渠道等方面，行业进入壁垒是影响资源优化配置以及行业间竞争的重要因素。规模经济与市场集中度的增强，提升了市场进入壁垒，但与此同时市场化进程的增强也降低了政策性"门槛"，推动投资多元化格局的形成。开放的资本市场与行业政策以及农产品加工企业市场细分程度低、企业生产成本低、进入壁垒低以及行业吸引都是吸引国内竞争者的因素。国外进入者进入的主要影响因素包括政府限制性条款少、WTO农业条款的生效、欧盟等发达国家不断削减农产品生产与出口补贴等。中国食品企业目前具有较强的区域集中性，食品企业竞争战略应定位于减少替代品的威胁，提高创新能力以及培养国际竞争力，增强市场防御能力。企业为扩大生产经营规模或者技术创新如技术彰显、产能释放以及资本助推等筹资举债，以期发挥财务杠杆效应，以此作为权益净利率的主要提高途径，盈利实质的来源通过利润屏障驱动的方式获取，此类盈利模式需要注意优化资本结构，规避债务风险。在上文净资产收益率相对贡献率测度中，c_{11}权益乘数对净资产收益率相对贡献率最大，结合本书对利润屏障要素的理解，将其定义为利润屏障驱动盈利模式。

4.1.3 盈利模式基本类型划分

食品产业链由农业生产、食品加工、食品流通与食品零售等组成，涉及农、工、商、物流等多个产业，产业链上的产业活动联系紧密，环环相扣。而产业链上有生产资料企业、农户或者农业企业、食品加工企业、商业企业和物流企业、食品消费者等众多利益相关者。在市场经济制度下，这些利益相关者通常都是自身利益最大化的追求者。这是因为，企业是盈利性经济组织，追求盈利最大化是企业的本能，也是企业"做大、做强、做优"，进而实现可持续发展的前提。但现代企业又是一个由资源要素提供者构成的利益相关者契约组织，企业的盈利追求必须以价值共享为前提。如何创造价值，实现企业可持续发展和利益相关者价值共享，本质上也是企业盈利模式选择问题。盈利模式可以基于不同的视角来认知，也可以赋予其不同的管理学含义。这些模式中价值链模式更具有综合意义，也能够彰显"全球价值链"这个时代的特征，尤其是对具有冗长产业链的食品企业更具有特殊的意义。本书按照前文对价值链类型的划分，分别在单一经营一体化价值链类型、多元经营一体化

第4章 基于价值链视角的食品企业盈利模式特征分析

价值链类型、单一经营非一体化价值链类型、多元经营非一体化价值链类型下对盈利模式的基本类型进行分析。在单一经营一体化价值链类型下利润点驱动盈利模式、利润杠杆驱动盈利模式、利润屏障驱动盈利模式2006~2015年占比分布如表4-1以及图4-1所示。

表4-1　　　2006~2015年单一经营一体化价值链类型盈利模式占比分布

年份	利润点驱动盈利模式（%）	利润杠杆驱动盈利模式（%）	利润屏障驱动盈利模式（%）
2006	14	43	43
2007	36	50	14
2008	40	47	13
2009	63	13	24
2010	53	13	34
2011	42	42	16
2012	42	27	31
2013	19	46	35
2014	46	29	25
2015	41	28	31

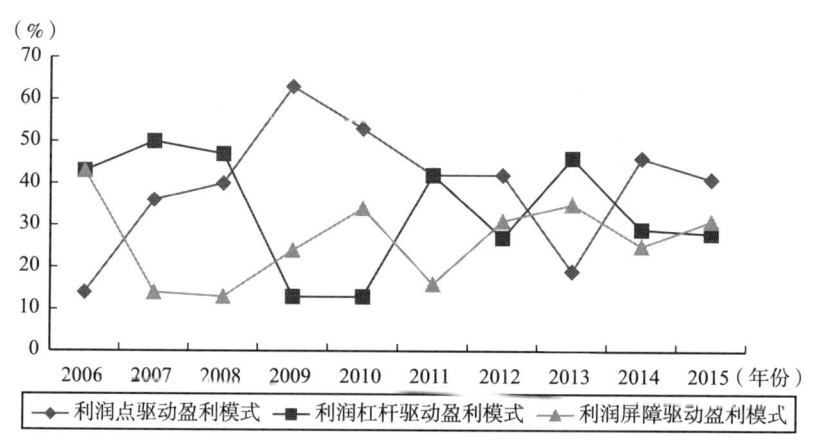

图4-1　2006~2015年单一经营一体化价值链类型盈利模式演进趋势

通过表4-1以及图4-1可以看出，单一经营一体化价值链类型下盈利模式的演进趋势在不同时间段呈现不同特点，2006~2008年期间，利润杠杆驱动盈利模式占主导地位，利润点驱动盈利模式呈上升趋势，而利润屏障驱动盈利模式呈现下降趋势。2005年禽流感暴发，与此关联最密切的食品行业受影响较大。作为单一经营一体化价值链形式，由于经营范围的单一化以及产业链条的加长，更容易受到市场风险带来的冲击，此段时期更多的食品企业开始注重产品质量，在对目标客户与消费市场的需求与偏好把握的基础上，通过挖掘利润源，形成与竞争者相比较而言的竞争优势，因此利润点驱动盈利模式呈上升趋势。而此段时期因为扩大企业规模而举债的食品企业较少，因此利润屏障驱动盈利模式呈下降趋势，大部分单一经营一体化价值链模式的食品企业采用了减少积压、加快资产周转的方式作为权益净利率的主要提高途径驱动获利。2008~2011年期间，利润点驱动盈利模式占主导地位，其次是利润屏障驱动盈利模式，而利润杠杆驱动盈利模式呈现下降趋势。2008年经济危机爆发，食品产品销售受到冲击，因此加速资产周转变得困难，受到2009年国家"四万亿"投资产业振兴的影响，食品企业也开始注重分析顾客与市场，研发优质产品以适应消费市场需求变化。为扩大生产经营规模或者技术创新如技术彰显、产能释放以及资本助推等筹资举债，以期发挥财务杠杆效应，因此利润点驱动盈利模式与利润屏障驱动盈利模式呈现上升趋势。2012~2015年期间，利润杠杆驱动盈利模式占主导地位，利润屏障驱动盈利模式呈上升趋势，这与上一个区间的扩大规模经济以及减少商品积压，提高现金利用率，缩短盈利周期有关。而利润点驱动盈利模式在2013年呈现下降趋势，可能与2012年塑化剂、毒胶囊等食品安全大事件影响以及单一经营一体化价值链模式特点有关，2013年后呈回升趋势。

在多元经营一体化价值链模式下，利润点驱动盈利模式、利润杠杆驱动盈利模式、利润屏障驱动盈利模式2006~2015年占比分布如表4-2以及图4-2所示。

表4-2 2006~2015年多元经营一体化价值链类型盈利模式占比分布

年份	利润点驱动盈利模式（%）	利润杠杆驱动盈利模式（%）	利润屏障驱动盈利模式（%）
2006	50	17	33
2007	15	54	31
2008	36	50	14
2009	43	21	36
2010	38	50	12
2011	29	65	6
2012	35	35	30
2013	47	29	24
2014	59	18	24
2015	67	22	11

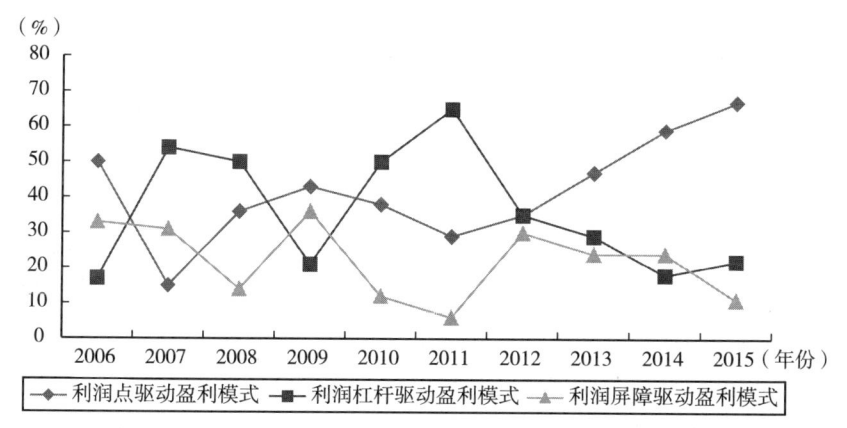

图4-2 2006~2015年多元经营一体化价值链类型盈利模式演进趋势

通过表4-2以及图4-2可以看出，多元经营一体化价值链类型下盈利模式的演进趋势在不同时间段呈现不同特点，2005年禽流感暴发，与此关联最密切的食品行业受影响较大。与单一经营一体化价值链类型相似，2006~2008年期间，利润杠杆驱动盈利模式占主导地位，利润屏障驱动盈利模式呈现下降趋势。此段时期因为扩大企业规模而举债的食品企业较少，大部分多元经营一体化价值链模式的食品企业采用了减少积压、加快资产周转的方式作为权益净利率的主要提高途径驱动获利。与单一经营一体化价值链不同，此段时期利润点驱动盈利模式呈现了先下降后回升的趋势，这与多元化经营在降低经营风险的同时也使企业因业务重心而丧失核心优势有关。当食品行业受食品安全公众影响时，多元经营一体化在对目标客户与消费市场需求与偏好把握的基础上，与单一经营一体化相比不具核心优势。2008~2011年期间，利润点驱动盈利模式占主导地位，这可能与2006年中小企业板的推出，以及2008年《中华人民共和国企业所得税法实施条例》《财政部国家税务总局关于发布享受企业所得税优惠政策的农产品初加工范围（试行）的通知》《国家税务总局关于贯彻落实从事农、林、牧、渔业项目企业所得税优惠政策有关事项的通知》的颁布有关。利润杠杆驱动盈利模式呈现V字趋势，利润屏障驱动盈利模式经历了先上升后下降的趋势。2008年经济危机爆发，食品产品销售受到冲击，因此加速资产周转变得困难，受到2009年国家"四万亿"投资产业振兴的影响，为扩大生产经营规模或者技术创新如技术彰显、产能释放以及资本助推等筹资举债，而多元经营一体化较多的企业涉及了房地产、化工以及电子设备投资等与食品产业关联性不大的领域，因此与此段时期单一经营一体化价值链模式的变化趋势也存在差异。2012~2015年期间，利润点驱动盈利模式占主导地位，利润屏障驱动盈利模式与利润杠杆驱动盈利模式呈下降趋势，说明多元经营一体化价值链类型的食品企业更注重分析市场，通过产品迎合市场需求，而未进行较多的经济规模扩张。

在单一经营非一体化价值链模式下，利润点驱动盈利模式、利润杠杆驱动盈利模式、利润屏障驱动盈利模式2006~2015年占比分布如表4-3以及图4-3所示。

第4章 基于价值链视角的食品企业盈利模式特征分析

表4-3　　2006~2015年单一经营非一体化价值链
类型盈利模式占比分布

年份	利润点驱动盈利模式（%）	利润杠杆驱动盈利模式（%）	利润屏障驱动盈利模式（%）
2006	63	26	11
2007	50	25	25
2008	45	30	25
2009	60	20	20
2010	32	41	27
2011	31	41	28
2012	29	29	42
2013	21	26	53
2014	29	33	38
2015	47	20	33

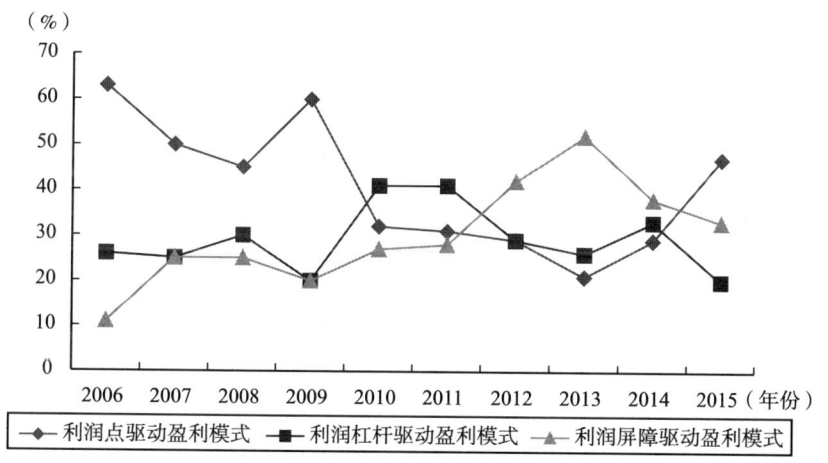

图4-3　2006~2015年单一经营非一体化价值链类型盈利模式演进趋势

通过表4-3以及图4-3可以看出，单一经营非一体化价值链类型下盈利模式的演进趋势在不同时间段呈现不同特点，2006~2008年期间，利润点驱动盈利模式占主导地位，明显优于利润杠杆驱动盈利模式与利润屏障驱动盈利模式。2005年禽流感暴发，与此关联最密切的食品行业受影响较大。作为单一经营非一体化价值链形式，更容易受到市场风险带来的冲击，因其不具备一体化价值链形式的范围经济，也不能通过降低交易费用进而增强市场竞争力，又没有多元经营分散市场风险的优势。2008~2011年期间，2008年经济危机爆发，食品产品销售受到冲击，利润点驱动盈利模式占比缓慢下降。2008年发布的《中共中央国务院关于切实加强农业基础建设进一步促进农业发展农民增收若干意见》中提出"以工促农，城乡经济发展一体化"，加之受到2009年国家"四万亿"投资产业振兴计划的影响，利润屏障驱动盈利模式占比呈现上升趋势。2012~2015年期间，利润屏障驱动盈利模式仍明显高于利润点驱动盈利模式与利润杠杆驱动盈利模式，可能与2012年发布的《国务院关于支持农业产业化龙头企业发展的意见》提出推动企业集群，拓展产业链条以及2013年十八届三中全会提出发展绿色股推动作用而促进单一经营非一体化价值链类型企业之间契约联盟程度提高有关。

在多元经营非一体化价值链模式下，利润点驱动盈利模式、利润杠杆驱动盈利模式、利润屏障驱动盈利模式占比分布如表4-4以及图4-4所示。

表4-4 2006~2015年多元经营非一体化价值链类型盈利模式占比分布

年份	利润点驱动盈利模式（%）	利润杠杆驱动盈利模式（%）	利润屏障驱动盈利模式（%）
2006	48	24	28
2007	58	27	15
2008	27	38	35
2009	58	15	27
2010	42	31	27
2011	52	17	31
2012	26	42	32
2013	28	44	28
2014	43	21	36
2015	46	23	31

第4章 基于价值链视角的食品企业盈利模式特征分析

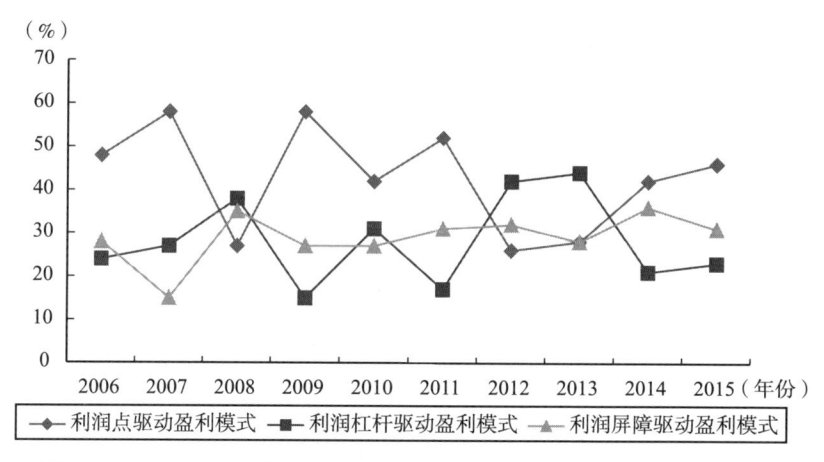

图 4-4 2006~2015 年多元经营非一体化价值链类型盈利模式演进趋势

通过表 4-4 以及图 4-4 可以看出，多元经营非一体化价值链类型下盈利模式的演进趋势在不同时间段呈现不同特点，2006~2008 年期间，利润点驱动盈利模式占主导地位，但呈现明显下降趋势。使用多元经营非一体化价值链模式较多的企业涉及了房地产、化工以及电子设备投资等与食品产业关联性不大的领域，使其在降低经营风险的同时也使企业因业务重心改变而丧失核心优势，与单一经营相比，当食品行业受食品安全公众影响时在对目标客户与消费市场需求与偏好把握的基础上不具核心优势，因此与此段时期单一经营非一体化价值链模式的变化趋势也存在差异。2008~2011 年期间，此段时期更多的食品企业开始注重产品质量，利润点驱动盈利模式仍占主导地位。2012~2015 年期间，利润点驱动盈利模式与利润屏障驱动盈利模式呈现缓慢增长趋势，利润杠杆驱动盈利模式呈现缓慢下降趋势，2012 年《国务院关于支持农业产业化龙头企业发展的意见》提出推动企业集群，拓展产业链条以及 2013 年十八届三中全会提出发展绿色股，在面对发展机遇的同时，中国食品产业竞争强度较强，主要包括潜在进入者危险较大，买方砍价能力较强，供方谈判实力弱，产业内竞争强度大以及替代产品威胁高等。而多元经营非一体化价值链类型带来的产品核心竞争优势的分散，逐渐降低其核心产品的市场竞争力。

在所有有效样本中,利润点驱动盈利模式占比最高,占比40%,其次是利润杠杆驱动盈利模式,再次是利润屏障驱动盈利模式,占比分别为31%、29%,如图4-5所示。

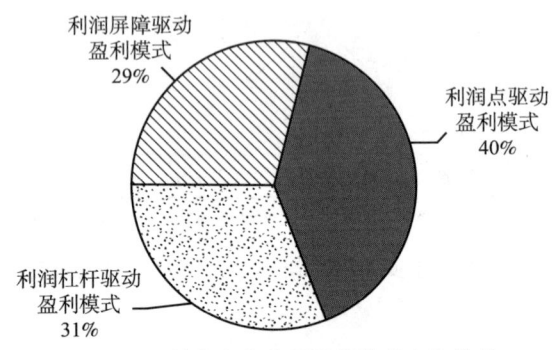

图4-5 样本上市公司盈利模式占比结构

根据价值链类型划分,单一经营一体化价值链类型上市食品企业样本中,采用利润杠杆驱动盈利模式的企业最多,占比25%,其次为利润点驱动盈利模式、利润屏障驱动盈利模式。多元经营一体化价值链类型上市食品企业样本中,采用利润杠杆驱动盈利模式的企业最多,占比19%,其次为利润点驱动盈利模式、利润屏障驱动盈利模式。单一经营非一体化价值链类型上市食品企业样本中,采用利润屏障驱动盈利模式的企业最多,占比37%,其次为利润点驱动盈利模式与利润杠杆驱动盈利模式。多元经营非一体化价值链类型食品企业样本中,采用利润点驱动盈利模式的企业最多,占比32%,其次为利润屏障驱动盈利模式与利润点驱动盈利模式,如表4-5所示。

表4-5　　　　不同价值链类型盈利模式构成比较

价值链类型	利润点获利盈利模式（%）	利润杠杆获利盈利模式（%）	利润屏障获利盈利模式（%）
单一经营一体化	22	25	20
多元经营一体化	17	19	12
单一经营非一体化	29	29	37
多元经营非一体化	32	27	31

第4章 基于价值链视角的食品企业盈利模式特征分析

样本上市食品企业利润点驱动盈利模式、利润杠杆驱动盈利模式、利润屏障驱动盈利模式中价值链类型占比如图4-6、图4-7以及图4-8所示。

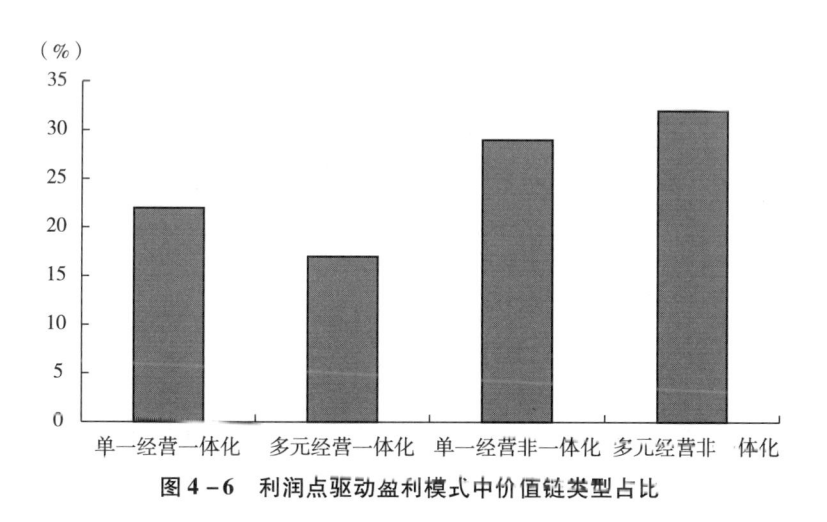

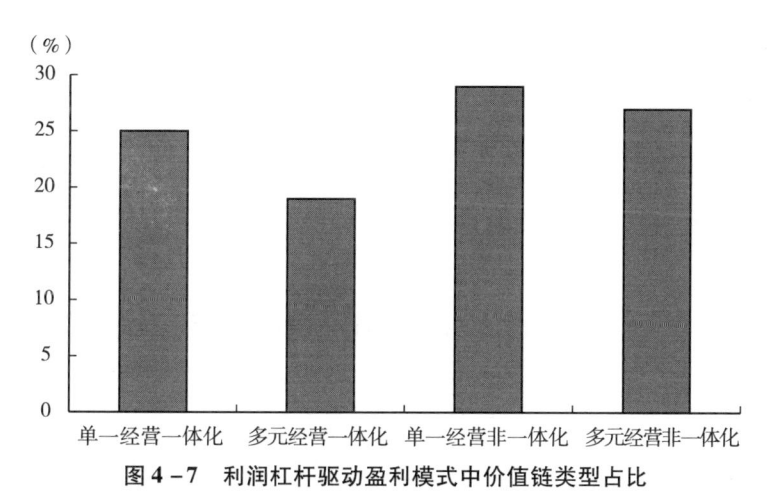

图4-6 利润点驱动盈利模式中价值链类型占比

图4-7 利润杠杆驱动盈利模式中价值链类型占比

图 4-8　利润屏障驱动盈利模式中价值链类型占比

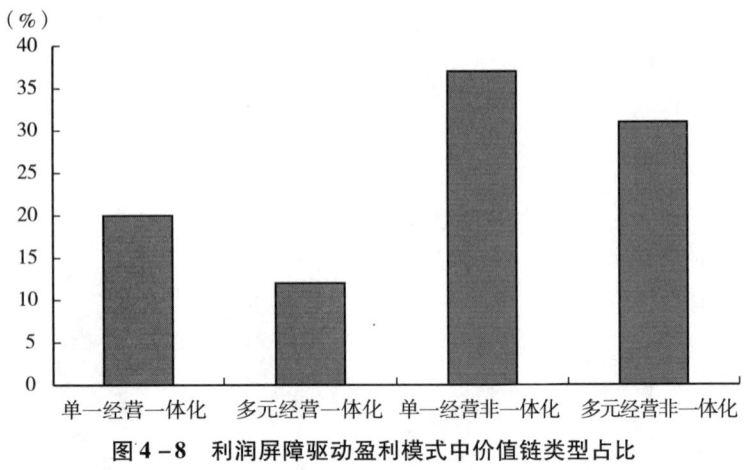

通过图 4-6、图 4-7 以及图 4-8 可以发现,利润点驱动盈利模式中,多元经营非一体化价值链类型食品企业占比最多,其次依次为单一经营非一体化价值链类型、单一经营一体化价值链类型、多元经营一体化价值链类型。利润杠杆驱动盈利模式中,单一经营非一体化价值链类型食品企业占比最多,其次依次为多元经营非一体化价值链类型、单一经营一体化价值链类型、多元经营一体化价值链类型。利润屏障驱动盈利模式中,单一经营非一体化价值链类型食品企业占比最多,其次依次为多元经营非一体化价值链类型、单一经营一体化价值链类型、多元经营一体化价值链类型。

4.2　基于驱动因素的盈利模式类型细分及特征分析

现代企业是一个由资源要素提供者构成的利益相关者契约组织,企业的盈利追求必须以价值共享为前提。如何创造价值,实现企业可持续发展和利益相关者价值共享,本质上也是企业盈利模式选择问题。食品产业链由农业生产、食品加工、食品流通与食品零售等组成,涉及农、工、商、物流等多个产业,产业链上的产业活

第4章 基于价值链视角的食品企业盈利模式特征分析

动联系紧密,环环相扣。对具有冗长产业链的食品企业来说,这些模式中价值链模式尤其具有综合意义。马格瑞塔(Magrita,1999)从价值层面将盈利模式定义为创造价值的过程,目的是为利益相关者服务。马哈德万(Mahadwan,2000)和杜布森(Dobson,2001)将价值链分析应用到盈利模式中去。拉扎利克(Zacklick,2002)认为盈利模式是企业运用价值链分析工具制定适合核心竞争力发展的经营方案。格利哈迈尔(Griehamel,2002)认为盈利模式由价值网络、战略资源、核心战略以及客户界面组成,是企业维持正常运转的价值创造。栗学思等(2003)将盈利模式看成是企业围绕利益相关者整合资源,实现价值创造的商业架构。米希尔(Miehael,2004)通过分析企业价值链中的环节确定其盈利模式的选择。翁君奕(2004)认为盈利模式包括价值提供、价值对象、价值内容等。谢弗(Shafer,2005)认为盈利模式是企业以获取和创造价值为目标的战略选择的体现。林德(Linder,2007)对盈利模式从网络价值系统以及企业组织结构角度进行了分析。张乐乐(2012)认为价值链理论是盈利模式分析的有效工具。徐光辉(2011)认为盈利模式需要以价值创造理论为指导。有效的盈利模式既是企业持续经营的基础,又是企业核心竞争力的体现,企业竞争位势的决定因素。本书将盈利模式定义为"盈利要素的价值匹配度",食品企业自身要素与盈利模式的匹配是选择的主要标准,价值链分析管理是盈利模式持续性与稳定性的重要保障。有效的盈利模式能够帮助企业克服行业固有的生命形态,取得持续稳定的盈利能力。企业面对外部环境的差异以及内部资源禀赋结构的不同,因此,企业盈利模式的选择也不是一成不变的,需要企业以促进价值链优化与企业增值为目标,不断进行调整与优化。食品产业价值链可持续发展要求第一、第二、第三产业深度融合,作为这一产业链的微观主体,食品企业面临是否采取企业内部一体化以及是否进行经营多元化的战略选择。本书在样本上市食品公司价值链类型划分的基础上,结合盈利模式的基本类型划分,将上市食品企业的盈利模式划分为"单一经营一体化价值链利润点驱动"盈利模式、"单一经营一体化价值链利润杠杆驱动"盈利模式、"单一经营一体化价值链利润屏障驱动"盈利模式、"多元经营一体化价值链利润点驱动"盈利模式、"多元经营一体化价值链利润杠杆驱动"盈利模式、"多元经营一体化价值链利润屏障驱动"盈利模式、"单一经营非一体化价值链利润点驱动"盈利模式、"单一经营非一体化价值链利润杠杆驱动"盈利模式、"单一经营非一体化价值链利润屏障驱动"盈利模式、"多元经营非一体化价值链利润点驱动"盈利模式、"多元经营非一体化价值链利润杠杆驱动"盈利模式、"多元经营非一体化价值链利润屏障驱动"盈利模式等十二种盈利模式组合类别。下面分别从形成机制、驱动因素以及运作特征等三个方面对十二种盈利模式组合类别进行分析。

4.2.1 "单一经营一体化价值链利润点驱动"盈利模式

1. 形成机制

"单一经营一体化价值链利润点驱动"盈利模式，是食品企业在采用单一经营一体化价值链模式下，又采用利润点驱动盈利模式的组合盈利模式。此类食品企业同时具备"单一经营"、"一体化经营"的价值链特征以及"利润点驱动"的盈利模式特征，只从事一种或一类产品的生产，并且将上游下游产业组合到企业内部进行，降低交易成本，如内部创新、廉价劳动力与资源价格比较优势。纵向一体化价值链的主要特征是沿着产业链条方向，与产品供应源或者产品终端相结合。企业可以通过纵向一体化的价值链形式取得范围经济，降低交易费用进而增强市场竞争力，但随之而来的是增加了系统风险与管理成本。由于食品保质保鲜的要求，技术上的经济性、交易上的经济性以及市场不完全是一体化战略选择的主要原因。在对利润源的需求与偏好把握的基础上，通过挖掘利润源，形成与竞争者相比较而言的竞争优势。单一经营战略则以形成较强的核心竞争力为目标,把有限的资源集中在同一经营方向上,通过专业化的知识与技能,精确发展目标,依靠产品与服务从市场获取超额利润,以此作为权益净利率的主要提高途径,盈利实质的来源是通过利润点驱动的方式获取。

2. 驱动因素

最早关注企业一体化经营的是科斯和威廉姆森,科斯认为一体化的动因是企业边界选择,威廉姆森则认为中间产品市场运行失灵是企业内部组织代替市场交换的动因。"单一经营一体化价值链利润点驱动"盈利模式以本企业为核心,突破企业原有内部价值链的限制,向上游价值链、下游价值链纵向延伸,获得价值链增值效应,进而规避风险,创新盈利模式,通过节点的延伸控制更多价值链环节,避免交易成本增加引起的效率损失,实现规模效益,优化产业链上下游企业的协同程度。实行纵向延伸价值链模式,可以更好地把握顾客需求,增强生产和销售的稳定性,提高行业壁垒,增加企业利润。面对比较有限的市场范围,单一经营能够运用某种专项技术生产某种专用产品并推向某个细分市场,集中企业的有限资源使企业在特定领域内具有相对优势,以达到扩大销售、增加竞争能力、扩大产品或劳务的市场占有率,在同行业的竞争中拥有相对优势的目的。

3. 运作特征

"单一经营一体化价值链利润点驱动"盈利模式通过面向销售终端来获得来自市场信息的反馈,实现对原材料供应、产品制造以及销售的全程控制。单一经营战略的实施可以帮助企业以专业化的知识与技能,在客户服务、产品技术以及产品创新等方面取得某种专业竞争优势,提高企业实力,深挖利润源,利润点驱动盈利模式注重研究市场与产品,通过产品单一突破到细分覆盖以及组合发展,通过产品丰富化与多样性来增加企业的盈利能力。如品牌引领等带来的差异化、成本领先与服务增值等,此类盈利模式更加注重产品的不可替代性,使企业的产品与服务以及企业的形象都与竞争对手产生明显的区别,如产品差异化、形象差异化以及服务差异化等,可以通过品牌形象或设计、外观特点、技术特点、经销网络以及客户服务等有效建立目标客户对品牌的忠诚度,以期获得竞争优势以及高于同行业平均水平利润,管理问题、技术上的变化以及产品与服务的质量都对其运作成本产生较大影响,其运作机制如图4-9所示。

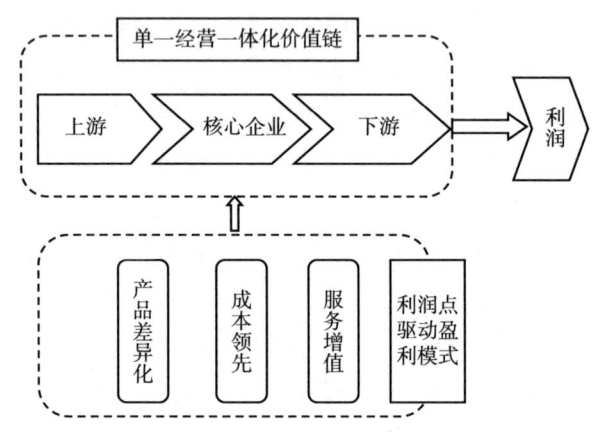

图4-9 "单一经营一体化价值链利润点驱动"盈利模式运作机制

4.2.2 "单一经营一体化价值链利润杠杆驱动"盈利模式

1. 形成机制

"单一经营一体化价值链利润杠杆驱动"盈利模式,是食品企业在采用单一经营一体化价值链模式下,又采用利润杠杆驱动盈利模式的组合盈利模式。此类食品企业同时具备"单一经营""一体化经营"的价值链特征以及"利润杠杆驱动"的盈利模式特征,只从事一种或一类产品的生产,并且将上游下游产业组合到企业内部进行。纵向一体化价值链的两端分别连接着产品供应源与产品终端,取得范围经济,降低交易费用是它的竞争优势,同时也存在系统风险与管理成本增加的风险,与此同时,单一经营业务的高度集中，在精确发展目标，容易形成专业化的产品与服务的同时，也由于经营发展所需要追加的资源相对较少、业务的高度集中而导致行业进入壁垒较低，增加市场竞争的激烈程度，同时也增加了企业的生存难度。当食品行业出现诸如食品安全等动荡或者自身产品竞争力减弱时，对产业市场的高度依赖性使企业面临更大的经营风险。要取得可持续的盈利模式，就要把资金转化为企业的知识资本，并且具备一定的市场应变能力。

2. 驱动因素

产业价值链组织模式由产业链功能环节连接方式决定，按照产业价值链功能环节是否由同一利益主体承担，将食品企业分为两类：一类是由同一利益主体承担的一体化企业；另一类是由不同利益主体承担的非一体化企业。产业价值链利益主体对利润的追求以及消费者需求是产业价值链的运行动力。实施纵向延伸价值链模式的企业可以通过从战略联盟的角度选择供应商与分销商，建立合作伙伴之间的信任关系，对上下游企业采取适度的管理与协调措施以及建立公平的利益分配制度来规避风险，合理配置生产要素，保障产业链的合理性与关联性。利用范围经济效应和规模经济效应，实现成本协同。食品加工业则呈现出地域性强、关联性强以及季节性强的特点，因此，通过营销手段减少商品积压、提高现金利用率、缩短盈利周期尤为重要，并以此作为权益净利率的主要提高途径，盈利实质的来源通过利润杠杆驱动的方式获取。纵向一体化会提高企业在行业中的投资、提高退出壁垒，也面临增加商业风险、增加管理成本、弱化激励效应等弊端。

3. 运作特征

以了解并优化企业价值链为目的，对企业价值活动进行识别与分析，通过价值链分析有利于企业了解资源状态、认识企业内部系统关联、联通企业外部价值进而及时准确的锁定战略环节。通过企业内部价值链分析挖掘企业竞争优势，通过行业价值链分析锁定企业竞争优势,通过竞争对手价值链分析凸显企业优势。价值链分析具有系统性与异质性的特征,这也是企业竞争优势的来源。在价值链分析的基础上,企业也需要根据自身及外部环境的变化,对价值链进行动态调整与整合优化。单一化经营有利于集中资源,在专业领域内做精做细,容易产生技术创新,同时也可能产生资源存在剩余能力而不能被充分利用,以及退出壁垒与转换成本较高的局面,"单一经营一体化价值链利润杠杆驱动"盈利模式通过营销手段减少商品积压,提高现金利用率,缩短盈利周期获取超额利润,食品加工业则呈现出地域性强、关联性强以及季节性强的特点,因此,通过营销手段如基础设施运作、网络价值与服务、规模渠道分销、消费体验以及专卖突破等,减少商品积压,提高现金利用率,缩短盈利周期尤为重要,其运作机制如图 4-10 所示。

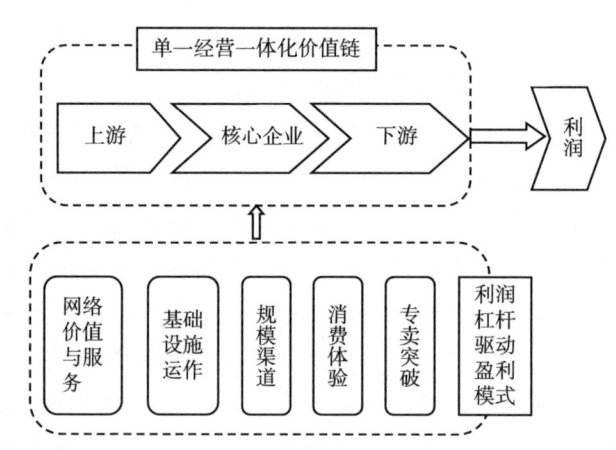

图 4-10 "单一经营一体化价值链利润杠杆驱动"盈利模式运作机制

4.2.3 "单一经营一体化价值链利润屏障驱动"盈利模式

1. 形成机制

"单一经营一体化价值链利润屏障驱动"盈利模式,是食品企业在采用单一经营一体化价值链模式下，又采用利润屏障驱动盈利模式的组合盈利模式。此类食品企业同时具备"单一经营""一体化经营"的价值链特征以及"利润屏障驱动"的盈利模式特征，只从事一种或一类产品的生产，并且将上下游产业组合到企业内部进行。食品企业发展可以提高初级农产品的附加值，进而带动第三产业提高农业整体效益，实现资源的优化配置，保持长期市场竞争优势，也有利于形成基于自然优势差异与经济优势差异的农产品加工原料区域性集群效应，也是顺应工业战略地位与农业转型的需要。单一化经营的企业资源集中度高，有利于实现规模经济进而降低产品与服务的平均成本，增强企业在产业中的竞争力，通过研发新产品、抢占市场进而赢得竞争的主动权。同时资产的一体化与交易的内部化，使得在机会主义行为和面临市场要挟问题的单一经营食品企业考虑实行纵向一体化，获得消除不完全竞争影响等利益。

2. 驱动因素

企业以扩大规模、提高经济效益为出发点，通过纵向扩张与渗透的方式，将原来由市场协调的供产销转到企业内部，向原材料供应方的上游以及销售阶段的下游扩展，提高行业进入壁垒，降低原材料以及需求量的波动对企业的影响，优化内部组织结构的同时降低经营风险，以期达到降低交易成本，实现规模经济与超额利润的目的。但较高的依赖性与资产专用性也降低了灵活性以及激励效应，充分实现农产品价值增值。利润屏障是防止竞争者掠夺利润而采取的防范措施。对于食品行业来说，替代品交叉弹性大且威胁程度增强，同时也增加了企业的产品开发成本。进入威胁的大小由原有企业的反击程度以及进入障碍决定，主要体现为规模经济、资金需求以及销售渠道等方面，行业进入壁垒是影响资源优化配置以及行业间竞争的重要因素。垂直一体化战略也导致了内部管理成本高，生产集中化程度与农业投资利润率影响其投资规模。此外，企业的经营周期因为采取一体化战略而延长，同时也使产业链系统的风险增加，企业自身经营管理调节难度也因为农业产业的单一经营以及农业产业的弱质性而增加。

3. 运作特征

"单一经营—体化价值链利润屏障驱动"盈利模式企业为扩大生产经营规模或者技术创新而筹资举债，以期发挥财务杠杆效应，如技术彰显、产能释放以及资本助推等，规模经济与市场集中度的增强，提升了市场进入壁垒，但与此同时市场化进程的增强也降低了政策性"门槛"，推动投资多元化格局的形成。开放的资本市场与行业政策以及农产品加工企业市场细分程度低、企业生产成本低、进入壁垒低以及行业吸引都是吸引国内竞争者的因素。但同时纵向一体化战略会降低企业的灵活性，纵向链条中经营环节的相互依赖性强，固定的一体化关系弱化企业内的激励效应，同时也面临较高的退出壁垒，此类盈利模式需要结合所处的产业状况以及自身拥有资源的特性，注意优化资本结构，规避债务风险，提高创新能力以及培养国际竞争力，增强市场防御能力，其运作机制如图4-11所示。

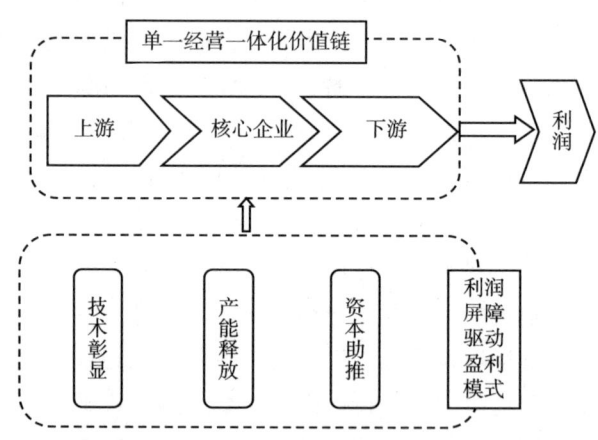

图4-11 "单一经营—体化价值链利润屏障驱动"盈利模式运作机制

4.2.4 "多元经营一体化价值链利润点驱动"盈利模式

1. 形成机制

"多元经营一体化价值链利润点驱动"盈利模式，是食品企业在采用多元经营一体化价值链模式下，又采用利润点驱动盈利模式的组合盈利模式。此类食品企业同时具备"多元经营""一体化经营"的价值链特征以及"利润点驱动"的盈利模式特征，此类食品企业从事多种或多类产品的生产，甚至是多行业的生产，并且将上下游产业组合到企业内部进行。通过对研究样本的分析发现，在中国上市食品公司中，采取多元化战略的上市食品公司同时存在相关多元化经营与非相关多元化经营，相关多元化经营即在原有企业价值链基础上，增加与企业现有的产品或服务相似的业务，具有较高的产业关联性，可以实现企业资源共享，如原有的顾客、销售力量、技术、商标以及品牌等。不相关多元化则是增加与现有产品及服务、市场与技术均无直接或者间接联系的新的业务领域。业务的多样性使多元化企业面临的经营环境更为复杂，企业战略选择的前提是对外部环境的分析，通过资源合理配置与有效利用提高企业的经营能力，培育企业的优势竞争要素，通过产品单一突破到细分覆盖以及组合发展，通过产品丰富化与多样性来增加企业的盈利能力。企业依靠产品与服务从市场获取超额利润，以此作为权益净利率的主要提高途径，盈利实质的来源通过利润点驱动的方式获取，此类盈利模式更加注重产品的不可替代性。

2. 驱动因素

食品消费正在经历由生存型消费向健康与享受型消费的转变，食品的健康和营养价值备受关注，食品产业也承载着更多的期待，利润点驱动盈利模式注重研究市场与产品，如品牌引领等带来的差异化、成本领先与服务增值等。价值链延伸既包括与上下游企业的纵向延伸又包括与竞争者价值链整合的横向延伸，纵向价值链延伸需要考虑延伸后管理成本的增加幅度是否低于交易成本的节约，是否有利于运作效率的提高。对于产业价值链的不同环节，政府发挥的作用不尽相同。基于农业生产市场风险大、自然资源依赖性强以及周期长等特点，政府的支持与补贴尤为重要，政府制度约束与政策的连贯性有利于产业价值链整体竞争力的提高。多元化经营的实施动因包括获得规模经济优势、分散经营风险、实现企业扩张以及逃避企业经营萎缩的风险，以资源禀赋为前提，合理规划与布局，加强投融资体系与科技创新体系建设，实施以市场需求为导向的多元发展战略。价值链拓展是企业基于竞争战略的需要，通过联盟、收购等方式进入不同业务领域，实现经营多元化，以期达到分散风险、多业并举的规模优势。

3. 运作特征

通过多元产业互补，在主营产业延展的基础上，实现多元化盈利，如肉食品企业涉足物流、规模较大的食品企业涉足房地产等。相关多元化经营可以带来技术协同、市场相关协同以及管理协同等有利之处，增强企业现有竞争力。不相关多元化经营使企业分散经营风险的同时又面临了更加复杂的市场环境，利润点驱动盈利模式注重研究市场与产品，通过产品单一突破到细分覆盖以及组合发展，通过产品丰富化与多样性来增加企业的盈利能力。企业通过综合资源优势，控制多个产业经营单位实行多元化经营以期降低风险，提高盈利能力的战略。在要素条件、利润水平、利润源差异基础上找出竞争战略的方向，协调业务的能力以及技术管理的能力是实行"多元经营一体化价值链利润点驱动"盈利模式的关键，其运作机制如图 4-12 所示。

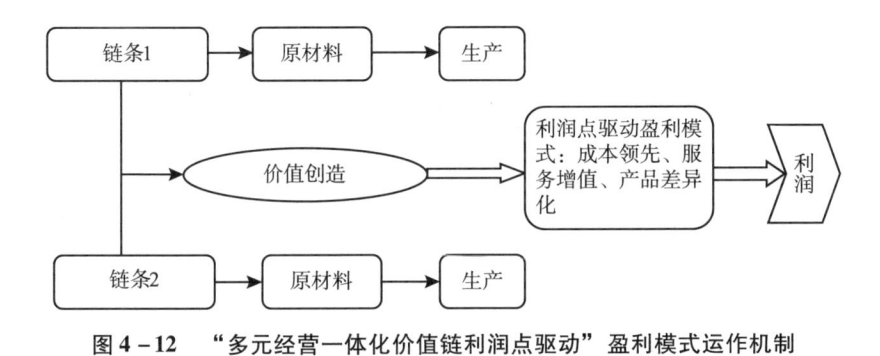

```
┌──────┐    ┌────────┐    ┌──────┐
│链条1 │───▶│ 原材料 │───▶│ 生产 │
└──┬───┘    └────────┘    └──────┘
   │                                  ┌─────────────────┐
   │        ╱──────────╲               │利润点驱动盈利模│     ┌────┐
   └──────▶(  价值创造  )─────────────▶│式:成本领先、服│────▶│利润│
   ┌──────▶ ╲──────────╱               │务增值、产品差异│     └────┘
   │                                  │化               │
   │                                  └─────────────────┘
┌──┴───┐    ┌────────┐    ┌──────┐
│链条2 │───▶│ 原材料 │───▶│ 生产 │
└──────┘    └────────┘    └──────┘
```

图 4-12 "多元经营一体化价值链利润点驱动"盈利模式运作机制

4.2.5 "多元经营一体化价值链利润杠杆驱动"盈利模式

1. 形成机制

"多元经营一体化价值链利润杠杆驱动"盈利模式,是食品企业在采用多元经营一体化价值链模式下,又采用利润杠杆驱动盈利模式的组合盈利模式。此类食品企业同时具备"多元经营""一体化经营"的价值链特征以及"利润杠杆驱动"的盈利模式特征,从事多种或多类产品的生产,甚至是多行业的生产,如技术多元化、生产相关多元化以及市场多元化,并且将上下游产业组合到企业内部进行。相关多元化会给企业带来市场开拓以及销售渠道成本上的经济性,使企业以较低的成本进入业务市场,并将投资者的风险分散在更宽广的业务范围之中,扩张企业资源与战略资产潜力,尤其是当企业专业化生产导致不同工序最优规模不一致时,就会出现投入的不充分利用与生产能力的剩余,在追求范围经济的动力下,企业往往选择多元化经营战略,同时又通过纵向一体化的价值链形式取得范围经济,降低交易费用进而增强市场竞争力。作为刚性需求的食品,消费弹性较低,且市场竞争由产品竞争扩展到资源竞争,从产品经营转向资本运营,通过交货时间缩短及质量成本降低等间接方式提升企业竞争地位,实际成本的节约以及通过合理的管理质量与物流，实现更高的资本周转。

2. 驱动因素

企业以扩大规模、提高经济效益为出发点，围绕着地区主导产业，在原有经济范围内，通过联合或者兼并、投资的方式，形成多工厂企业的发展战略，以期达到扩大市场份额、通过规模效应提高竞争能力的目的，与非一体化战略相比，非一体化战略提高了大企业的退出壁垒，通过契约关系维持可以降低交易的市场风险以及农户经营的不确定性因素，但各利益主体目标存在差异化，且存在信息不对称，交易费用相对于垂直一体化战略较高，加之有效监督与约束更容易导致利益主体违约现象的发生，增加履约成本进而导致利益关系不协调。产能与市场需求不协调，会给企业带来困扰，而企业选择一体化经营战略能避免这种困扰，并且产品价格会因为成本节约而降低，企业优势竞争力会因为成本节约而提升，同时得到提升的是股东获利能力。但较高的前期投入也使得资金分配的灵活性降低，与外部供应商讨价还价的能力也减弱，激励效应的弱化在一定程度上影响了企业竞争力。食品加工业则呈现出地域性强、关联性强以及季节性强的特点，通过营销手段如基础设施运作、网络价值与服务、规模渠道分销、消费体验以及专卖突破等，减少商品积压、提高现金利用率、缩短盈利周期尤为重要。

3. 运作特征

多元化经营战略会给企业带来范围经济效应，使企业内多种业务共享剩余资源，不仅包括有形资源，还包括商标、技术以及管理等无形资源，通过固定成本的分摊、营销经济性、研究与开发资源的共享以及管理的协同给企业带来规模经济与范围经济，加之纵向一体化的经营模式，带来成本的有效降低。食品供应链相对于其他供应链来讲，具有链长而复杂、生化性、不易保存性以及实用性特征。农产品市场的"柠檬"特征以及市场调节机制失灵，食品供应链本身的调节机制以及政府监管机制失灵导致食品质量安全问题频发。在交易成本理论视角下,对经济活动行为和组织形式选择的主要标准是追求交易成本最小化的效率规律。"多元经营一体化价值链利润杠杆驱动"盈利模式通过营销手段减少商品积压、提高现金利用率、缩短盈利周期,盈利实质的来源通过利润杠杆驱动的方式获取,其运作机制如图4-13所示。

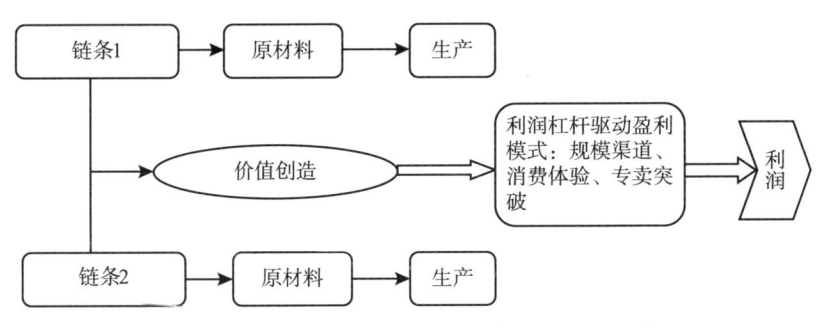

图4-13 "多元经营一体化价值链利润杠杆驱动"盈利模式运作机制

4.2.6 "多元经营一体化价值链利润屏障驱动"盈利模式

1. 形成机制

"多元经营一体化价值链利润屏障驱动"盈利模式,是食品企业在采用多元经营一体化价值链模式下,又采用利润屏障驱动盈利模式的组合盈利模式。此类食品企业同时具备"多元经营""一体化经营"的价值链特征以及"利润屏障驱动"的盈利模式特征,从事多种或多类产品的生产,甚至是多行业的生产,并且将上下游产业组合到企业内部进行。当市场容量有限、市场集中度提高以及需求产生多样性与不确定性时,多元化经营战略可以分散企业风险,多元化战略还可以通过合理避税获得财务协同效应,企业采取多元化经营大多是采取低成本扩张的优势,多元化经营与生产要素交易内部化,促使内部市场融资成本降低,尤其适合在当前经营中增长乏力,并且拥有向其他领域转向的资源与管理水平的企业。多元经营一体化食品企业的成长具有内部扩展与外部扩张两种方式,其中内部扩展主要通过权益与负债来进行,外部扩张则通过兼并、收购等形式进行。

2. 驱动因素

多元经营一体化战略既具备多元化战略的特征,又具备一体化的特征,产业链的纵向延伸是盈利模式的纵向挖掘,与非一体化战略的企业相比,一体化战略前期需要较高的资金投入,因而其股东创造价值与获利能力都处于弱势,但一体化经营战略可以给企业带来规模经济、优势集中与资源整合,其市场竞争对手在排斥效应的作用下,面临更高的均衡需求以及边际加价。多元化经营战略虽然在一定程度上因为分散风险而增加其收益,但在经济环境不景气的情况下,也会出现多环节销售不畅,并且会出现尽管其调整经营策略,但仍不能摆脱行业困境的局面。农产品供应链组织的实质是中间性质组织,具有市场无法代替的激励性与协调性,降低农业生产经营的不确定性,具备协调冲突和信息处理的组织优势,以及专业性资产投资增加带来的保护优势。利润屏障是防止竞争者掠夺利润而采取的防范措施。对于食品行业来说,替代品交叉弹性大且威胁程度增强,同时也增加了企业的产品开发成本。规模经济与市场集中度的增强,提升了市场进入壁垒,但与此同时市场化进程的增强也降低了政策性"门槛",推动投资多元化格局的形成。开放的资本市场与行业政策以及农产品加工企业市场细分程度低、企业生产成本低、进入壁垒低以及行业吸引都是吸引国内竞争者的因素。企业为扩大生产经营规模或者技术创新如技术彰显、产能释放以及资本助推等筹资举债,以期提高创新能力以及培养国际竞争力,增强市场防御能力。

3. 运作特征

纵向一体化的优势在于信息的经济性与实现内部控制和协调的

经济性，有助于开拓技术，确保供给和需求，削弱供应商或顾客的价格谈判能力以及提高差异化能力与行业进入壁垒，防止被竞争者排斥。同时纵向一体化战略的实施也存在劣势，主要包括：增加商业风险、内部交易会减弱员工对降低成本、改进技术的积极性、前期投入较大而增加转换成本，需要不同的技能和管理能力，增加了管理成本等。多元化经营需要食品企业对宏观微观环境进行充分分析，在实施多元化经营战略的同时，以主业为主，优势互补，掌握适度原则，选择具有较好前景的业务领域以及必要的配套措施，帮助企业在外部环境恶劣的情况下，最大限度地降低损失，由于多种资源的协调问题，多元化的规模有可能削弱企业的综合竞争优势，"多元经营一体化价值链利润屏障驱动"盈利模式企业为扩大生产经营规模或者技术创新而筹资举债，其运作机制如图4-14所示。

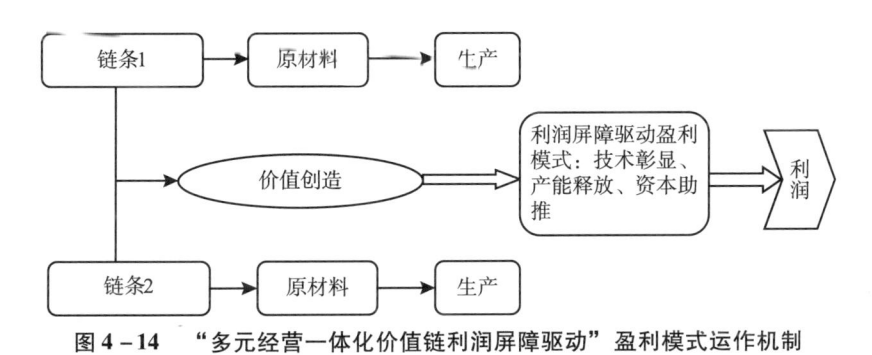

图4-14 "多元经营一体化价值链利润屏障驱动"盈利模式运作机制

4.2.7 "单一经营非一体化价值链利润点驱动"盈利模式

1. 形成机制

"单一经营非一体化价值链利润杠杆驱动"盈利模式，是食品企业在采用单一经营一体化价值链模式下，又采用利润杠杆驱动盈利模式的组合盈利模式。此类食品企业同时具备"单一经营""非一体化经营"的价值链特征以及"利润点驱动"的盈利模式特征，此类食品企业只从事一种或一类产品的生产，上下游产业企业之间通过契约方式在企业外部完成。单一经营战略有利于企业在熟悉的领域内把握行业方向，有利于实现规模经济，赢得市场竞争优势，但需注意单一经营战略资源存在剩余能力而带来的有形资源与无形资源的浪费，单一经营战略较适用于企业成长过程的初始阶段、所处产业未来增长潜力大以及与企业资源特性相结合的情况。中国食品的需求量与需求结构受生活方式的影响，不同地区的消费者对食品需求结构存在明显差异，而且人们的消费方式出现了多功能化、多样化、高转化率化以及方便化的新趋势。在对目标客户与消费市场的需求与偏好把握的基础上，通过挖掘利润源，形成与竞争者相比较而言的竞争优势。

2. 驱动因素

通过世界各国农产品供应链组织的发展来看，大多高质量农产品生产者退出交易的原因是对合作社统一价格的产品收购机制不满。高质量产品生产者的退出使农产品市场形成了"柠檬"特征，市场因为平均产品质量下降而萎缩。农产品供应链中在非营利基础上自愿联合起来的合作社组织，承担了农业生产资料的加工、销售等活动，具备非营利性以及合作性的特征，本着互惠互利的原则统一产品收购价格，与拍卖制相似，高质量产品生产者因为平均价格而不满，进而通过退出组织的方式寻求新的销售途径，向盈利性组织发展，逐渐具备企业的特征。非一体化经营价值链形式企业之间的连接主要表现为市场之间的契约联盟。在非一体化经营价值链形式下，原材料供应、产品加工与销售并不是在同一企业内部完成，由于其价值链条短，更容易适应市场变化带来的经营风险，价值链延伸发生在企业外部，减少大量的资本投入，降低了企业的管理费用，但与此同时，也带来了较高的履约成本、信息收集成本与交易税。单一经营战略的特点是以形成专业化优势为目标，只生产同一种或者同一类产品，通过专业化分工形成产品竞争优势与成本竞争优势。

第4章 基于价值链视角的食品企业盈利模式特征分析

3. 运作特征

"单一经营非一体化价值链利润点驱动"盈利模式的运作特征如下,利润点驱动盈利模式注重研究市场与产品,通过产品单一突破到细分覆盖以及组合发展,通过产品丰富化与多样性来增加企业的盈利能力,如品牌引领等带来的差异化、成本领先与服务增值等,此类盈利模式更加注重产品的不可替代性。差异化战略的核心是取得某种对顾客有价值的独特性,实现途径主要包括产品差异化、服务差异化、人事差异化与形象差异化。在技术变革较快的环境下,当顾客对产品需求多样化时,企业又具备一定的研发能力与销售渠道,则可以实施差异化战略。但在实施过程中需要注意由于差异化战略使企业建立起顾客的忠诚,所以这使得替代品无法在性能上与之竞争。同时存在可能丧失部分客户、用户所需的产品差异因素来降低风险,企业依靠产品与服务从市场获取超额利润,其运作机制如图4-15所示。

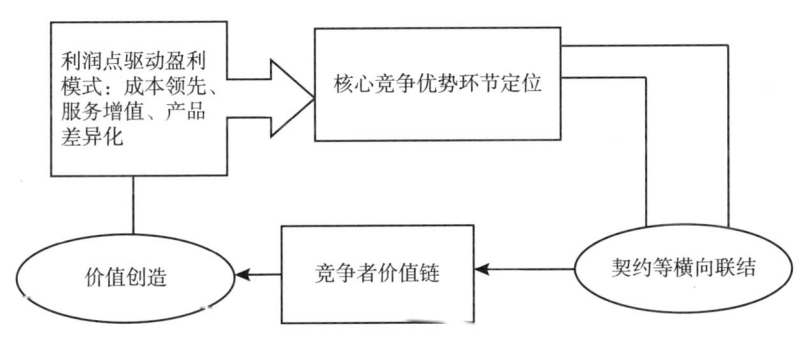

图4-15 "单一经营非一体化价值链利润点驱动"盈利模式运作机制

4.2.8 "单一经营非一体化价值链利润杠杆驱动"盈利模式

1. 形成机制

"单一经营非一体化价值链利润杠杆驱动"盈利模式,是食品企业在采用单一经营一体化价值链模式下，又采用利润杠杆驱动盈利模式的组合盈利模式。此类食品企业同时具备"单一经营""非一体化经营"的价值链特征以及"利润杠杆驱动"的盈利模式特征，此类食品企业只从事一种或一类产品的生产，上下游产业企业之间通过契约方式在企业外部完成。非一体化经营在一定程度上避免了一体化经营下较高的机会成本，在投资资金分配方面，也具有一定的灵活性。企业内外部资源的现状与变化趋势是企业制定经营战略的重要影响因素，企业竞争力的提高有赖于企业资源效率的充分发挥，单一经营较容易形成资源的专用性，关键驱动因素对企业的竞争力具有重要影响作用，在充分分析企业内外部资源现状的基础上，采取明确市场细分的营销方式，合理配置生产要素以提高资本周转速度。

2. 驱动因素

单一经营非一体化价值链类型的食品企业同时具有非一体化与专业化带来的竞争优势，位于产业链下游的企业从产业链上游企业购买原材料，上游企业与下游企业之间往往通过契约关系联结，增加了购销活动的灵活性，前期不用投入较高的资金，运行成本较低，更容易获得较高的投资盈利能力以及竞争优势。"单一经营非一体化价值链利润杠杆驱动"盈利模式通过营销手段减少商品积压、提高资产管理与资本利用的效率、缩短盈利周期。供应商具有竞争优势，可以对下游企业自由选择，对下游企业具有某种程度上的控制权。企业运营资产的效率与效益集中体现在交货时间以及质量成本等方面，通过规模渠道分销等营销手段减少商品积压，同时做好应收账款管理与存货管理等，提高资产流动性进而缩短盈利周期，提高权益净利率。资产周转效率的优化可以促进企业挖掘潜力，提高产品市场占有率。

3. 运作特征

单一经营非一体化价值链类型的食品企业集中企业战略核心，

剥离外包非核心价值链环节，以期取得独特的竞争优势。资产是带来未来收益的必要手段，资产的所有权与经营权在现代企业制度下相分离，经营者倾向通过扩张市场增加收入来提高资产周转率。制定合理的信用政策，同时企业的现金持有量应维持在使企业盈利能力与风险达到最佳平衡状态的保有量，把握市场投资机会，提高资金使用效率。通过各种营销手段如规模渠道、消费体验、专卖突破等，以及生产技术的提升与物流渠道的改进，提高存货周转率，"单一经营非一体化价值链利润杠杆驱动"盈利模式的食品企业，需要注意减少流动资产而带来的流动性风险的增加，控制新增流动资产而带来的资产质量下降及其对生产技术更新产生的阻碍，尤其是在企业产生外部以及内部不经济的情况下，同时供应商应注意维护下游企业的积极性，其运作机制如图4-16所示。

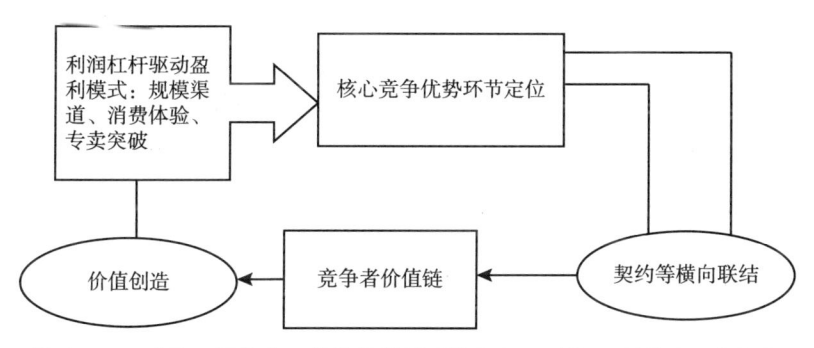

图4-16 "单一经营非一体化价值链利润杠杆驱动"盈利模式运作机制

4.2.9 "单一经营非一体化价值链利润屏障驱动"盈利模式

1. 形成机制

"单一经营非一体化价值链利润屏障驱动"盈利模式，是食品企业在采用单一经营非一体化价值链模式下，又采用利润杠杆驱动盈利模式的组合盈利模式。此类食品企业同时具备"单一经营"

"非一体化经营"的价值链特征以及"利润屏障驱动"的盈利模式特征，此类食品企业只从事一种或一类产品的生产，上下游产业企业之间通过契约方式在企业外部完成。上下游企业之间农产品的供求由于契约的联结形成卖方市场与买方市场的转换，在供求失衡的情况下，容易产生定价"敲竹杠"问题，即以终止契约为要挟，改变原有定价横向延伸战略目的是获得低成本以及规模经济优势，对于横向延伸战略来讲，企业边界与规模的控制尤为重要。食品行业替代品交叉弹性大，同时交易契约的不完备以及市场机制的不完善也会使企业增加交易费用，影响收益的可持续性，加大企业的市场风险。食品企业在采用"单一经营""非一体化经营"价值链类型的同时，通过资金规模以及销售渠道等方面设置屏障，作为提高权益净利率的主要途径，获取超额利润。

2. 驱动因素

受规模经济与市场集中度影响的行业进入壁垒是行业间竞争的重要影响因素。食品企业的合理的资本结构能够降低企业融资成本，食品企业可以结合自身特征为扩大生产经营规模或者技术创新而筹资举债，以期发挥财务杠杆效应，如技术彰显、产能释放以及资本助推等，产生规模效应，提高产业集中度，传达积极的市场信号。产业链的横向延伸是产业链的横向挖掘，行业进入壁垒低，就会造成资源配置效率难以达到最优、资产负债率高、速动比率和流动比率低、偿债能力低的局面。通过对经营边界的控制达到共生共赢的目的，重点关注价值链产权结构、规模经济与风险分担机制以及外部性内部化程度与交易成本高低等。随着消费者对食品需求的多样化以及要求的提高，食品行业形成激烈的竞争局面，拓展盈利空间成为食品企业面临的重要问题。"单一经营一体化价值链利润屏障驱动"盈利模式企业可以通过适度举债经营，实现筹资收益目标。

3. 运作特征

资源配置制度安排由不同资源交换模式的共生机理决定，通过资源的有效配置，优化食品价值链的结构。传统的价值链管理体系中环节连接不紧密、缺乏协调机制、忽视竞争对手以及其他成员的价值链，缺乏价值创新活动等进而不能使产业整体利润最大化，而影响其变革的主要因素包括产权结构、风险分担机制、交易成本、内部化程度以及消费者价值水平。资源的利用与资源的分配是社会经济系统本质上的两大功能，为了应对不同的任务，企业的本质是一个竞争组织，企业需要建立不同的协作机制与市场竞争机制。非一体化价值链类型较之一体化价值链类型面临更高的经营风险以及其带来的交易成本，但其具备管理成本低以及较为专业化的竞争优势。"单一经营非一体化价值链利润屏障驱动"盈利模式企业类盈利模式需要注意优化资本结构，规避债务风险，保持负债结构的合理性与可控性，增强资本结构动态管理意识，其运作机制如图 4-17 所示。

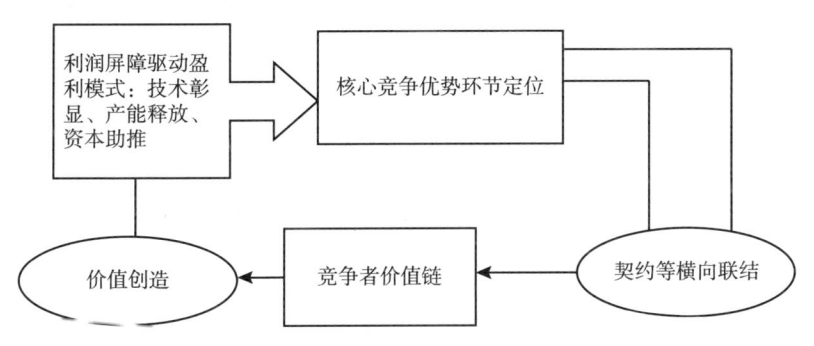

图 4-17 "单一经营非一体化价值链利润屏障驱动"盈利模式运作机制

4.2.10 "多元经营非一体化价值链利润点驱动"盈利模式

1. 形成机制

"多元经营非一体化价值链利润点驱动"盈利模式，是食品企业在采用多元经营非一体化价值链模式下，又采用利润点驱动盈利模式的组合盈利模式。此类食品企业同时具备"多元经营""非一体化经营"的价值链特征以及"利润点驱动"的盈利模式特征,此类食品企业从事多种或多类产品的生产,甚至是多行业的生产,上下游产业企业之间通过契约方式在企业外部完成。中国食品价值链具有资产专用性高、市场反应机制相对迟缓以及市场力量不均衡等特点,由于涉猎较多的产业领域,其购销、仓储、信息、广告、物流等环节会增加企业的交易成本,各利益主体利益协同难度大且其价值链复杂进而降低管理效率。多元化战略可以充分利用市场优势、技术优势以及资源优势,通过合理配置资源提高投资报酬,建立企业内部资本市场,节省外部交易成本,有效规避企业面临的经营风险,增强其抗风险能力。

2. 驱动因素

企业通过多元化经营不断拓展市场范围与经营范围,是企业在激烈市场竞争中发展的重要战略。企业采取产业链之外的多元化经营会减低其面临的系统风险与激烈竞争带来的蝴蝶效应。多元化经营战略的特点是通过多种经营或者多种产品拓展企业的经营规模或者业务范围,通过多元化来分散市场风险提高企业价值增值。但是过度的多元化也会给企业带来负面效应,有的企业在经营过程中,通过回归主业来规避多元化带来的弊端。通过多元产业互补,在主营产业延展的基础上,实现多元化盈利,如肉食品企业涉足物流、规模较大的食品企业涉足房地产等。利润点驱动盈利模式注重研究市场与产品,通过产品单一突破到细分覆盖以及组合发展,通过产品丰富化与多样性来增加企业的盈利能力。企业通过综合资源优势,控制多个产业经营单位实行多元化经营以期降低风险,提高盈利能力,通过成本领先等,使企业在相同销售条件下,盈利能力更强。

3. 运作特征

价值链侧重的是价值环节的增值,以及在价值环节增值基础上的效应最大化。不同价值链环节的企业通过资源互补、协同创造以

第4章 基于价值链视角的食品企业盈利模式特征分析

及交换的方式创造价值。产业链与价值链有效融合，增加附加值的同时实现产业升级，促进资源配置效率改进。企业之间的竞争随着技术信息化与经济全球化的发展而日益激烈，竞争者的范围、竞争的焦点、竞争的规则也在不断变化，单纯靠扩大市场份额已不能取得持续的竞争优势。多元经营非一体化价值链类型的食品企业同时涉及多重领域，对企业经营环境的变化适应性强，通过对上下游企业之间的合作，更容易进行技术创新与改造，增强企业调整市场、拓展市场的能力以及增强企业的盈利能力。维持与成本相关因素的持久优势、协调业务的能力以及技术管理的能力是实行"多元经营一体化价值链利润点驱动"盈利模式的关键，其运作机制如图4-18所示。

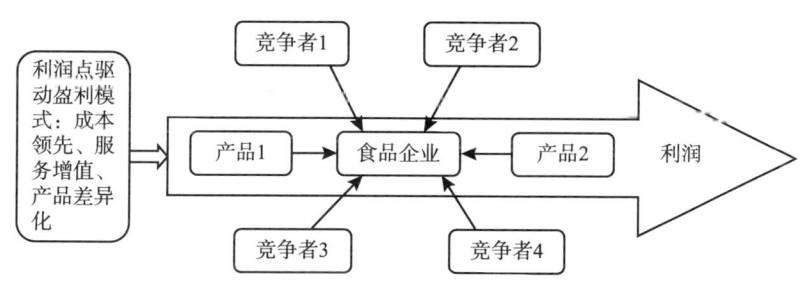

图4-18 "多元经营非一体化价值链利润点驱动"盈利模式运作机制

4.2.11 "多元经营非一体化价值链利润杠杆驱动"盈利模式

1. 形成机制

"多元经营一体化价值链利润杠杆驱动"盈利模式，是食品企业在采用多元经营非一体化价值链模式下，又采用利润杠杆驱动盈利模式的组合盈利模式。此类食品企业同时具备"多元经营""非一体化经营"的价值链特征以及"利润杠杆驱动"的盈利模式特征，此类食品企业从事多种或多类产品的生产，甚至是多行业的生产,上下游产业企业之间通过契约方式在企业外部完成。企业的资源既包括由财务资源和实物资产组成的有形资源,又包括资源组合的组织方式,企业通过资源之间的组合运用实现竞争优势目标。与实行一体化战略的食品企业控制销售渠道与关键原料不同,多元化经营非一体化企业主要通过管理方法、技术联合等在局部领域进行价格战,以扩大市场占有率。作为企业战略决策的一种,多元化经营战略主要减少企业对现存经济活动的依赖,以达到分散风险的目的。但其也面临原定目标与实际执行情况存在差异的问题,需要注意过度分散化导致的低效经营,以及企业因适应不同的业务领域而引发的管理投入增加。

2. 驱动因素

食品企业实行多元化经营战略,主要是基于利用剩余资源、实现市场扩张以及规避市场风险等考虑。多元化经营,尤其是相关多元化经营能给企业带来各业务部门共享技术、客户以及销售渠道等的销售协同效应,以及专有管理技能在不同部门间转移形成的管理协同效应,通过业务部门之间的优势互补,提高企业的市场竞争力。食品企业实行非一体化战略,向市场采购中间产品,并外包中间产品和服务,通过契约联盟等形式,实现价值创造增值。多元经营非一体化战略的优势在于能够通过业务结构调整以及有效利用富余资源促进企业获利,分散经营风险。其劣势主要体现在经营成本的提高以及因管理范围扩大而增加的组织成本。多元经营非一体化经营的食品企业应寻找不同产品、不同业务领域的内在联系,形成抵御市场风险的协同能力。通过技术资源创新、管理技能和企业文化移植以及品牌延伸等途径,将核心能力作为多元化经营业务转型升级的支撑点。制定合理的存货管理与应收账款管理政策,提高资金使用效率,通过营销手段减少商品积压、提高现金利用率、缩短盈利周期。

3. 运作特征

企业采取多元经营非一体化战略主要目的是降低企业的发展风

险与成本,扩大市场份额。企业间多种形式(如有形关联与无形关联)的横向经济联合可以打破区域界限,实现规模经济,获得互补性资源和能力。有形关联是建立在多种业务资源价值共享的基础上,多种业务的有形关联会通过规模经济加强企业的低成本优势。食品企业库存周转速度、包装的行业特点以及商品种类都对其运作效率产生影响,"多元经营非一体化价值链利润杠杆驱动"盈利模式下食品企业应以促进资产存量优化,实现规模经济为前提,多元业务之间尽力保持以市场或技术形成的共同核心,提高市场应变能力,实施以提高企业核心竞争力为目标的多元化,才能实现不同业务领域的优势互补或者优势扩张,提高企业在市场的竞争地位。稳定而具有相对优势的主营业务是企业生存的基础,应将主营业务的充分发展作为多元化战略的基本前提。通过采取提升顾客满意度的营销手段,有效控制库存周转,其运作机制如图4-19所示。

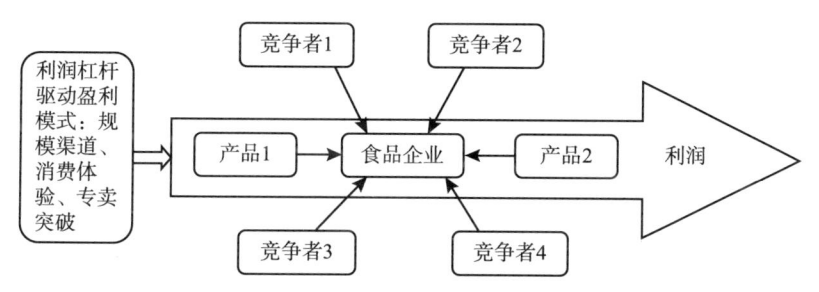

图4-19 "多元经营非一体化价值链利润杠杆驱动"盈利模式运作机制

4.2.12 "多元经营非一体化价值链利润屏障驱动"盈利模式

1. 形成机制

"多元经营非一体化价值链利润屏障驱动"盈利模式,是食品企业在采用多元经营非一体化价值链模式下,又采用利润屏障驱动盈利模式的组合盈利模式。此类食品企业同时具备"多元经营"

"非一体化经营"的价值链特征以及"利润屏障驱动"的盈利模式特征，此类食品企业从事多种或多类产品的生产，甚至是多行业的生产，上下游产业企业之间通过契约方式在企业外部完成。企业之间以获取资源与技术互补为目的，实现企业之间的横向经济联合。横向经济联合有助于企业间生产、流通、科研以及服务结合。多元化战略可以使企业增加销售渠道，降低销售成本，促进生产要素合理流动。当企业所处行业竞争激烈且规模经济较为显著时，企业为了巩固市场地位，增强竞争优势，而与外部的经济组织进行合作，实行非一体化战略。非一体化战略在一定程度上能避免一体化战略带来的投资成本高、激励效应削弱等问题。通过遏制竞争对手的扩张意图，维持自身的竞争地位与优势。

2. 驱动因素

与其他经济组织进行横向联合，实行多元经营非一体化战略的食品企业，经济组织之间是战略合作伙伴关系。在一定程度上能够降低企业发展的风险和成本，扩大原有产品的生产与销售。同时，多元化经营可以充分利用企业的管理优势、技术优势以及市场优势，提高资源的利用效率。建立企业内部资本市场，在一定程度上通过企业内部资金调度解决资金不足等问题，相比单一经营，容易获得更多的市场投资机会。采用"多元经营非一体化价值链利润屏障驱动"盈利模式的食品企业，为扩大生产经营规模或者技术创新而筹资举债，以期发挥财务杠杆效应，以此作为权益净利率的主要提高途径。债权人关心的是融资方式的安全程度，投资者关心的是资本利润率，经营者则希望通过举债经营扩大生产规模，进而增强企业活力。企业应关注流动资产结构与质量，确保企业能及时弥补积压物资损失与滞销商品损失。准确的品牌定位、与客户和协作商建立战略联盟以及产品或服务的不断创新，都是利润屏障牢固建立的基础。

3. 运作特征

多元化经营可以提高食品企业的抗风险能力，减少资金筹措与配置的压力。当食品企业某一产品或经营领域遭受损失时，其他产品或行业的经营可以进行弥补。一定程度上避免了经营范围单一带来的对某一市场依赖性强的弊端。增加新的投资机会，向不同市场提供产品或服务，分散经营风险，克服主业利润下滑给企业造成的损失，利用协同效应提高企业的盈利能力。"多元经营非一体化价值链利润屏障驱动"盈利模式，通过设置利润屏障，防止竞争者掠夺目标客户，保护利润不受流失。此类企业要结合所处生命周期，合理确定融资规模，提高资金利用率，既要避免面临偿债高峰期，又要避免资金闲置，需要注意优化资本结构、规避债务风险以及技术外散风险等。在多元化的同时保持自身的核心优势与清晰的市场战略，避免过度多元化与规模扩张影响主导产品和服务的发展，其运作机制如图4-20所示。

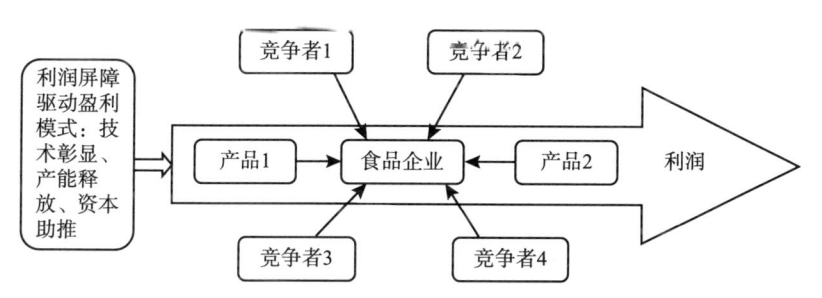

图4-20 "多元经营非一体化价值链利润屏障驱动"盈利模式运作机制

4.3 本章小结

本章首先通过净资产收益率相对贡献率测度对盈利模式基本类别进行判定，将盈利模式基本类型划分为利润点驱动盈利模式、利润杠杆驱动盈利模式、利润屏障驱动盈利模式。并在价值链类型划分的基础上，结合盈利模式的基本类型划分，将上市食品企业的盈利模式划分为"单一经营一体化价值链利润点驱动"盈利模式、"单一经营一体化价值链利润杠杆驱动"盈利模式、"单一经营一体化价值链利润屏障驱动"盈利模式、"多元经营一体化价值链利润点驱动"盈利模式、"多元经营一体化价值链利润杠杆驱动"盈利模式、"多元经营一体化价值链利润屏障驱动"盈利模式、"单一经营非一体化价值链利润点驱动"盈利模式、"单一经营非一体化价值链利润杠杆驱动"盈利模式、"单一经营非一体化价值链利润屏障驱动"盈利模式、"多元经营非一体化价值链利润点驱动"盈利模式、"多元经营非一体化价值链利润杠杆驱动"盈利模式、"多元经营非一体化价值链利润屏障驱动"盈利模式十二种盈利模式组合类别,并分别从形成机制、驱动因素以及运作特征三个方面对十二种盈利模式组合类别进行了分析。

第 5 章
食品企业盈利模式的分类定量评价

5.1 引言

前文描述了中国食品企业价值链模式发展的现状，分析其存在的问题与发展的障碍，以及价值链模式机制优化的必要性。并且按照不同的分类方式，研究各类价值链类型食品企业的内在特征。本章在前文的基础上，分类评价各类价值链类型食品企业盈利模式，分析其优势竞争要素以及存在的竞争劣势。价值链构成具有行业、企业差异化，产业升级的关键是价值分析与战略环节的识别。优化食品企业内部价值链，获得核心竞争力与专业优势，实现价值链环节协同，实现价值增值。强化价值链薄弱环节，培植主体要素，通过产业链整合改善运作效率，在产业价值链整体效率基础上建立竞争优势。

盈利模式的本质是一种商业架构，它本身并不直接考察利润，而是考察价值创造与价值获取的组织机制，而盈利能力是企业获取利润能力的考量，盈利模式的有效性正是通过盈利能力体现出来的。盈利能力是企业一段时期通过内外部资源整合获取收益多少的能力，是决定企业价值大小的重要因素，利润率越高，盈利能力越好。盈利模式的有效性是企业核心竞争力的综合体现，是企业赖以生存的基础，也是投资人判断资本保全制定投资决策的依据，是债权人控制信贷风险的决策依据。盈利模式是企业实现盈利能力目标的方法，盈利模式是企业获取利润的路径，盈利能力是企业盈利模式的财务体现，企业能够获取持续稳定的利润，是盈利模式有效性的判断标准，盈利模式本身并不存在好坏之分，而只存在是否适合企业发展。对于食品企业来讲，并不是所有的企业都是以自身的战略方针与经营政策为出发点，建立了适合自身的盈利模式。有的食品企业盈利模式并不适合自身当前阶段的发展，本书通过财务指标之间的内在联系来判断盈利模式的效率。利用因子分析法与主成分分析法，通过因子旋转建立综合评价模型，进而找到盈利能力的薄弱环节，为分析与优化食品企业价值链，构建适合自身内外环境的盈利模式，获得持续的盈利能力奠定基础。企业利润模式并不是一成不变的，而是结合企业的具体情况进行动态调整，以适应市场竞争变化。盈利目标的实现是企业的出发点与归宿，是企业实现社会责任目标、持续健康发展的根本。盈利能力是企业取得收益的实力，食品企业盈利模式选择是否恰当以盈利能力是否提升作为标志。

5.2 研究设计

5.2.1 研究样本选取

本书参照《上市公司行业分类指引（2012 年修订）》以及国民经济行业分类（GB/T 4754 - 2011），样本包括农、林、牧、渔业（剔除林业、农林牧渔服务业），剩余农业（对各种农作物的种植，其中剔除棉类种植、麻类种植、烟草种植、花卉种植、其他园艺种植以及中药材种植)、畜牧业(为获得各种畜禽产品而从事的动物饲养、捕捉活动)、渔业(剔除水产捕捞);C 类制造业中的农副食品加工业(直接以农林牧渔业产品为原料进行的谷物磨制、饲料加工、植物油和制糖加工、屠宰及肉类加工、水产品加工、以及蔬菜、水果和坚果等食品加工,剔除饲料加工、水产饲料加工)、食品制造业、酒、饮料和精制茶制造业。此外,剔除不是以食品相关作为主要业务的企业,如主营业务为食品冷藏设备经营与管理、进出口贸易服务、单纯咨询服务、销售服务与技术推广以及生物技术研发等的企业。兽药、饲料行业以及不包括生产的单纯经营销售食品的企业也不包括在本文的研究范围之内。为避免当期数据的不稳定性与随机性,本书选取的研究对象为 2006～2015 年在上证、深证上市的食品企业,剔除 ST 公司后最终选择了 146 家上市公司的年度财务报告数据进行分析。利用 SPSS19.0 统计分析软件对数据进行处理,数据来源于巨灵财经数据库以及国泰安数据库,部分数据通过年报和互联网手工搜集整理,各指标计算所需数据均取自各样本公司的年报数据。

5.2.2 研究变量选取

1. 选取原则

本书在进行盈利能力评价过程中,主要遵循以下原则:①匹配性原则,企业的盈利能力需要与客户需求以及自身的核心竞争力相匹配,针对不同范畴与地区均能进行测度;②科学性原则,概念科学,便于分析。指标选取客观可靠,不受主观判断干扰;③系统性原则,结合食品企业自身的特点,形成与价值链优化和整合相匹配的特有的盈利能力分析体系,全面反映食品企业盈利能力实际情况的内容;④可比性原则,指标选取保持内涵以及统计口径的一致,满足各种角度比较分析的需求。

2. 指标体系建立

作为衡量盈利模式有效性的重要衡量标准，盈利能力评价体系的研究也备受关注。麦尔尼斯（Melnnes，1971）研究发现资产收益率是盈利能力主要评价指标。赵颖（2001）将每股净资产纳入盈利能力评价体系中。刘星（2001）采用净利润现金比率、销售净利率与现金毛利率等评价企业的盈利能力。李晓荣等（2002）利用净资产收益率、总资产利润率、股票获利率、成本费用利润率、每股收益以及主营业务利润率来评价样本上市公司的盈利能力。裘玉婷等（2006）以利润指标与现金流量指标分析了重庆市上市公司盈利能力。亚历山大（2006）将净资产报酬率、销售净利率、资产净利率等财务指标纳入企业盈利能力评价方法体系。张庆昌、傅再育（2006）通过因子分析方法，利用总资产利润率、净资产收益率、每股净收益、主营业务利润率等指标构建了中国上市公司盈利能力分析模型。栗婕（2007）分别从销售角度、运用资产角度、耗费与收益关系角度以及股东回报角度选取指标，通过因子分析法构建了上市公司盈利能力评价体系。孟贵珍（2009）利用因子分析法从提高销售盈利、资产盈利、现金盈利等方面改善企业的综合盈利能力。陆凤莲（2009）将净资产收益率、盈余现金保障倍数、营业利润率、总资产报酬率等指标用来评价企业的盈利能力。胡文献（2011）将盈利能力、资产管理能力、债务偿还能力以及现金流量能力、成长能力等纳入上市公司持续盈利能力评价体系。戴天婧等（2013）认为企业价值最大化目标下的盈利模式主要包括业务边界、融资方式与财务风险、资本结构以及销售增长率、营业毛利率等。张梦、程晓俊（2013）利用因子分析法，采用盈利数量性指标（总资产报酬率、销售毛利率）、盈利获现性指标（主营业务收现比率、净利润现金比率）、盈利成长性指标（净利润增长率、市盈率），评价了中国电力行业上市公司盈利能力。宋丽丽、李亚兰（2015）利用因子分析法，采用经营盈利能力指标（营业利润率、销售净利率、成本费用利润率）、资产盈利能力指标（投入资本回报率、总资产报酬率)、资本盈利能力指标(净资产收益率、每股收益)、收益质量指标(盈余现金保障倍数),对中国上市物流企业的盈利能力进行了评价。

本书在梳理盈利能力评价文献的基础上,结合食品企业的特殊性,构建了包括销售盈利能力(营业利润率、营业净利率)、资本盈利能力(每股收益、投入资本回报率、净资产收益率)、资产盈利能力(总资产净利率、流动资产净利率、长期资本收益率)以及成本控制盈利能力(成本费用利润率、营业成本率、管理费用率、财务费用率)在内的盈利能力评价体系,设计的变量名称及含义如表5-1所示。

表5-1　　　　　　　　变量名称及含义

	变量名称	符号	指标含义
销售盈利能力	营业利润率	opr	营业利润/营业收入×100%
	营业净利率	nor	净利润/营业收入×100%
资本盈利能力	每股收益	EPS	净利润本期值/最新股本
	投入资本回报率	roic	息前税后经营利润/投入资本×100%
	净资产收益率	roe	净利润/平均所有者权益×100%
资产盈利能力	总资产净利率	nprota	净利润/平均资产总额×100%
	流动资产净利率	nproca	净利润/[(期初流动资产+期末流动资产)/2]×100%
	长期资本收益率	ltroc	收益总额/长期资本平均占用额×100%
成本控制盈利能力	成本费用利润率	roptc	(利润总额)/(营业成本+销售费用+管理费用+财务费用)×100%
	营业成本率	toc	营业成本/营业收入×100%
	管理费用率	or	管理费用/营业收入×100%
	财务费用率	fer	财务费用/营业收入×100%

5.3 实证分析

5.3.1 描述性统计

在研究变量选取的基础上,分别对其进行描述性统计分析,分析其均值、最大值、最小值以及标准差,描述性统计分析表如表 5-2 所示。

表 5-2　　　　　　　　描述性统计分析

	opr	nor	EPS	roic	roe	nprota
Mean	0.02	0.03	0.43	0.06	0.02	0.04
Maximum	4.77	5.25	15.38	1.44	10.73	0.39
Minimum	-14.39	-14.36	-2.73	-3.99	-45.55	-1.41
Std. Dev	0.67	0.72	1.15	0.19	1.59	0.10
	nproca	ltroc	roptc	toc	or	fer
Mean	0.07	0.10	0.14	1.06	0.13	0.04
Maximum	2.77	2.28	3.75	47.22	18.19	15.64
Minimum	-2.56	-4.06	-3.55	0.23	-0.10	-0.10
Std. Dev	0.26	0.29	0.45	1.59	0.60	0.50

通过表 5-2 可以看出,样本上市食品企业营业利润率的均值为 0.02,营业利润率通过营业利润与营业收入的比率来衡量企业经营效率。该指标体现了企业管理者在不考虑非营业成本的情况下通过经营获取利润的能力,营业利润率与盈利能力高低成正比。营业净利率反映了企业营业收入创造净利润的能力,样本上市食品企业营业净利率平均值为 0.03。每股收益反映了股东平均收益水平,样本上市食品企业每股收益平均值为 0.43。投入资本回报率是投入资

金与相关回报的比值，反映了企业投入资本的利用效果以及公司价值创造能力，样本上市食品企业投入资本回报率平均值为 0.06。净资产收益率反映了投资与报酬的关系，该指标与资本运营效益成正比，该指标是净利润与平均所有者权益的比率，反映了投资与报酬的关系以及自有资本获取净收益的能力，样本上市食品企业净资产收益率平均值为 0.02。总资产净利率是净利润占企业平均资产总额的百分比，通过总资产净利率可以分析企业在经营中资金周转以及销售利润率如何提高等问题，样本上市食品企业总资产净利率平均值为 0.04。流动资产净利率是当期会计核算净利润与平均流动资产总额的比值，反映了企业流动资产对盈利能力的贡献以及流动资产的运用效果，样本上市食品企业流动资产净利率平均值为 0.07。长期资本收益率反映了企业长期资本获利能力的稳定性，样本上市食品企业长期资本收益率平均值为 0.10。成本费用利润率体现了经营耗费所带来的经营成果，样本上市食品企业成本费用利润率平均值为 0.14。营业成本率是营业成本与营业收入的比值，样本上市食品企业营业成本率平均值为 1.06。管理费用率是企业组织管理生产经营发生费用与营业收入的比值，样本上市食品企业管理费用率平均值为 0.13。财务费用率是企业为生产经营筹集资金与营业收入比例，样本上市食品企业财务费用率平均值为 0.04。

5.3.2 因子分析

1. KMO 检验和 Bartlett 球形检验

通过盈利能力分析，可以发现经营管理中存在的问题，在此基础上对现有盈利模式进行优化，以促进企业持续稳定发展。国内外现有研究中对企业盈利能力评价应用较多的是因子分析法。该方法采用可以避免权重确定主观性的方差贡献率确定权重。因子分析法要求原有变量间应存在较强的相关关系，进而将原有变量中信息重叠部分提取并综合成因子，判断是否适用因子分析法的第一步，是要对其进行 KMO 检验和 Bartlett 球形检验，检验结果如表 5-3 所示。

表 5-3　　　　KMO 检验和 Bartlett 球形检验结果

取样足够多的 Kaiser - Meyer - Olkin 度量		0.744
Bartlett 的球形检验	近似卡方（Approx. Chi. Square）	13618.599
	自由度（df）	66
	显著性（Sig.）	0.000

检验结果显示，KMO 值为 0.744，说明变量间的相关性较强，基本适合做因子分析；同时 Bartlett 球形检验的观测值为 13618.599，对应的概率 p 值为 0.000，远小于给定的显著性水平 1%，故应拒绝相关系数矩阵是单位阵的零假设，原有变量适合作因子分析。

2. 公共因子方差贡献率

本书采用主成分分析法提取因子。表 5-4 给出了因子解释原有变量总方差的情况。在采用方差最大法进行因子正交旋转后，改变了各因子的方差贡献率，但未改变累积方差贡献率。为了使公共因子充分反映样本大部分信息，本书选取 4 个公共因子，使得样本方差的累积贡献率达到 82.495%。

表 5-4　　　　　　　　特征值及方差贡献率

成分	初始特征值			提取平方和载入			旋转平方和载入		
	合计	方差贡献率（%）	累积方差贡献率（%）	合计	方差贡献率（%）	累积方差贡献率（%）	合计	方差贡献率（%）	累积方差贡献率（%）
1	4.951	41.262	41.262	4.951	41.262	41.262	3.721	31.005	31.005
2	2.791	23.259	64.521	2.791	23.259	64.521	2.913	24.277	55.283

续表

成分	初始特征值			提取平方和载入			旋转平方和载入		
	合计	方差贡献率(%)	累积方差贡献率(%)	合计	方差贡献率(%)	累积方差贡献率(%)	合计	方差贡献率(%)	累积方差贡献率(%)
3	1.137	9.474	73.995	1.137	9.474	73.995	2.244	18.702	73.984
4	1.020	8.499	82.495	1.020	8.499	82.495	1.021	8.510	82.495
5	0.814	6.784	89.279						
6	0.574	4.781	94.060						
7	0.307	2.557	96.617						
8	0.181	1.510	98.126						
9	0.120	1.003	99.129						
10	0.062	0.513	99.643						
11	0.029	0.239	99.882						
12	0.014	0.118	100.000						

注：提取方法为主成分分析法。

3. 旋转后因子载荷矩阵

表 5-5 是旋转后的因子载荷矩阵。通过表 5-5 可以看出，每股收益、成本费用利润率、长期资本收益率、投入资本回报率以及总资产净利率、流动资产净利率在因子 1 上具有较高的载荷，因此将因子 1 命名为资产盈利能力因子。资产经营将资产的投入与产出以及周转速度做为经营的核心。企业通过经营活动合理配置不同形态的资产得到的资产运用效率高低可以反映企业经营效果的好坏，企业的资产盈利能力是否高于行业平均水平是投资者与管理者普遍关注的问题。由于行业经营特点与制约因素的差异性，会导致资产获利能力的差异，也会使企业在经营活动中体现盈利差异，盈利差异也是导致投资者投资转移的重要决策依据。管理费用率、财务费用率、总营业成本率在因子 2 上具有较高的载荷，因此将因子 2 命

名为成本控制盈利能力因子。企业通过对生产经营过程中发生的耗费进行监督控制，是企业在市场竞争中生存发展的重要方面，也是增强企业盈利能力的重要因素。营业利润率、营业净利率在因子3上具有较高的载荷，营业利润率用来评价企业经营效率与经营管理能力，因此将因子3命名为销售盈利能力因子。销售盈利能力是企业通过消耗资金实现营业收入，在生产经营中取得利润的能力。获得投资报酬是所有者投资的目的，也是其是否继续投资的重要决策依据，是投资者普遍关注的问题。净资产收益率在因子4上具有较高的载荷，净资产收益率是反映企业资本经营能力的基本指标，它综合反映了企业各个环节的盈利能力。资本经营效果是企业各项经营效果的综合体现，因此将因子4命名为资本盈利能力因子。资本盈利能力是企业所有者通过投入资本经营取得利润的能力。通过优化配置，以一定的资本投入，取得尽可能多的资本收益。在所有者资本投入一定的情况下，股东权益最大化要求净资产收益率最大化。

表5-5　　　　　　　　　旋转后的因子载荷矩阵

指标	成分			
	1	2	3	4
roe	0.009	0.001	0.006	0.977
opr	0.184	-0.143	0.862	-0.003
nor	0.305	0.003	0.888	-0.008
EPS	0.734	-0.037	-0.016	0.146
roptc	0.716	-0.055	0.486	0.086
ltroc	0.743	-0.054	0.044	-0.192
or	-0.051	0.981	-0.081	0.007
roic	0.830	-0.010	0.286	-0.024
nprota	0.895	-0.053	0.323	0.014

续表

指标	成分			
	1	2	3	4
nproca	0.702	-0.047	0.487	0.024
fer	-0.022	0.987	0.085	-0.001
toc	-0.079	0.972	-0.192	-0.004

注：提取方法为主成分分析法；旋转法采用具有 Kaiser 标准化的正交旋转法，旋转在 4 次迭代后收敛。

4. 因子得分

利用回归法求得因子得分系数矩阵表，如表 5-6 所示。根据因子得分系数以及标准化后的原始变量，我们可以得出主因子得分的计算公式如下：

$$FAC_1 = -0.004roe - 0.189opr - 0.145nor + 0.302EPS \\ + 0.143roptc + 0.290ltroc + 0.016or + 0.252roic \\ + 0.266nprota + 0.137nproca - 0.022fer + 0.038toc \tag{5.1}$$

$$FAC_2 = -0.002roe - 0.006opr + 0.049nor - 0.005EPS \\ + 0.013roptc - 0.007ltroc + 0.340or + 0.021roic \\ + 0.009nprota + 0.016nproca + 0.351fer + 0.331toc \tag{5.2}$$

$$FAC_3 = -0.010roe + 0.525opr + 0.513nor - 0.237EPS \\ + 0.110roptc - 0.196ltroc + 0.009or - 0.057roic \\ - 0.054nprota + 0.116nproca + 0.113fer - 0.059toc \tag{5.3}$$

$$FAC_4 = 0.957roe - 0.014opr - 0.020nor + 0.139EPS \\ + 0.075roptc - 0.193ltroc + 0.006or \quad 0.032roic \\ + 0.005nprota + 0.014nproca - 0.005fer - 0.004toc \tag{5.4}$$

表 5-6　　　　　　　　因子得分系数矩阵

指标	成分			
	1	2	3	4
roe	-0.004	-0.002	-0.010	0.957
opr	-0.189	-0.006	0.525	-0.014
nor	-0.145	0.049	0.513	-0.020
EPS	0.302	-0.005	-0.237	0.139
roptc	0.143	0.013	0.110	0.075
ltroc	0.290	-0.007	-0.196	-0.193
or	0.016	0.340	0.009	0.006
roic	0.252	0.021	-0.057	-0.032
nprota	0.266	0.009	-0.054	0.005
nproca	0.137	0.016	0.116	0.014
fer	-0.022	0.351	0.113	-0.005
toc	0.038	0.331	-0.059	-0.004

注：提取方法：主成分分析法。旋转法：具有 Kaiser 标准化的正交旋转法。

综合得分能从总体上反映样本企业盈利能力的强弱，是以旋转后各公共因子方差贡献率占所有提取因子累积方差贡献率的比重作为权数进行加权汇总计算而来。综合评价得分函数如下：

$$FAC = w_1 FAC_1 + w_2 FAC_2 + w_3 FAC_3 + w_4 FAC_4 \qquad (5.5)$$

式（5.5）中，FAC_1、FAC_2、FAC_3、FAC_4 分别表示资产盈利能力因子、成本控制盈利能力因子、销售盈利能力因子、资本盈利能力因子。

5.3.3　综合评价与分项评价

1. 综合盈利分析

企业竞争力和战略定位会因为价值链中任意组成部分的变化而

变化。产业价值链的集群效应有利于企业成本降低以及创新氛围的形成,有利于区域经济的发展及优势品牌的形成。信息和网络技术的发展推动了农业经营环境的变化,加之消费者消费态度和偏好的改变提高了对食品供给的要求,市场的竞争逐渐由企业的竞争转变为价值链的竞争。产业经营环境的变化推动了产业组织形态的发展,产业组织的发展对提高产业竞争力、降低农业经营风险、提高农产品质量安全起着重要作用。价值循环的顺畅是企业经营活动目标实现的前提,价值循环的速度也决定着企业循环的效率,企业价值链子系统的协同效益也会使企业的边际报酬递增。价值链上各项活动之间联系密切,不仅包括企业内部的链式活动,而且包括企业外部的链式活动。产业链由产品识别的必备要素与产品价值链共同组成,企业内活动对价值创造的影响是价值链研究的主要内容,识别价值链、按照行业特点建立价值链,识别战略环节、分析并优化价值链,可以使企业获得协同效应、降低成本,这个过程具有层次性、平行性、统一性的特点,使企业进行的盈利活动获得持续竞争优势。本书将食品企业的盈利能力综合得分用 FAC 表示,FAC$\geq$0 说明样本公司综合盈利能力较强,FAC<0 说明样本公司综合盈利能力较弱。表 5-7 列示了通过计算及标准化处理后得出的一体化价值链类型下不同盈利模式样本企业综合盈利得分占比分布情况。通过表 5-7 可以看出,在单一经营一体化价值链类型下,2006~2015 年盈利能力综合得分平均值最高的是利润点驱动盈利模式,FAC$\geq$0 样本公司占比平均为 42.1%。其次为利润杠杆驱动盈利模式,FAC$\geq$0 样本公司占比平均为 14.5%。最低的是利润屏障驱动盈利模式,FAC$\geq$0 样本公司占比平均为 12.9%。在多元经营一体化价值链类型下,2006~2015 年盈利能力综合得分平均值最高的是利润点驱动盈利模式,FAC$\geq$0 样本公司占比平均为 44.7%。其次为利润杠杆驱动盈利模式,FAC$\geq$0 样本公司占比平均为 32.7%。最低的是利润屏障驱动盈利模式,FAC$\geq$0 样本公司占比平均为 17%。多元经营一体化价值链类型 FAC$\geq$0 样本公司占比均值要略高于单一经营一体化价值链类型。

表5-7 一体化价值链类型盈利模式综合盈利得分占比分布

单一经营一体化价值链类型				多元经营一体化价值链类型			
盈利模式	年度	FAC≥0 合计（%）	FAC<0 合计（%）	盈利模式	年度	FAC≥0 合计（%）	FAC<0 合计（%）
利润点驱动盈利模式	2006	50	50	利润点驱动盈利模式	2006	33	67
	2007	40	60		2007	50	50
	2008	50	50		2008	0	100
	2009	20	80		2009	67	33
	2010	50	50		2010	50	50
	2011	20	80		2011	80	20
	2012	55	45		2012	50	50
	2013	40	60		2013	37	63
	2014	46	54		2014	30	70
	2015	50	50		2015	50	50
	平均	42.1	57.9		平均	44.7	55.3
利润杠杆驱动盈利模式	2006	0	100	利润杠杆驱动盈利模式	2006	50	50
	2007	29	71		2007	50	50
	2008	14	86		2008	43	57
	2009	0	100		2009	50	50
	2010	12	88		2010	57	43
	2011	10	90		2011	27	73
	2012	43	57		2012	17	83
	2013	25	75		2013	0	100
	2014	0	100		2014	0	100
	2015	12	88		2015	33	67
	平均	14.5	85.5		平均	32.7	67.3

续表

盈利模式	年度	单一经营一体化价值链类型		盈利模式	年度	多元经营一体化价值链类型	
		FAC≥0 合计（%）	FAC<0 合计（%）			FAC≥0 合计（%）	FAC<0 合计（%）
利润屏障驱动盈利模式	2006	17	83	利润屏障驱动盈利模式	2006	25	75
	2007	0	100		2007	0	100
	2008	0	100		2008	0	100
	2009	0	100		2009	0	100
	2010	33	67		2010	0	100
	2011	25	75		2011	100	0
	2012	0	100		2012	20	80
	2013	11	89		2013	0	100
	2014	43	57		2014	25	75
	2015	0	100		2015	0	100
	平均	12.9	87.1		平均	17	83

图 5-1 显示的是单一经营一体化价值链类型盈利模式综合得分较强（FAC≥0）企业数量占比分布情况。由图 5-1 可见，整体而言，单一经营一体化价值链类型食品企业盈利模式综合盈利能力由强到弱依次为：利润点驱动盈利模式、利润杠杆驱动盈利模式、利润屏障驱动盈利模式。由于受金融危机的影响，2008~2009 年期间单一经营一体化价值链类型盈利模式盈利能力降幅明显，其中利润杠杆驱动盈利模式降幅达到 100%，利润点驱动盈利模式降幅达到 60%，这可能与其单一经营导致分散风险能力较弱有关。而利润屏障驱动盈利模式 2007 年、2008 年以及 2009 年综合得分较强（FAC≥0）企业数量占比均为 0，说明在此期间，受宏观经济影响，举债扩大经营规模的企业并不多见。值得注意的是，2009~2011 年期间，中国颁布了一系列促进农业发展的优惠措施。2008 年《中共中央国务院关于切实加强农业基础建设进一步促进农业发展农民增收若干意见》提出"以工促农，城乡经济发展一体化"，加之受

到2009年国家"四万亿"投资产业振兴计划的影响,食品企业整体盈利能力水平明显提升,可见,单一经营一体化企业较容易受宏观环境影响,自身调整能力较差。

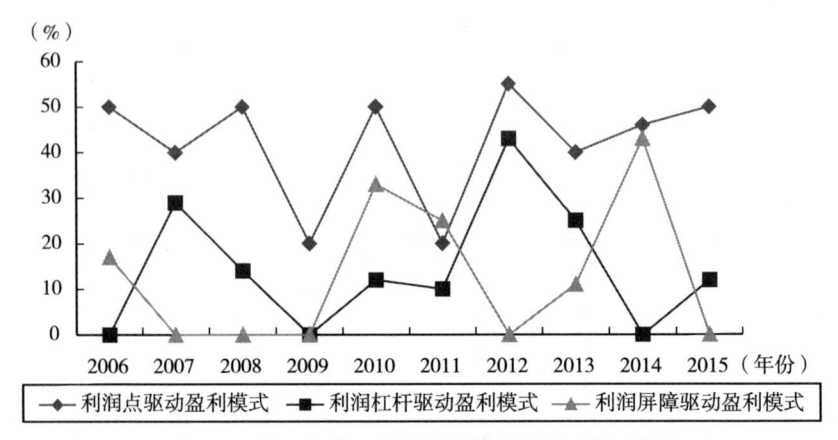

图5-1 单一经营一体化价值链类型盈利模式综合
得分较强企业数量占比分布

图5-2显示的是多元经营一体化价值链类型盈利模式综合得分较强（FAC≥0）的企业数量占比分布情况。由图5-2可见,整体而言,多元经营一体化价值链类型食品企业盈利模式综合盈利能力由强到弱依次为：利润点驱动盈利模式、利润杠杆驱动盈利模式、利润屏障驱动盈利模式。多元化经营战略是企业在激烈市场竞争中发展的重要战略,企业通过多元化经营不断拓展市场范围与经营范围。多元化战略可以使食品企业充分利用市场优势、技术优势以及资源优势。通过合理配置资源提高投资报酬,建立企业内部资本市场,节省外部交易成本,有效规避企业面临的经营风险,增强其抗风险能力。相对于单一经营一体化价值链类型盈利模式,多元经营一体化价值链类型盈利模式受宏观环境影响敏感性较低。但与单一经营一体化价值链类型盈利模式类似,多元经营一体化价值链类型利润屏障驱动盈利模式2007~2010年间综合得分较强（FAC≥0）企业数量占比均为0,说明在此期间,受宏观经济影响,举债扩大经

营规模的食品企业并不多。随着中国颁布了一系列促进农业发展的优惠措施，食品企业综合盈利能力水平得到明显提升。此后出现缓慢下降的趋势，可能与其多元化经营以及近年来不断发生的食品安全事件对消费市场的冲击有关。

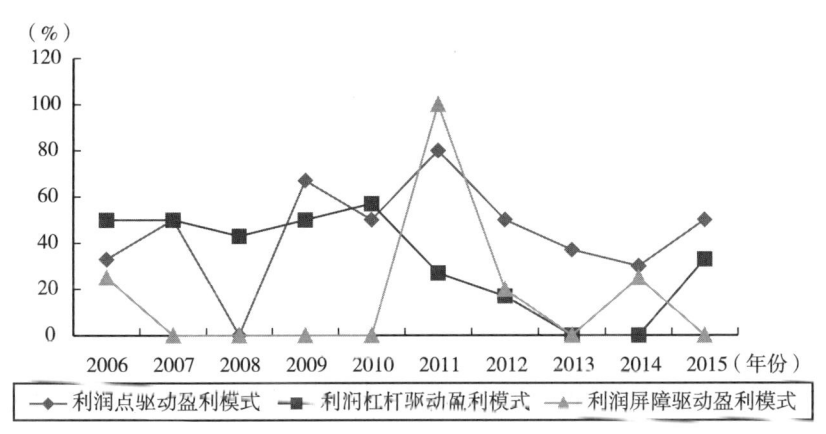

图 5-2　多元经营一体化价值链类型盈利模式
综合得分较强企业数量占比分布

表 5-8 列示了通过计算及标准化处理后得出的非一体化价值链类型下不同盈利模式样本企业综合盈利得分占比分布情况。通过表 5-8 可以看出，在单一经营非一体化价值链类型下，2006~2015 年盈利能力综合得分平均值最高的是利润点驱动盈利模式，FAC≥0 样本公司占比平均为 68.6%。其次为利润屏障驱动盈利模式，FAC≥0 样本公司占比平均为 53.4%。最低的是利润杠杆驱动盈利模式，FAC≥0 样本公司占比平均为 48.7%。在多元经营非一体化价值链类型下，2006~2015 年盈利能力综合得分平均值最高的是利润点驱动盈利模式，FAC≥0 样本公司占比平均为 46.7%。其次为利润杠杆驱动盈利模式，FAC≥0 样本公司占比平均为 38%。最低的是利润屏障驱动盈利模式，FAC≥0 样本公司占比平均为 28.3%。单一经营非一体化价值链类型 FAC≥0 样本公司占比均值要略高于多元经营一体化价值链类型。非一体化价值链类型下样本

企业综合盈利得分 FAC≥0 样本公司占比均值要略高于一体化价值链类型下样本企业。

表 5-8　　　非一体化价值链类型盈利模式综合盈利得分占比分布情况

单一经营非一体化价值链类型				多元经营非一体化价值链类型			
盈利模式	年度	FAC≥0 合计（%）	FAC<0 合计（%）	盈利模式	年度	FAC≥0 合计（%）	FAC<0 合计（%）
利润点驱动盈利模式	2006	75	25	利润点驱动盈利模式	2006	17	83
	2007	50	50		2007	27	73
	2008	78	22		2008	43	57
	2009	83	17		2009	60	40
	2010	86	14		2010	64	36
	2011	80	20		2011	73	27
	2012	82	18		2012	62	38
	2013	67	33		2013	44	56
	2014	42	58		2014	21	79
	2015	43	57		2015	56	44
	平均	68.6	31.4		平均	46.7	53.3
利润杠杆驱动盈利模式	2006	20	80	利润杠杆驱动盈利模式	2006	17	83
	2007	60	40		2007	43	57
	2008	50	50		2008	20	80
	2009	50	50		2009	50	50
	2010	56	44		2010	37	63
	2011	75	25		2011	20	80
	2012	73	27		2012	71	29
	2013	60	40		2013	29	71
	2014	31	69		2014	43	57
	2015	12	88		2015	50	50
	平均	48.7	51.3		平均	38	62

续表

单一经营非一体化价值链类型				多元经营非一体化价值链类型			
盈利模式	年度	FAC≥0 合计（%）	FAC<0 合计（%）	盈利模式	年度	FAC≥0 合计（%）	FAC<0 合计（%）
利润屏障驱动盈利模式	2006	0	100	利润屏障驱动盈利模式	2006	29	71
	2007	100	0		2007	25	75
	2008	80	20		2008	11	89
	2009	50	50		2009	14	86
	2010	67	33		2010	43	57
	2011	67	33		2011	33	67
	2012	37	63		2012	22	78
	2013	36	64		2013	43	57
	2014	44	56		2014	36	64
	2015	53	47		2015	27	73
	平均	53.4	46.6		平均	28.3	71.7

图5-3显示的是单一经营非一体化价值链类型盈利模式综合得分较强（FAC≥0）企业数量占比分布情况。由图5-3可见，整体而言，单一经营非一体化价值链类型食品企业盈利模式综合盈利能力由强到弱依次为：利润点驱动盈利模式、利润杠杆驱动盈利模式、利润屏障驱动盈利模式。2006~2007年，利润点驱动盈利模式FAC≥0样本公司占比出现明显下降，这与2006年出现了较多的食品安全事件有关，如"人造蜂蜜"事件、"毒猪油"事件、"瘦肉精中毒"事件、"苏丹红鸭蛋"事件、"陈化粮"事件等。频繁发生的食品安全事件影响消费者的消费信心。2007~2012年期间，利润点驱动盈利模式FAC≥0样本公司占比缓慢上升，这与此时期中国颁布了一系列促进发展的优惠措施以及奥运经济的带动等有关。2012年，又发生了一系列的食品安全事件，如备受关注的"毒胶囊"事件、"瘦肉精"事件、"白酒塑化剂超标"事件、"伊利奶粉含汞门"事件、"肯德基45天速成鸡"事件等，利润点驱动盈利模

式 FAC≥0 样本公司占比再次出现明显下降，2014 年后缓慢回升。利润屏障驱动盈利模式 FAC≥0 样本公司占比两个明显的增幅分别在 2007 年与 2010 年，这与期间国家产业扶植政策以及 2009 年国家"四万亿"投资产业振兴计划的影响有关。

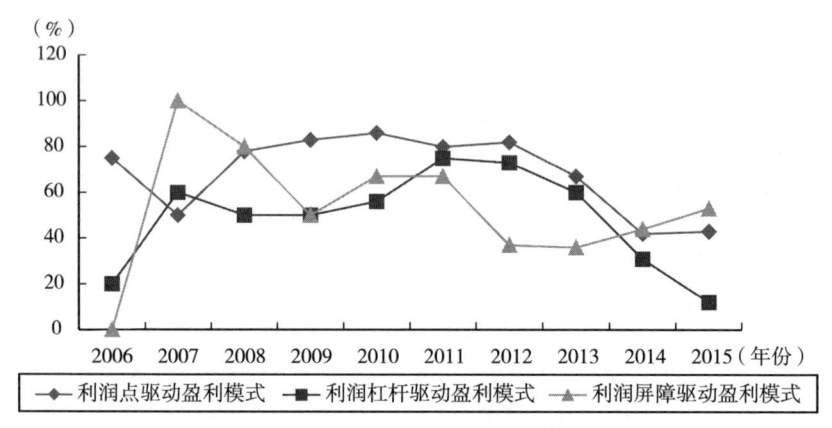

图 5-3 单一经营非一体化价值链类型盈利模式综合得分较强企业数量占比分布

图 5-4 显示的是多元经营非一体化价值链类型盈利模式综合得分较强（FAC≥0）的企业数量占比分布情况。由图 5-4 可见，整体而言，综合盈利能力由强到弱依次为：利润点驱动盈利模式、利润杠杆驱动盈利模式、利润屏障驱动盈利模式。多元经营非一体化价值链类型食品企业利润杠杆盈利模式综合得分较强（FAC≥0）的企业数量占比 2006~2011 年期间有较明显的上升趋势，2011~2014 年开始下降，此后又呈现回升趋势。相对于单一经营非一体化价值链类型盈利模式，多元经营非一体化价值链盈利模式下利润杠杆盈利模式以及利润屏障盈利模式波动较频繁，这与多元化经营有关，部分上市食品企业既从事与食品行业相关的相关多元化经营，又从事与食品行业非相关的多元化经营，如电子设备、化工以及房地产等。

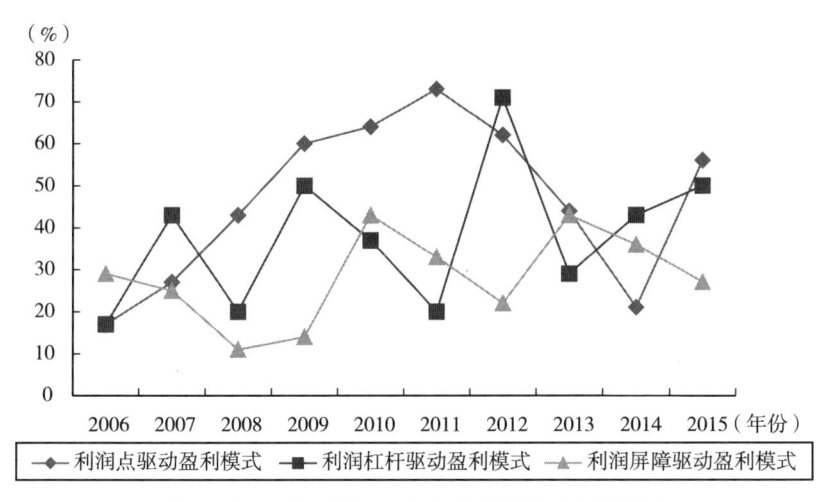

图 5-4 多元经营非一体化价值链类型盈利模式
综合得分较强企业数量占比分布

2. 单因子分析

面临复杂多变的经营环境，价值链类型的选择需要基于外部环境与内部资源现况，通过强化价值链薄弱环节，重新整合价值链中的资金流、信息流与物流。通过构建使企业关键能力与核心资源相匹配的盈利模式，以适应产业环境，实现基本价值活动与辅助价值活动的协同，进而优化盈利模式。为了进一步分析不同价值链类型盈利模式的薄弱环节，培植主体优势要素，通过产业价值链整合改善运作效率，进而在产业价值链整体效率基础上建立竞争优势，本书对四种盈利能力因子进行了分项评分（用 FAC 表示），并对不同盈利模式食品企业进行了分项比较。分年度情况如表 5-9、表 5-10、表 5-11、表 5-12 所示。表 5-9 列示了通过计算及标准化处理后得出的不同盈利模式样本企业资产盈利能力因子得分占比分布情况。资产盈利能力得分较强（FAC≥0）的企业数量占比均值较高的食品企业盈利模式主要有单一经营非一体化价值链利润点驱动盈利模式、单一经营非一体化价值链利润杠杆驱动盈利模式以及单一经营非一体化价值链利润屏障驱动盈利模式、单一经营一体化价值链利润点驱动盈利模式以及多元经营非一体化价值链利润点驱动盈利模式。资产盈利能力得分较强（FAC≥0）的企业数量占比均值较低的食品企业盈利模式主要有单一经营一体化价值链利润屏障驱动盈利模式以及单一经营一体化价值链利润杠杆驱动盈利模式等。整体而言，单一经营非一体化价值链类型盈利模式食品企业在资产盈利能力中具有较好的表现。

表5-9　　　　　　　　资产盈利能力因子得分占比分布

主因子	年度	FAC≥0 合计（%）	FAC<0 合计（%）	主因子	年度	FAC≥0 合计（%）	FAC<0 合计（%）
单一经营一体化价值链利润点驱动盈利模式	2006	50	50	多元经营一体化价值链利润点驱动盈利模式	2006	33	67
	2007	20	80		2007	0	100
	2008	50	50		2008	0	100
	2009	40	60		2009	67	33
	2010	50	50		2010	67	33
	2011	70	30		2011	80	20
	2012	36	64		2012	50	50
	2013	60	40		2013	37	63
	2014	38	62		2014	40	60
	2015	42	58		2015	42	58
	平均	45.6	54.4		平均	41.6	58.4
单一经营非一体化价值链利润点驱动盈利模式	2006	75	25	多元经营非一体化价值链利润点驱动盈利模式	2006	25	75
	2007	60	40		2007	33	67
	2008	56	44		2008	57	43
	2009	83	17		2009	47	53
	2010	86	14		2010	55	45
	2011	70	30		2011	60	40
	2012	73	27		2012	62	38
	2013	67	33		2013	44	56
	2014	50	50		2014	29	71
	2015	43	57		2015	37	63
	平均	66.3	33.7		平均	44.9	55.1

第5章 食品企业盈利模式的分类定量评价

续表

主因子	年度	FAC≥0 合计（%）	FAC<0 合计（%）	主因子	年度	FAC≥0 合计（%）	FAC<0 合计（%）
单一经营一体化价值链利润杠杆驱动盈利模式	2006	0	100	多元经营一体化价值链利润杠杆驱动盈利模式	2006	50	50
	2007	43	57		2007	50	50
	2008	14	86		2008	43	57
	2009	0	100		2009	50	50
	2010	17	83		2010	57	43
	2011	20	80		2011	27	73
	2012	29	71		2012	17	83
	2013	25	75		2013	0	100
	2014	12	88		2014	0	100
	2015	12	88		2015	33	67
	平均	17.2	82.8		平均	32.7	67.3
单一经营非一体化价值链利润杠杆驱动盈利模式	2006	20	80	多元经营非一体化价值链利润杠杆驱动盈利模式	2006	17	83
	2007	80	20		2007	29	71
	2008	67	33		2008	20	80
	2009	50	50		2009	25	75
	2010	56	44		2010	25	75
	2011	58	42		2011	20	80
	2012	82	18		2012	64	36
	2013	60	40		2013	29	71
	2014	31	69		2014	43	57
	2015	12	88		2015	50	50
	平均	53.6	46.4		平均	32.2	67.8

续表

主因子	年度	FAC≥0 合计（%）	FAC<0 合计（%）	主因子	年度	FAC≥0 合计（%）	FAC<0 合计（%）
单一经营一体化价值链利润屏障驱动盈利模式	2006	17	83	多元经营一体化价值链利润屏障驱动盈利模式	2006	25	75
	2007	0	100		2007	0	100
	2008	0	100		2008	0	100
	2009	0	100		2009	0	100
	2010	33	67		2010	0	100
	2011	75	25		2011	100	0
	2012	12	88		2012	40	60
	2013	11	89		2013	0	100
	2014	29	71		2014	25	75
	2015	0	100		2015	100	0
	平均	17.7	82.3		平均	29	71
单一经营非一体化价值链利润屏障驱动盈利模式	2006	0	100	多元经营非一体化价值链利润屏障驱动盈利模式	2006	14	86
	2007	100	0		2007	50	50
	2008	80	20		2008	0	100
	2009	50	50		2009	14	86
	2010	67	33		2010	43	57
	2011	67	33		2011	33	67
	2012	25	75		2012	11	89
	2013	41	59		2013	14	86
	2014	50	50		2014	27	73
	2015	53	47		2015	27	73
	平均	53.3	46.7		平均	23.3	76.7

通过图5-5可以看出，资产盈利能力表现由强到弱的盈利模式组合类型分别为单一经营非一体化价值链利润点驱动盈利模式、单一经营非一体化价值链利润杠杆驱动盈利模式、单一经营非一体

化价值链利润屏障驱动盈利模式、单一经营一体化价值链利润点驱动盈利模式、多元经营非一体化价值链利润点驱动盈利模式、多元经营一体化价值链利润点驱动盈利模式、多元经营一体化价值链利润杠杆驱动盈利模式、多元经营非一体化价值链利润杠杆驱动盈利模式、多元经营一体化价值链利润屏障驱动盈利模式、多元经营非一体化价值链利润屏障驱动盈利模式、单一经营一体化价值链利润屏障驱动盈利模式、单一经营一体化价值链利润杠杆驱动盈利模式。资产盈利能力是企业运营资产而产生利润的能力。合理配置与使用资产，以一定的资产投入获得尽可能多的收益是资产盈利能力实现的目标。同时，资产盈利能力也反映了上市食品企业吸引未来资金提供者的能力。通过分析各种不同盈利模式食品企业的资产盈利能力得分较强（FAC≥0）的企业数量占比分布均值，可以发现，在资产盈利能力方面，采取单一经营战略食品企业整体优于采取多

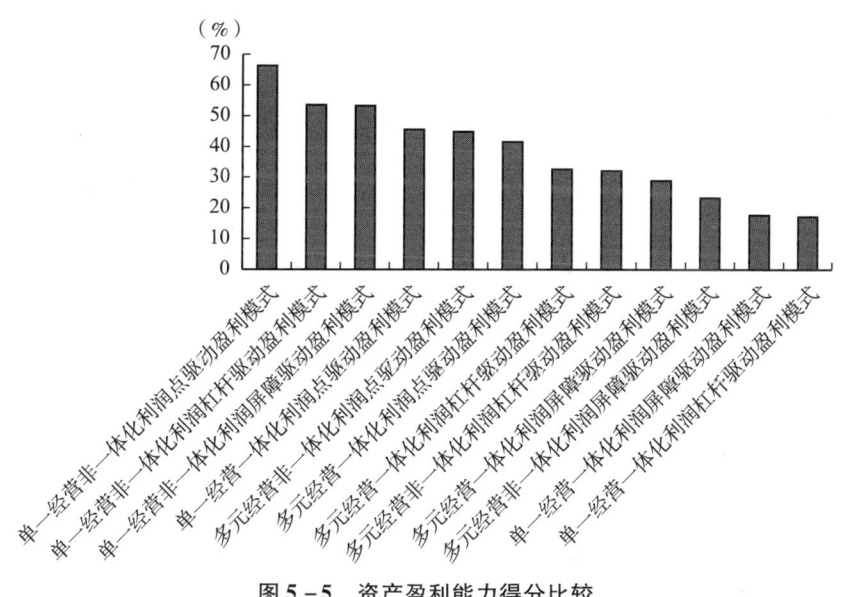

图 5-5 资产盈利能力得分比较

元经营食品企业。利润点驱动盈利模式整体优于利润杠杆驱动盈利模式以及利润屏障驱动盈利模式。采取单一经营战略的食品企业经营范围主要集中在某一种产品或服务上,其竞争优势更容易通过产品差异与成本领先获得。单一经营食品企业更容易集中优势,强化主要产品的竞争力。通过专业化知识与技能,提供更为精细的产品与服务。食品企业要提高资产盈利能力,应在产品经营基础上,促进资产有效使用,加快资产周转速度。

表5-10列示了通过计算及标准化处理后得出的不同盈利模式样本企业成本控制盈利能力因子得分占比分布情况。成本控制盈利能力得分较强（FAC≥0）的企业数量占比均值较高的食品企业盈利模式主要有单一经营一体化价值链利润杠杆驱动盈利模式、单一经营一体化价值链利润点驱动盈利模式、单一经营一体化价值链利润屏障驱动盈利模式、多元经营非一体化价值链利润屏障驱动盈利模式以及多元经营一体化价值链利润点驱动盈利模式。成本控制盈利能力得分较强（FAC≥0）的企业数量占比均值较低的食品企业盈利模式主要有单一经营非一体化价值链利润点驱动盈利模式以及单一经营非一体化价值链利润屏障驱动盈利模式等。整体而言,单一经营一体化价值链类型食品企业盈利模式在成本控制盈利能力中具有较好的表现。成本控制是企业增加盈利的根本途径,也是企业抵抗内外压力,求得生存的主要保障。采取单一经营一体化价值链类型的食品企业,从获取原材料到最终产品的分配与销售,都集中在企业内部。企业集中自身的产品、技术与市场优势,使企业沿着某种产品或服务价值链前后方向延伸与扩展。单一经营一体化价值链带来的规模经济与专业化,可以在一定程度上降低生产成本与交易费用。

通过图5-6可以看出,各盈利模式组合类型成本控制盈利能力由强到弱依次为：单一经营一体化价值链利润杠杆驱动盈利模式、单一经营一体化价值链利润点驱动盈利模式、单一经营一体化价值链利润屏障驱动盈利模式、多元经营非一体化价值链利润屏障驱动盈利模式、多元经营非一体化价值链利润点驱动盈利模式、多

第 5 章　食品企业盈利模式的分类定量评价

表 5-10　成本控制盈利能力因子得分占比分布表

主因子	年度	FAC≥0 合计（%）	FAC<0 合计（%）	主因子	年度	FAC≥0 合计（%）	FAC<0 合计（%）
单一经营一体化价值链利润点驱动盈利模式	2006	50	50	多元经营一体化价值链利润点驱动盈利模式	2006	17	83
	2007	0	100		2007	0	100
	2008	33	67		2008	0	100
	2009	20	80		2009	17	83
	2010	40	60		2010	0	100
	2011	10	90		2011	0	100
	2012	45	55		2012	17	83
	2013	20	80		2013	12	88
	2014	15	85		2014	20	80
	2015	8	92		2015	25	75
	平均	24.1	75.9		平均	10.8	89.2
单一经营非一体化价值链利润点驱动盈利模式	2006	0	100	多元经营非一体化价值链利润点驱动盈利模式	2006	17	83
	2007	10	90		2007	27	73
	2008	0	100		2008	14	86
	2009	17	83		2009	13	87
	2010	14	86		2010	9	91
	2011	0	100		2011	13	87
	2012	9	91		2012	12	88
	2013	0	100		2013	11	89
	2014	8	92		2014	14	86
	2015	5	95		2015	25	75
	平均	6.3	93.7		平均	15.5	84.5

续表

主因子	年度	FAC≥0 合计（%）	FAC<0 合计（%）	主因子	年度	FAC≥0 合计（%）	FAC<0 合计（%）
单一经营一体化价值链利润杠杆驱动盈利模式	2006	33	67	多元经营一体化价值链利润杠杆驱动盈利模式	2006	0	100
	2007	57	43		2007	17	83
	2008	29	71		2008	14	86
	2009	100	0		2009	0	100
	2010	0	100		2010	0	100
	2011	20	80		2011	0	100
	2012	0	100		2012	0	100
	2013	17	83		2013	0	100
	2014	0	100		2014	0	100
	2015	12	88		2015	33	67
	平均	26.8	73.2		平均	6.4	93.6
单一经营非一体化价值链利润杠杆驱动盈利模式	2006	20	80	多元经营非一体化价值链利润杠杆驱动盈利模式	2006	17	83
	2007	20	80		2007	0	100
	2008	0	100		2008	20	80
	2009	25	75		2009	0	100
	2010	0	100		2010	25	75
	2011	0	100		2011	0	100
	2012	0	100		2012	93	7
	2013	0	100		2013	0	100
	2014	15	85		2014	29	71
	2015	12	88		2015	0	100
	平均	9.2	90.8		平均	8.4	91.6

第5章 食品企业盈利模式的分类定量评价

续表

主因子	年度	FAC≥0 合计（%）	FAC<0 合计（%）	主因子	年度	FAC≥0 合计（%）	FAC<0 合计（%）
单一经营一体化价值链利润屏障驱动盈利模式	2006	33	67	多元经营一体化价值链利润屏障驱动盈利模式	2006	0	100
	2007	0	100		2007	0	100
	2008	50	50		2008	0	100
	2009	0	100		2009	0	100
	2010	33	67		2010	0	100
	2011	50	50		2011	0	100
	2012	0	100		2012	20	80
	2013	22	78		2013	0	100
	2014	14	86		2014	0	100
	2015	22	78		2015	100	0
	平均	22.4	77.6		平均	12	88
单一经营非一体化价值链利润屏障驱动盈利模式	2006	0	100	多元经营非一体化价值链利润屏障驱动盈利模式	2006	14	86
	2007	0	100		2007	25	75
	2008	0	100		2008	11	89
	2009	0	100		2009	14	86
	2010	0	100		2010	0	100
	2011	0	100		2011	11	89
	2012	0	100		2012	33	67
	2013	9	91		2013	43	57
	2014	0	100		2014	0	100
	2015	7	93		2015	9	91
	平均	1.6	98.4		平均	16	84

元经营一体化价值链利润屏障驱动盈利模式、多元经营一体化价值链利润点驱动盈利模式、单一经营非一体化价值链利润杠杆驱动盈利模式、多元经营非一体化价值链利润杠杆驱动盈利模式、多元经营一体化价值链利润杠杆驱动盈利模式、单一经营非一体化价值链

利润点驱动盈利模式、单一经营非一体化价值链利润屏障驱动盈利模式。企业需要通过对企业生产经营过程中各项耗费的调节与监督，发现其薄弱环节，进而寻找降低成本的途径，提高其获利能力。通过分析各种不同盈利模式食品企业的成本控制盈利能力得分较强（FAC≥0）的企业数量占比分布均值，可以发现，在成本控制盈利能力方面，采取单一经营一体化价值链类型的食品企业整体表现较优。

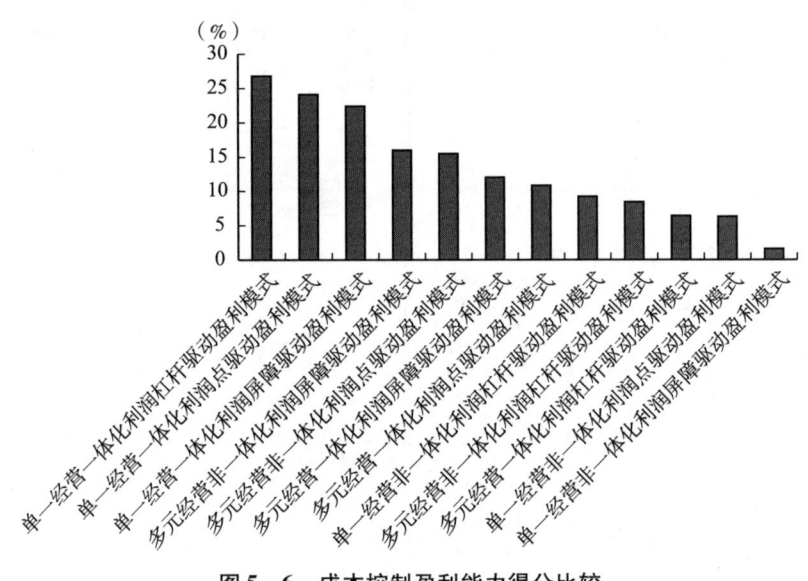

图 5-6　成本控制盈利能力得分比较

表 5-11 列示了通过计算及标准化处理后得出的不同盈利模式样本企业销售盈利能力因子得分占比分布情况。销售盈利能力得分较强（FAC≥0）的企业数量占比均值较高的食品企业盈利模式主要有多元经营非一体化价值链利润点驱动盈利模式、单一经营一体化价值链利润点驱动盈利模式、多元经营非一体化价值链利润杠杆驱动盈利模式、多元经营非一体化价值链利润屏障驱动盈利模式等。销售盈利能力得分较强（FAC≥0）的企业数量占比均值较低的食品企业盈利模式主要有多元经营一体化价值链利润点驱动盈利

模式、多元经营一体化价值链利润杠杆驱动盈利模式以及单一经营非一体化价值链利润杠杆驱动盈利模式等。整体而言,多元经营非一体化价值链类型食品企业盈利模式在销售盈利能力中具有较好的表现。多元化战略食品企业基于有效利用资源与分散风险的目的,通过开发新产品,进行多行业、多领域的经营。在企业核心产业和核心竞争力的支撑下适度多元化经营,更容易取得协调效益与范围经济利益。非一体化战略是企业建立在相互需要的基础上,以提高经济效益为目标进行的自主联合。非一体化食品企业之间的联合分布在产业价值链之间的各个环节。既有以名牌优势产品为龙头的产品生产联合,又有以骨干企业为依托的技术联合。由于不同企业所处的经济环境不同,其生产要素分布并不均衡。发达地区的食品企业在技术与设备上具有优势。有的食品企业则具有资源优势,但缺乏好的生产条件与市场环境。不同优势食品企业的联合,有助于其取得群体效益,促进企业组织结构、产业结构与区域布局的合理化。

表 5-11　　　　　　销售盈利能力因子得分占比分布表

主因子	年度	FAC≥0 合计(%)	FAC<0 合计(%)	主因子	年度	FAC≥0 合计(%)	FAC<0 合计(%)
单一经营一体化价值链利润点驱动盈利模式	2006	100	0	多元经营一体化价值链利润点驱动盈利模式	2006	67	33
	2007	80	20		2007	100	0
	2008	50	50		2008	60	40
	2009	80	20		2009	50	50
	2010	90	10		2010	67	33
	2011	80	20		2011	60	40
	2012	64	36		2012	50	50
	2013	80	20		2013	50	50
	2014	85	15		2014	50	50
	2015	83	17		2015	58	42
	平均	79.2	20.8		平均	61.2	38.8

续表

主因子	年度	FAC≥0 合计（%）	FAC<0 合计（%）	主因子	年度	FAC≥0 合计（%）	FAC<0 合计（%）
单一经营非一体化价值链利润点驱动盈利模式	2006	83	17	多元经营非一体化价值链利润点驱动盈利模式	2006	83	17
	2007	90	10		2007	87	13
	2008	78	22		2008	100	0
	2009	75	25		2009	87	13
	2010	29	71		2010	73	27
	2011	70	30		2011	87	13
	2012	82	18		2012	87	13
	2013	44	56		2013	67	33
	2014	67	33		2014	71	29
	2015	67	33		2015	87	13
	平均	68.5	31.5		平均	82.9	17.1
单一经营一体化价值链利润杠杆驱动盈利模式	2006	50	50	多元经营一体化价值链利润杠杆驱动盈利模式	2006	100	0
	2007	57	43		2007	67	33
	2008	86	14		2008	57	43
	2009	50	50		2009	50	50
	2010	67	33		2010	57	43
	2011	60	40		2011	82	18
	2012	100	0		2012	67	33
	2013	75	25		2013	50	50
	2014	87	13		2014	33	67
	2015	62	38		2015	33	67
	平均	69.4	30.6		平均	59.6	40.4

第 5 章 食品企业盈利模式的分类定量评价

续表

主因子	年度	FAC≥0 合计（%）	FAC<0 合计（%）	主因子	年度	FAC≥0 合计（%）	FAC<0 合计（%）
单一经营非一体化价值链利润杠杆驱动盈利模式	2006	60	40	多元经营非一体化价值链利润杠杆驱动盈利模式	2006	100	0
	2007	20	80		2007	86	14
	2008	67	33		2008	80	20
	2009	75	25		2009	75	25
	2010	78	22		2010	62	38
	2011	83	17		2011	90	10
	2012	36	64		2012	86	14
	2013	60	40		2013	79	21
	2014	54	46		2014	57	43
	2015	62	38		2015	71	29
	平均	59.5	40.5		平均	78.6	21.4
单一经营一体化价值链利润屏障驱动盈利模式	2006	83	17	多元经营一体化价值链利润屏障驱动盈利模式	2006	75	25
	2007	100	0		2007	100	0
	2008	100	0		2008	50	50
	2009	100	0		2009	100	0
	2010	33	67		2010	100	0
	2011	25	75		2011	0	100
	2012	87	13		2012	40	60
	2013	78	22		2013	100	0
	2014	71	29		2014	75	25
	2015	56	44		2015	50	50
	平均	73.3	26.7		平均	69	31

续表

主因子	年度	FAC≥0 合计（%）	FAC<0 合计（%）	主因子	年度	FAC≥0 合计（%）	FAC<0 合计（%）
单一经营非一体化价值链利润屏障驱动盈利模式	2006	100	0	多元经营非一体化价值链利润屏障驱动盈利模式	2006	71	29
	2007	60	40		2007	50	50
	2008	75	25		2008	78	22
	2009	75	25		2009	71	29
	2010	50	50		2010	86	14
	2011	44	56		2011	78	22
	2012	81	19		2012	78	22
	2013	73	27		2013	86	14
	2014	87	13		2014	82	18
	2015	80	20		2015	100	0
	平均	72.5	27.5		平均	78	22

通过图5-7可以看出，各盈利模式组合类型销售盈利能力由强到弱依次为：多元经营非一体化价值链利润点驱动盈利模式、单一经营一体化价值链利润点驱动盈利模式、多元经营非一体化价值链利润杠杆驱动盈利模式、多元经营非一体化价值链利润屏障驱动盈利模式、单一经营一体化价值链利润屏障驱动盈利模式、单一经营非一体化价值链利润屏障驱动盈利模式、单一经营一体化价值链利润杠杆驱动盈利模式、多元经营一体化价值链利润屏障驱动盈利模式、单一经营非一体化价值链利润点驱动盈利模式、多元经营一体化价值链利润点驱动盈利模式、多元经营一体化价值链利润杠杆驱动盈利模式、单一经营非一体化价值链利润杠杆驱动盈利模式。通过分析各种不同盈利模式食品企业的销售盈利能力得分较强（FAC≥0）的企业数量占比分布均值，可以发现，在销售盈利能力方面，采取多元经营非一体化价值链类型的食品企业整体表现较优。销售盈利能力主要指企业通过经营获取利润的能力，衡量了企业的经营效率。多元化战略使企业在原有产品和业务基础上，在多

个相关或不相关产业领域同时经营多项不同业务,进而拓宽盈利渠道。但需注意过分追求多元化会给企业带来的财务风险以及管理质量下降。食品企业在采取非一体化战略时,经营活动能兼顾各方利益,企业之间的合作才能有利于形成和发展资金市场、技术市场与商品市场。

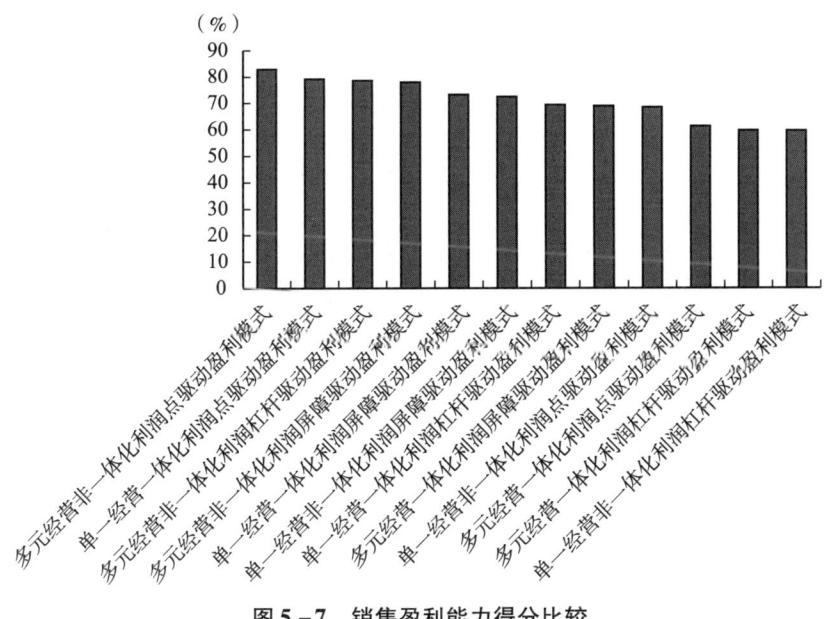

图 5-7 销售盈利能力得分比较

表 5-12 列示了通过计算及标准化处理后得出的不同盈利模式样本企业资本盈利能力因子得分占比分布情况。资本盈利能力得分较强(FAC≥0)的企业数量占比均值较高的食品企业盈利模式主要有单一经营非一体化价值链利润屏障驱动盈利模式、多元经营一体化价值链利润点驱动盈利模式、单一经营一体化价值链利润杠杆驱动盈利模式、多元经营一体化价值链利润屏障驱动盈利模式、单一经营非一体化价值链利润点驱动盈利模式等。资本盈利能力得分较强(FAC≥0)的企业数量占比均值较低的食品企业盈利模式主要有单一经营一体化价值链利润点驱动盈利模式、多元经营非一体

化价值链利润杠杆驱动盈利模式、多元经营非一体化价值链利润屏障驱动盈利模式等。资本盈利能力是企业以资本为基础，通过优化配置提高资本经济效益，投入资本获得回报的能力。企业资本经营的效果，是各项经营效果的综合体现。利润是投资者取得的投资收益，债权人收取本息的资金来源，也是经营者经营业绩的集中体现。食品企业资本盈利能力目标是围绕资本保值增值，把资本收益做为管理的核心，实现资本盈利能力最大化。在资本盈利能力方面，单一经营与多元经营，一体化经营与非一体化经营价值链形式，以及利润点驱动盈利模式、利润杠杆驱动盈利模式以及利润屏障驱动盈利模式并无较明显的优劣势区分。

表 5-12　　　　　　资本盈利能力因子得分占比分布表

主因子	年度	FAC≥0 合计（%）	FAC<0 合计（%）	主因子	年度	FAC≥0 合计（%）	FAC<0 合计（%）
单一经营一体化价值链利润点驱动盈利模式	2006	50	50	多元经营一体化价值链利润点驱动盈利模式	2006	50	50
	2007	20	80		2007	100	0
	2008	67	33		2008	60	40
	2009	40	60		2009	67	33
	2010	50	50		2010	67	33
	2011	70	30		2011	60	40
	2012	64	36		2012	67	33
	2013	20	80		2013	87	13
	2014	69	31		2014	80	20
	2015	58	42		2015	75	25
	平均	50.8	49.2		平均	71.3	28.7

续表

主因子	年度	FAC≥0 合计（%）	FAC<0 合计（%）	主因子	年度	FAC≥0 合计（%）	FAC<0 合计（%）
单一经营非一体化价值链利润点驱动盈利模式	2006	53	47	多元经营非一体化价值链利润点驱动盈利模式	2006	50	50
	2007	60	40		2007	47	53
	2008	56	44		2008	71	29
	2009	58	42		2009	53	47
	2010	86	14		2010	55	45
	2011	80	20		2011	67	33
	2012	91	9		2012	62	38
	2013	67	33		2013	44	56
	2014	67	33		2014	64	36
	2015	81	19		2015	87	13
	平均	69.9	30.1		平均	60	40
单一经营一体化价值链利润杠杆驱动盈利模式	2006	33	67	多元经营一体化价值链利润杠杆驱动盈利模式	2006	100	0
	2007	43	57		2007	33	67
	2008	71	29		2008	29	71
	2009	100	0		2009	100	0
	2010	67	33		2010	100	0
	2011	60	40		2011	73	27
	2012	57	43		2012	67	33
	2013	75	25		2013	50	50
	2014	75	25		2014	67	33
	2015	87	13		2015	33	67
	平均	71.1	28.9		平均	65.2	34.8

续表

主因子	年度	FAC≥0 合计（%）	FAC<0 合计（%）	主因子	年度	FAC≥0 合计（%）	FAC<0 合计（%）
单一经营非一体化价值链利润杠杆驱动盈利模式	2006	40	60	多元经营非一体化价值链利润杠杆驱动盈利模式	2006	33	67
	2007	20	80		2007	57	43
	2008	50	50		2008	40	60
	2009	50	50		2009	50	50
	2010	67	33		2010	25	75
	2011	92	8		2011	60	40
	2012	64	36		2012	71	29
	2013	80	20		2013	57	43
	2014	77	23		2014	71	29
	2015	62	38		2015	57	43
	平均	60.2	39.8		平均	52.1	47.9
单一经营一体化价值链利润屏障驱动盈利模式	2006	67	33	多元经营一体化价值链利润屏障驱动盈利模式	2006	100	0
	2007	100	0		2007	50	50
	2008	50	50		2008	50	50
	2009	50	50		2009	100	0
	2010	67	33		2010	0	100
	2011	75	25		2011	100	0
	2012	75	25		2012	60	40
	2013	78	22		2013	50	50
	2014	57	43		2014	100	0
	2015	56	44		2015	100	0
	平均	67.5	32.5		平均	71	29

续表

主因子	年度	FAC≥0 合计（%）	FAC<0 合计（%）	主因子	年度	FAC≥0 合计（%）	FAC<0 合计（%）
单一经营非一体化价值链利润屏障驱动盈利模式	2006	50	50	多元经营非一体化价值链利润屏障驱动盈利模式	2006	57	43
	2007	40	60		2007	50	50
	2008	50	50		2008	22	78
	2009	100	0		2009	56	44
	2010	67	33		2010	43	57
	2011	78	22		2011	56	44
	2012	81	19		2012	44	56
	2013	82	18		2013	86	14
	2014	81	19		2014	82	18
	2015	87	13		2015	91	9
	平均	71.6	28.4		平均	58.7	41.3

通过图5-8可以看出，各盈利模式组合类型资本盈利能力由强到弱依次为：单一经营非一体化价值链利润屏障驱动盈利模式、多元经营一体化价值链利润点驱动盈利模式、单一经营一体化价值链利润杠杆驱动盈利模式、多元经营一体化价值链利润屏障驱动盈利模式、单一经营非一体化价值链利润点驱动盈利模式、单一经营一体化价值链利润屏障驱动盈利模式、多元经营一体化价值链利润杠杆驱动盈利模式、单一经营非一体化价值链利润杠杆驱动盈利模式、多元经营非一体化价值链利润点驱动盈利模式、多元经营非一体化价值链利润屏障驱动盈利模式、多元经营非一体化价值链利润杠杆驱动盈利模式、单一经营一体化价值链利润点驱动盈利模式。资本的价值形式相对稳定，资本经营通过提高资本配置与资本运行效率实现资本增值。资本增值体现了资本经营的结果，通过资本市场运作产生的资本增值，不仅局限于生产领域。在食品企业内部，形成以产品系列为中心的产品结构调整。通过高技术含量与高附加值实现资本的流动聚集，提高市场占有率与产品竞争能力。食品企

业应根据自身能力，把握市场环境，建立科学的资本经营体系。

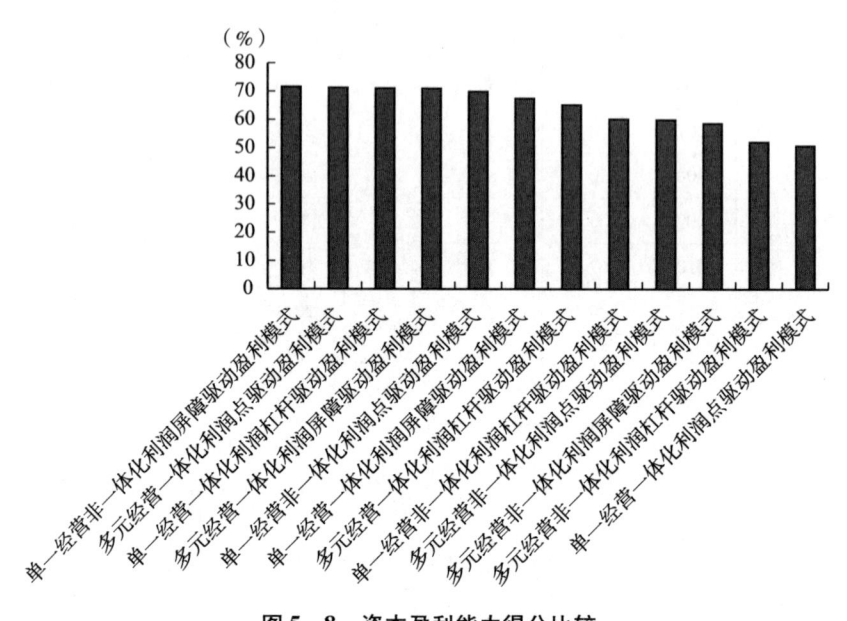

图 5-8 资本盈利能力得分比较

5.3.4 实证结果分析

盈利能力是盈利模式有效性的重要衡量依据。通过对盈利能力分析，发现经营管理中存在的问题，可以改善经营短板，促进企业的可持续发展。为了更加直观地分析每一种盈利模式组合的优劣势，寻找每一种盈利模式组合的薄弱环节，在此基础上通过强化价值链薄弱环节，可以重新整合价值链中的资金流、信息流与物流，构建富有成效的盈利模式。通过对盈利模式的优化使企业适应产业环境，关键能力与核心资源相匹配，实现基本价值活动与辅助价值活动的协同。在前面分析基础上，将单一经营一体化价值链利润点驱动盈利模式、多元经营一体化价值链利润点驱动盈利模式、单一经营非一体化价值链利润点驱动盈利模式、多元经营非一体化价值链利润点驱动盈利模式、单一经营一体化价值链利润杠杆驱动盈利模式、多元经营一体化价值链利润杠杆驱动盈利模式、单一经营非一体化价值链利润杠杆驱动盈利模式、多元经营非一体化价值链利润杠杆驱动盈利模式、单一经营一体化价值链利润屏障驱动盈利模式、多元经营一体化价值链利润屏障驱动盈利模式、单一经营非一体化价值链利润屏障驱动盈利模式、多元经营非一体化价值链利润屏障驱动盈利模式分别设为 PM_1、PM_2、PM_3、PM_4、PM_5、PM_6、PM_7、PM_8、PM_9、PM_{10}、PM_{11}、PM_{12}，通过雷达图对不同价值链类型盈利模式的资产盈利能力、成本控制盈利能力、销售盈利能力以及资本盈利能力做出比较分析，如图 5-9 所示。

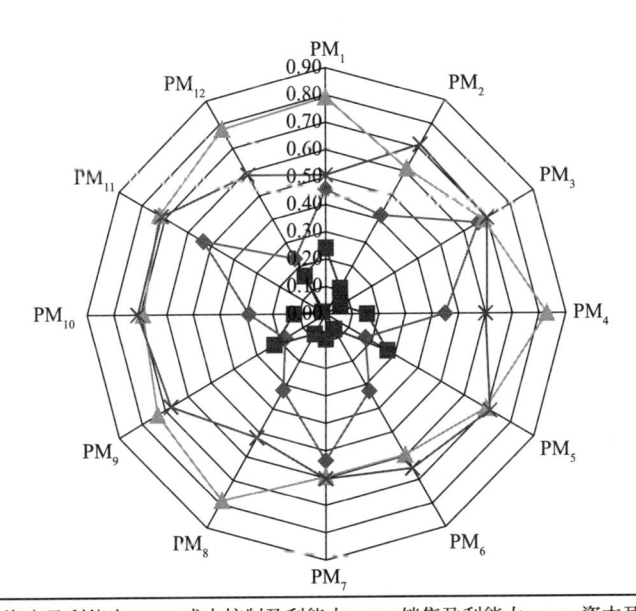

图 5-9 不同盈利模式组合分项盈利评价

通过图 5-9 我们可以看出，单一经营一体化价值链利润点驱动盈利模式盈利表现最优的是成本控制盈利能力、销售盈利能力，其次是资产盈利能力，而资本盈利能力是其薄弱环节。

多元经营一体化价值链利润点驱动盈利模式盈利表现最优的是

资本盈利能力，其次为资产盈利能力、成本控制盈利能力，而销售盈利能力是其薄弱环节。

单一经营非一体化价值链利润点驱动盈利模式盈利表现最优的是资产盈利能力，其次为资本盈利能力、销售盈利能力，而成本控制盈利能力是其薄弱环节。

多元经营非一体化价值链利润点驱动盈利模式盈利表现最优的是销售盈利能力，其次为资产盈利能力、成本控制盈利能力，而资本盈利能力是其薄弱环节。

单一经营一体化价值链利润杠杆驱动盈利模式盈利表现最优的是成本控制盈利能力，其次为资本盈利能力、销售盈利能力，而资产盈利能力是其薄弱环节。

多元经营一体化价值链利润杠杆驱动盈利模式盈利表现相对于其他盈利模式来讲，资产盈利能力、成本控制盈利能力、销售盈利能力、资本盈利能力均较差，成本控制盈利能力、销售盈利能力是其薄弱环节。

单一经营非一体化价值链利润杠杆驱动盈利模式盈利表现最优的是资产盈利能力，其次为成本控制盈利能力、资本盈利能力，而销售盈利能力是其薄弱环节。

多元经营非一体化价值链利润杠杆驱动盈利模式盈利表现最优的是销售盈利能力，其次为资本盈利能力、成本控制盈利能力，而资本盈利能力是其薄弱环节。

单一经营一体化价值链利润屏障驱动盈利模式盈利表现最优的是资本盈利能力，其次为销售盈利能力、成本控制盈利能力，而资产盈利能力是其薄弱环节。

多元经营一体化价值链利润屏障驱动盈利模式盈利表现最优的是成本控制盈利能力，其次是资本盈利能力而销售盈利能力、资产盈利能力是其薄弱环节。

单一经营非一体化价值链利润屏障驱动盈利模式盈利表现最优的是成本控制盈利能力，其次是资产盈利能力、销售盈利能力，而资本盈利能力是其薄弱环节。

多元经营非一体化价值链利润屏障驱动盈利模式盈利表现较优的是资本盈利能力、销售盈利能力，而成本控制盈利能力、资产盈利能力是其薄弱环节。

5.4 本章小结

本章首先分析了盈利模式与盈利能力的关系。盈利能力是企业取得收益的实力，食品企业盈利模式选择是否恰当以盈利能力是否提升作为标志。本章在梳理盈利能力评价文献的基础上，结合食品企业特性，构建了盈利能力评价体系。利用因子分析法构建了包括资产盈利能力因子、成本控制盈利能力因子、销售盈利能力因子以及资本盈利能力因子在内的综合评价得分函数。在此基础上，对单一经营一体化价值链利润点驱动盈利模式、多元经营一体化价值链利润点驱动盈利模式、单一经营非一体化价值链利润点驱动盈利模式、多元经营非一体化价值链利润点驱动盈利模式、单一经营一体化价值链利润杠杆驱动盈利模式、多元经营一体化价值链利润杠杆驱动盈利模式、单一经营非一体化价值链利润杠杆驱动盈利模式、多元经营非一体化价值链利润杠杆驱动盈利模式、单一经营一体化价值链利润屏障驱动盈利模式、多元经营一体化价值链利润屏障驱动盈利模式、单一经营非一体化价值链利润屏障驱动盈利模式、多元经营非一体化价值链利润屏障驱动盈利模式等进行综合评价与分项评价，找到每一种食品企业盈利模式的优势竞争要素与薄弱环节，为后续影响因素分析与盈利模式优化奠定了基础。

第6章 盈利模式对盈利能力影响的实证分析

6.1 引言

  盈利是企业生存与发展的动力，也是竞争战略形成的导向。企业的竞争战略，受行业的价值链、竞争者的价值链以及企业内部价值链整合组成的价值系统影响，因此，要认清各价值环节的构成与战略地位。食品企业的盈利模式除了受自身市场结构、组织形式、战略选择、竞争优势、业务链内容与关联方式的影响外，还取决于所处产业价值链的协作方式、运作效率、与其他产业的关联度以及食品产业价值链参与者对产业链的价值贡献和控制能力等因素。食品加工业涉及面广、产业链长、与农业关联度强。食品产业链冗长，利益相关者众多，利益相关者关系错综复杂，以及自然再生产和经济再生产相互交织的上游产品特点导致了食品产业链具有许多特殊性。食品产业链的价值创造、价值实现以及价值分配等会受以下因素的影响：食品企业与上游农业生产者的利益联结方式和下游零售商的销售方式；食品产业纵向一体化程度；食品产业价值链的质量溯源控制、食品安全、风险防范和网络共享等管理和控制机制等。取得竞争优势是企业盈利的关键因素，而持久的盈利能力来源于企业竞争优势的长期保持。企业核心竞争力和价值链会因环境的变化（如新兴科技、消费者需求的改变、行业和市场的发展等）而改变，这就要求食品企业深入分析环境变化因素及其发展态势，以及这些变化对产业动态与企业盈利能力的作用机理，进而预测企业盈利模式的发展趋势，并根据这些动态变化不断变革、优化自身盈利模式，取得并保持可持续竞争优势。因此，正确判断环境变化因素及其发展动态，以及了解这些变化因素的发展对食品企业盈利模式的作用机理，是科学预测食品企业盈利模式演化趋势、不断创新食品企业盈利模式的关键因素，也是建立优化食品企业盈利模式策略体系的重要依据。本章在前面分析了每一种食品企业盈利模式的优势竞争要素与薄弱环节的基础上，确定影响食品企业不同盈利模式盈利能力的因素。通过多元线性回归建立回归模型，分析不同价值链类型食品企业盈利模式与盈利能力的定量关系。在不同价值链类型食品企业盈利模式评价对比分析的基础上，系统分析食品企业盈利模式的演化趋势，为优化食品企业盈利模式奠定基础。

6.2　理论分析与研究假设

企业获利要受到企业在产业价值链中所处的位置、产业价值链上下游企业成员分享到的价值增值情况等影响。价值环节的增值协调与整合会对价值增值进行重新分配，通过价值链上的有效治理获得市场优势与利润。根据本书的研究样本发现，非一体化价值链类型上市食品企业中位于上游环节的农业，畜牧业以及渔业上市公司有13家，占比14%；非一体化价值链形式中位于下游环节的农副食品加工业，食品制造业以及酒、饮料和精制茶制造业上市公司有82家，占比86%。农产品上游的种植加工环节，面对供给能力与市场竞争均充分的环境，相对下游市场来讲，对消费者的信息了解不够，进而增值空间有限。本书认为非一体化价值链类型企业上游农产品种植、养殖企业盈利能力较低。一体化价值链类型上市食品企业突破企业原有内部价值链的限制，向上下游价值链纵向延伸，获得价值链增值效应，进而规避风险，通过节点的延伸控制更多价值链环节，优化产业链上下游企业的协同程度。实行纵向延伸价值链模式，可以更好地把握顾客需求，增强生产和销售的稳定性，提高行业壁垒，增加企业利润。鉴于此，本书提出如下假设。

假设6-1a：非一体化价值链类型食品企业价值链位置与综合盈利能力负相关。

假设6-1b：一体化价值链类型食品企业一体化程度与综合盈利能力正相关。

中国食品企业加入安全认证体系的时间较短，较高的经营成本在短期内影响经营收益，而未能体现其给收益带来的长期有益效应。加之中国目前食品安全监管还存在一些弊端以及消费者的消费认知水平不高等因素，加入食品安全认证体系的食品企业在短期内可能不能体现出盈利上的优势。当食品企业处于信息劣势方时，政策环境、监管力度以及同类食品企业的食品安全行为对其产生主要影响；当食品企业处于信息优势方时，消费者行为、食品行业协会的监督以及新闻媒体的曝光是主要影响因素。食品企业会利用信息不对称谋取利益，如果消费者食品安全意识薄弱，对食品安全溢价选择不支付时，企业会选择生产劣质食品，此时，食品行业协会对问题食品企业采取一定的惩罚措施，会对其他食品企业传递约束信号。以产业链源头为出发点，对资源的供应呈现出循序渐进的特征，下游企业对资源供应商具有较强的依赖性。促进食品企业选择积极食品安全的行为对策包括加大政府的外部监管力度，完善企业的内部约束机制，引导食品企业进行相关安全认证，实行信息可追溯体系，提高食品企业的社会责任感等。市场经济的外部性能够导致社会生产成本与个别生产成本产生差额，当食品市场存在正规厂商与非正规厂商两类供应者时，通过信号传递理论，正规厂商传递给消费者好的口碑，产生正向的外部性。与此相反，非正规厂商对于消费者产生负的外部性,食品市场资源配置能力因为外部性的存在而降低,而使消费者缺乏可靠的评价标准。消费者对于产品质量信息与产业链条上产品生产、加工者掌握的信息程度不尽相同,加之中国食品市场体系建设不健全,如质量监测体系不完善、批发市场不健全、零售市场建设滞后等,都导致信息不对称的产生,加剧了食品市场中的安全问题。食品安全问题中的政府失灵,主要是由政府监督体系不完善以及缺乏持续性与规范性造成的。当政府职能不能弥补市场失灵,反而使资源配置效率降低时,就出现了政府失灵。鉴于此,本书提出如下假设:

假设6-2a:非一体化价值链类型食品企业加入安全认证体系与综合盈利能力负相关。

假设6-2b:一体化价值链类型食品企业加入安全认证体系与综合盈利能力负相关。

对于一体化价值链类型食品企业来讲,单一化经营有利于集中资源,在专业领域内做精做细,容易产生技术创新,同时也可能产生资源存在剩余能力而不能被充分利用,以及退出壁垒与转换成本较高的局面。单一化经营的企业资源集中度高,有利于实现规模经济进而降低产品与服务的平均成本,增强企业在产业中的竞争力,通过研发新产品、抢占市场进而赢得竞争的主动权。同时资产的一体化与交易的内部化,使得存在机会主义行为,面临市场要挟问题的单一经营食品企业考虑实行纵向一体化,获得消除不完全竞争影响等利益。单一经营战略有利于企业在熟悉的领域内把握行业方向,有利于实现规模经济,赢得市场竞争优势,但需注意单一经营战略资源存在剩余能力而带来的有形资源与无形资源的浪费,单一经营战略较适用于企业成长过程的初始阶段、所处产业未来增长潜力大以及与企业资源特性相结合的情况。对于非一体化价值链类型食品企业来讲,多元化经营的实施动因包括获得规模经济优势、分散经营风险、实现企业扩张以及逃避企业经营萎缩的风险等。采取多元化战略同时存在相关多元化经营与非相关多元化经营,相关多元化经营即在原有企业价值链基础上,增加与企业现有的产品或服务相似的业务，具有较高的产业关联性，可以实现企业资源共享，如原有的顾客、销售力量、技术、商标以及品牌等。不相关多元化则是增加与现有产品及服务，市场与技术均无直接或者间接联系的新的业务领域。企业对诸多项目不仅进行投资而且自我经营，把有限的资金分散在多个经营项目上，结果哪一个项目也达不到规模经济，以致经营亏损。非相关多元化经营大多是通过购并行为实现的，一个全新领域容易出现决策失误，不仅会使更多的支柱产业难以建立起来，还为原有的支柱产业增加许多负担。多元化经营会造成管理质量下降。这是因为，非相关多元化中的购并，会使企业的分支机构迅速增多，管理工作的难度增加。多元化经营战略虽然在一定程度上因为分散风险而增加其收益，但在经济环境不景气的情况下，也会出现多环节销售不畅，并且会出现尽管其调整经营策略，但仍不能摆脱行业困境的局面。过度的多元化也会给企业带来负面效应，有的企业在经营过程中，通过回归主业来规避多元化带来的弊端。由于多种资源的协调问题，多元化的经营有可能削弱企业的综合竞争优势。鉴于此，本书提出如下假设。

假设6-3a：非一体化价值链类型单一经营与综合盈利能力正相关。

假设6-3b：一体化价值链类型单一经营与综合盈利能力正相关。

利润点驱动盈利模式是在对目标客户与消费市场的需求与偏好把握的基础上，通过挖掘利润源，形成与竞争者相比较而言的竞争优势。当前，中国食品的需求量与需求结构受生活方式的影响，不同地区的消费者的食品需求结构存在明显差异，而且人们的消费方式出现了多功能化、多样化、高转化率化以及方便化的新趋势。利润杠杆驱动盈利模式则是通过交货时间缩短及质量成本降低等间接方式提升企业竞争地位、实际成本的节约以及通过合理的管理质量与物流，实现更高的资本周转。食品加工业则呈现出地域性强、关联性强以及季节性强的特点，因此，通过基础设施运作、网络价值

第6章 盈利模式对盈利能力影响的实证分析

与服务、规模渠道分销、消费体验以及专卖突破等营销手段,减少商品积压、提高现金利用率、缩短盈利周期尤为重要。中国传统的食品产业存在初加工比重大产业结构不合理,原料基地、食品市场与食品企业未形成完善产业链,食品安全问题仍然存在以及加工技术相对落后,科技驱动作用低等现象。随着信息技术的发展,企业通过信息的处理、筛选等,建立虚拟价值链为客户创造产品和服务,互联网技术的应用改变了传统的业务环节,利用信息技术重新对企业的价值流程进行整合和定位。企业基本价值链通过信息附加价值活动与虚拟价值链的增值环节相对应,既协调了上下游企业的合作关系,又贴近了客户的需求,拓展了价值创造空间。营销手段有效的前提是对目标客户与消费市场的需求与偏好把握,鉴于此,本书提出如下假设。

假设6-4a:非一体化价值链类型利润点驱动盈利模式优于利润杠杆驱动盈利模式。

假设6-4b:一体化价值链类型利润点驱动盈利模式优于利润杠杆驱动盈利模式。

利润点驱动盈利模式注重研究市场与产品,通过产品单一突破到细分覆盖以及组合发展,通过产品丰富化与多样性来增加企业的盈利能力。如品牌引领等带来的差异化、成本领先与服务增值等,此类盈利模式更加注重产品的不可替代性。利润屏障驱动盈利模式是企业防止竞争者掠夺利润而采取的防范措施。中国食品企业目前具有较强的区域集中性,食品企业竞争战略应定位于减少替代品的威胁,提高创新能力以及培养国际竞争力,增强市场防御能力。企业为扩大生产经营规模或者技术创新如技术彰显、产能释放以及资本助推等而筹资举债,以期发挥财务杠杆效应。食品产业供需不平衡,供给缺位的食品供给结构满足不了消费者日益优化的消费结构发展,食品生产经营规模小、技术落后、标准化以及产业化程度低、社会责任以及食品安全意识薄弱都是影响因素。减少低端供给,增加优质有效的供给是中国食品行业供给侧改革的侧重点,有效应对国外技术壁垒,提高国际竞争力。利润屏障有效设立的前提也是基于对市场与产品的研究，鉴于此，本书提出如下假设。

假设 6-5a：非一体化价值链类型利润点驱动盈利模式优于利润屏障驱动盈利模式。

假设 6-5b：一体化价值链类型利润点驱动盈利模式优于利润屏障驱动盈利模式。

6.3 数据来源与研究设计

6.3.1 样本的选择和数据来源

本书样本的研究区间为 2006~2015 年。本书选取在研究区间内一直存续的 A 股上市公司为研究样本。遵循以下标准对样本进行了筛选：(1) 本文参照《上市公司行业分类指引（2012 年修订）》以及国民经济行业分类（GB/T 4754-2011），包括农、林、牧、渔业（剔除林业、农林牧渔服务业），剩余农业（对各种农作物的种植，其中剔除棉类种植、麻类种植、烟草种植、花卉种植、其他园艺种植以及中药材种植）、畜牧业（为获得各种畜禽产品而从事的动物饲养、捕捉活动）、渔业（剔除水产捕捞）；C 类制造业中的农副食品加工业（直接以农林牧渔业产品为原料进行的谷物磨制、饲料加工、植物油和制糖加工、屠宰及肉类加工、水产品加工、以及蔬菜，水果和坚果等食品加工，剔除饲料加工、水产饲料加工）、食品制造业、酒，饮料和精制茶制造业。(2) 剔除不是以食品相关作为主要业务的企业，如主营业务为食品冷藏设备经营与管理、进出口贸易服务、单纯咨询服务、销售服务与技术推广以及生物技术研发等的企业。兽药、饲料行业以及不包括生产的单纯经营销售食品的企业也不包括在本文的研究范围之内。(3) 为避免当期数据的不稳定性与随机性，剔除 ST 公司，剔除变量的缺失值与异常值。

最终选取的样本数941家。利用Stata 13.0统计分析软件对数据进行处理,数据来源于巨灵财经数据库以及国泰安数据库,部分数据通过年报和互联网手工搜集整理,各指标计算所需数据均取自各样本公司的年报数据。为降低内生性问题,所有的控制变量均滞后一期。

6.3.2 研究变量选取

被解释变量。以不同价值链类型盈利模式为研究对象,本书将综合盈利能力得分、资产盈利能力得分、成本控制盈利能力得分、销售盈利能力得分以及资本盈利能力得分分别作为被解释变量,利用多元回归模型,进一步研究盈利模式与盈利能力的关系,以及综合盈利能力与影响因素的定量关系,从而进一步为优化盈利模式提供思路。

解释变量。本书从经营范围、安全认证、利润杠杆驱动盈利模式、利润屏障驱动盈利模式、一体化价值链特征以及非一体化价值链特征等方面,分别对综合盈利能力得分、资产盈利能力得分、成本控制盈利能力得分、销售盈利能力得分以及资本盈利能力得分进行度量。本书采用食品企业是否单一化经营来衡量经营范围。食品企业采取单一化经营战略取1,食品企业采取多元化经营战略取0。对于食品安全认证,本书通过中国食品农产品认证信息系统[①]进行查询,将加入安全认证系统并且当年度在有效期内的食品企业取1,未加入安全认证系统或者当年度已失效的食品企业取0。加入国际认可的食品安全体系如HACCP、GAP、FSMS以及LB等,其中以危害分析与关键控制点HACCP以及良好农业规范GAP为主。HAC-CP(Hazard Analysis and Critical Control Point)包括关键控制点或食品的危害分析两部分,为防止食源性疾病与中毒的发生,对食品从原料种植到食用过程,在关键控制点上各种危害因素进行系统分

---

① 查询平台网址 http://ffip.cnca.cn/ffip/publicquery/certSearch.jsp。汇总结果见附表3。

析。HACCP是由美国陆军Natick实验室、美国太空总署NASA以及美国Pillsbury公司在20世纪60年代研发的食品安全保障体系,最初的目的是保证宇航员食品安全,1973年美国食品及药物管理局FDA将HACCP体系推行到低酸罐头食品生产中,该系统于1993年被食品法典委员会推荐为最经济有效的食品安全保障系统,并于1997年6月修订为《HACCP系统及其应用准则》被世界各国广泛采用,1988年进入中国逐步推广。HACCP强调的是整个食品加工过程的危害因素分析与控制,并通过监测效果对控制方法进行动态调整,包括执行前、执行中以及执行后三个阶段。美国通过政府来强制性推广HACCP体系,并且进行食品生产的企业在建立HACCP体系基础上,需要得到FDA以及USDA批准,才能进行生产,在HACCP的执行过程中由政府监督以及培训推动。中国HACCP体系推广可以减少食源性疾病发生以及降低控制成本、提高出口贸易。中国目前推行HACCP过程中存在的问题主要包括缺乏足够科学依据与管理模式、法律法规不完善,基础环节薄弱,企业认知度与主动性低以及认证发展不平衡。政府应通过政策法规与技术投入推进HACCP体系在食品企业中的应用,吸收发达国家HACCP制定、发展和应用过程中的经验,促进食品出口。良好农业规范(good agricultural practice,GAP)是针对养殖业和种植业的初级农产品操作规范。包括工人健康、环境保护、安全与福利等,旨在避免外来物质的污染以及操作不当带来的农产品生产过程中的危害。美国对GAP体系的推广也是通过强制措施来进行的。利润杠杆驱动盈利模式,以盈利模式基本划分利润点驱动盈利模式Bp_1为基准,利润杠杆驱动盈利模式Bp_2(采用时取值1,未采用时取值0)。利润屏障驱动盈利模式,以盈利模式基本划分利润点驱动盈利模式Bp_1为基准,利润屏障驱动盈利模式Bp_3(采用时取值1,未采用时取值0)。产业链由产品识别的必备要素与产品价值链共同组成,企业内活动对价值创造的影响是价值链研究的主要内容,识别价值链、按照行业特点建立价值链,识别战略环节,分析并优化价值链,可以使企业获得协同效应、降低成本,这个过程具有层次性、平行性、统一性的特点使企业进行盈利活动获得持续竞争优势。构建产业链交易与结构，寻找新的利润增长点，作为产业活动的一种分工表达，产业链既是不同分工性质协作组织结构变化，又是劳动生产率提高的结果。关于价值链特征，一体化价值链模式采用一体化指数 VAS，非一体化价值链模式采用价值链位置，上游取 1，下游取 0。

控制变量。本书选取企业规模、股权性质、偿债能力、营运能力、盈利成长能力、公司年龄以及行业哑变量、年度哑变量作为控制变量。本书选取资产规模作为衡量企业规模大小的指标，并且将每一年的数据除以当年的居民消费价格指数 CPI，以剔除通货膨胀对其的影响，为保证变量单位一致性，将其取对数后进行处理。股权性质体现了公司控制权以及治理机制的不同，进而影响企业的盈利能力，作为公司治理结构的重要组成部分，股权结构的实质是委托—代理关系，国有性质食品企业取 1，非国有忄质食品企业取 0。偿债能力通过资产负债率指标衡量，资本结构通过资产负债率指标反映，是长期债务资本与权益资本的比例，债务资本在带来抵税效应的同时也会增加企业的财务风险，适当的资本结构有利于提高盈利能力的增长性。最佳资产结构因企业而异，最佳资产结构通过资产最优化提升生产效率。公司为了扩大生产经营规模与产品研发，需要从不同渠道进行筹融资，并通过固定资产与流动资产的形式加以体现，反映了资产对债权人权益的保障程度。营运能力通过总资产周转率指标衡量，企业销售收入的创造通过生产经营活动价值转移实现，本文以总资产周转率指标反映企业营运能力，滞压资产越少，公司盈利能力越强。盈利成长能力通过营业收入增长率指标衡量，反映盈利成长能力，是评价企业发展能力的重要指标。公司年龄以当前年度与上市年度的差衡量。行业哑变量共 6 个行业，属于该行业取值 1，否则为 0。年度哑变量属于该年度取值 1，否则为 0。各变量名称及含义如表 6-1 所示。

表 6-1　　　　　　　　　　　变量说明

变量类型	变量名称	变量符号	变量定义
被解释变量	综合盈利能力得分	T_p	根据式 5.5 计算得出
	资产盈利能力得分	A_p	根据式 5.1 计算得出
	成本控制盈利能力得分	C_{cp}	根据式 5.2 计算得出
	销售盈利能力得分	S_p	根据式 5.3 计算得出
	资本盈利能力得分	C_p	根据式 5.4 计算得出
解释变量	经营范围	B_c	单一化经营取 1，多元化经营取 0
	安全认证	S_c	加入安全认证系统且当年度在有效期取 1，未加入或当年度已失效取 0
	利润杠杆驱动盈利模式	B_{p_2}	采用利润杠杆驱动盈利模式时取 1，未采用时取 0
	利润屏障驱动盈利模式	B_{p_3}	采用利润屏障驱动盈利模式时取 1，未采用时取 0
	一体化价值链特征	V_{as}	一体化指数计算
	非一体化价值链特征	Loc	价值链位置，上游取 1，下游取 0
控制变量	企业规模	$Size$	总资产剔除 CPI 影响后取对数
	股权性质	$State$	国有企业取 1，非国有企业取 0
	资产负债率	Lev	（负债总额÷资产总额）×100%
	总资产周转率	$Tatr$	营业收入/资产总额期末余额×100%
	营业收入增长率	$Growth$	（营业收入本年本期单季度金额 – 营业收入上一个单季度金额）/（营业收入上一个单季度金额）×100%
	公司年龄	Age	当前年度 – 上市年度
	行业哑变量	$IndDum$	共 6 个行业，属于该行业取值 1，否则为 0
	年度哑变量	$YearDum$	属于该年度取值 1，否则为 0

6.3.3 模型设定

价值链整合具有动态性、全面性与系统性的特点，反映价值的转移和创造，其各环节存在盈利水平的差异性。产业链中存在大量的价值交换与上下游企业关系，把价值链的思想和方法运用到产业层次上，给产业链价值的整合提供系统的方法，通过统一规划和布置，协调企业价值活动，使企业价值链之间产生协同效应。盈利是企业生存与发展的动力，也是竞争战略形成的导向。通过多元线性回归建立回归模型，研究盈利模式与盈利能力的关系，以及综合盈利能力与影响因素的定量关系。分析盈利能力影响因素的影响程度，在不同价值链类型食品企业盈利模式评价对比分析的基础上，系统分析食品企业盈利模式的演化趋势。为提高结果的准确性，本义分别构建一体化价值链类型计量模型与非一体化价值链类型计量模型如下。

模型1（一体化价值链类型食品企业计量模型）：

$$P_{it} = \beta_0 + \beta_1 Bc_{it} + \beta_2 Sc_{it} + \beta_3 Vas_{it} + \beta_4 Bp_{2it} + \beta_5 Bp_{3it} + \beta_6 Size_{it}$$
$$+ \beta_7 State_{it} + \beta_8 Lev_{it} + \beta_9 Tatr_{it} + \beta_{10} Growth_{it} + \beta_{11} Age_{it}$$
$$+ \beta_{12} IndDum_{it} + \beta_{13} YearDum_{it} + \xi$$
$$i = 1, 2, \cdots, N; \ t = 1, 2, \cdots, T$$

模型1用来分析一体化样本盈利能力影响因素的影响程度。其中解释变量 P_{it} 又包括综合盈利能力得分 Tp_{it}、资产盈利能力得分 Ap_{it}、成本控制盈利能力得分 Ccp_{it}、销售盈利能力得分 Sp_{it}、资本盈利能力得分 Cp_{it}。解释变量 Bc_{it} 代表经营范围、Sc_{it} 代表安全认证、Vas_{it} 代表一体化程度、Bp_{2it} 代表利润杠杆驱动盈利模式、Bp_{3it} 代表利润屏障驱动盈利模式。控制变量 $Size_{it}$ 代表企业规模、$State_{it}$ 代表股权性质、Lev_{it} 代表资产负债率、$Tatr_{it}$ 代表总资产周转率、$Growth_{it}$ 代表营业收入增长率、Age_{it} 代表公司年龄、$IndDum_{it}$ 代表行业哑变量、$YearDum_{it}$ 代表年度哑变量。ξ 为随机误差项。

模型2（非一体化价值链类型食品企业计量模型）：

$$P_{it} = \beta_0 + \beta_1 Bc_{it} + \beta_2 Sc_{it} + \beta_3 Loc_{it} + \beta_4 Bp_{2it} + \beta_5 Bp_{3it} + \beta_6 Size_{it}$$
$$+ \beta_7 State_{it} + \beta_8 Lev_{it} + \beta_9 Tatr_{it} + \beta_{10} Growth_{it} + \beta_{11} Age_{it}$$
$$+ \beta_{12} IndDum_{it} + \beta_{13} YearDum_{it} + \xi$$
$$i = 1, 2, \cdots, N; \ t = 1, 2, \cdots, T$$

模型 2 用来分析非一体化样本盈利能力影响因素的影响程度。其中解释变量 P_{it} 包括综合盈利能力得分 Tp_{it}、资产盈利能力得分 Ap_{it}、成本控制盈利能力得分 Ccp_{it}、销售盈利能力得分 Sp_{it}、资本盈利能力得分 Cp_{it}。解释变量 Bc_{it} 代表经营范围、Sc_{it} 代表安全认证、Loc_{it} 代表价值链位置、Bp_{2it} 代表利润杠杆驱动盈利模式、Bp_{3it} 代表利润屏障驱动盈利模式。控制变量 $Size_{it}$ 代表企业规模、$State_{it}$ 代表股权性质、Lev_{it} 代表资产负债率、$Tatr_{it}$ 代表总资产周转率、$Growth_{it}$ 代表营业收入增长率、Age_{it} 代表公司年龄、$IndDum_{it}$ 代表行业哑变量、$YearDum_{it}$ 代表年度哑变量。ξ 为随机误差项。

6.4 实证分析

6.4.1 Vas 值计算

对于一体化价值链类型一体化程度的测量，本书认为计算如下，纵向一体化测度的方法主要包括投入产出表法，如马迪根（1981）等。VAS 价值增值法，如阿德尔曼（1955）等，以及主辅分离法如高尔特（1962）、鲁梅尔特（1986）、佩里（1989）、戴维斯和莫里斯（1995）等。投入产出表法的缺陷在于对数量、规模差异以及行业差异容易造成忽视，主辅分离法又存在经营活动范围难以确定以及数据收集困难等因素，对于 VAS 增加值的计算，已有的研究多采用毛利率指标，但毛利率指标有低估企业价值的缺陷。鉴于此，本书借鉴黄丹（2011）用改进的 VAS 对企业纵向一体化程度进行测量，较好地克服了这一缺陷。本书采用此方法对一体化

价值链类型食品企业一体化程度进行测算,测算公式如下:

$$VAS = \frac{增加值 - 税后净利润 + 净资产 \times 平均净资产收益率}{主营业务收入 - 税后净利润 + 净资产 \times 平均净资产收益率} \quad ①$$

利用上述公式对样本公司 VAS 进行计算,剔除异常值描述统计结果如表6-2所示。

表6-2　　　　　　　样本企业 VAS 指数计算

VAS	最小值	最大值	平均数	中位数	标准差	变异系数
2006年	0.11	0.98	0.33	0.32	0.17	0.52
2007年	0.07	0.72	0.36	0.35	0.18	0.50
2008年	0.05	0.94	0.33	0.32	0.19	0.58
2009年	0.04	0.84	0.35	0.35	0.17	0.49
2010年	0.06	0.91	0.36	0.31	0.18	0.50
2011年	0.01	0.96	0.34	0.33	0.20	0.59
2012年	0.07	0.92	0.34	0.26	0.19	0.56
2013年	0.05	0.88	0.34	0.31	0.17	0.50
2014年	0.01	0.92	0.34	0.34	0.17	0.50
2015年	0.02	0.99	0.35	0.32	0.22	0.63

如图6-1所示,样本上市食品公司近10年来 VAS 平均值为0.34,波动幅度不大,较为明显的增幅出现在2006~2007年,2009~2010年以及2014~2015年,这与国家产业扶植政策有关。中国一体化价值链类型的食品公司一体化程度整体不高,中国食品企业一体化程度提升及价值增值还具有较大空间。

---

① 增加值 = 主营业务收入 - [(企业购买商品、接受劳务的现金支出 + 期初预付款 - 期末预付款 - 期初应付账款 + 期末应付账款 - 期初应付票据 + 期末应付票据)/(1 + 采购商品的增值税率) + 期初存货 - 期末存货]
净资产是集团净资产加上少数股东权益,平均净资产收益率是所有上市公司净资产收益率的平均值。

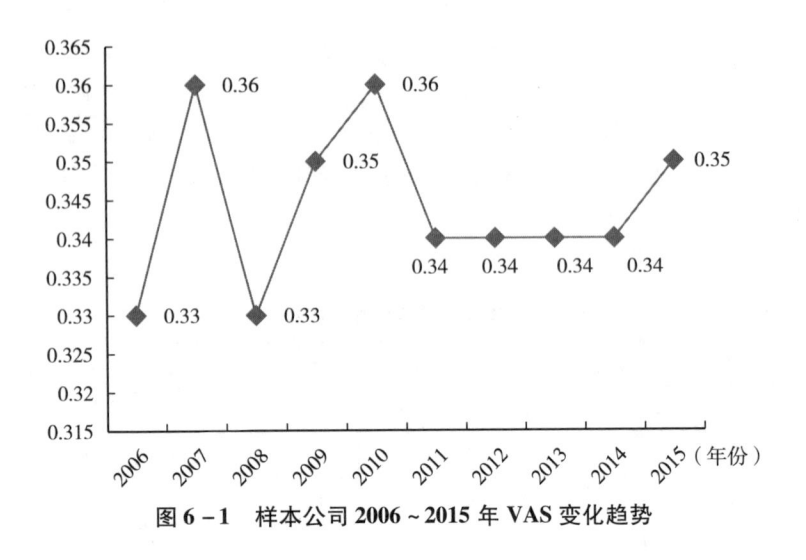

图 6-1　样本公司 2006~2015 年 VAS 变化趋势

6.4.2　描述性统计

通过研究本书所选取的样本企业可以了解样本企业的基本特征。分别统计全样本公司、一体化样本公司以及非一体化样本公司的最大值、最小值、均值以及标准差。变量指标的描述性统计如表6-3、表6-4 所示，表6-3 为全样本描述统计，表6-4 为一体化价值链模式样本与非一体化价值链模式样本对比描述性分析统计。

表 6-3　　　　　　　　全样本描述统计

	Bc	Sc	Integ	Size	State
Mean	0.54	0.58	0.37	15.24	0.50
Maximum	1	1	1	18.76	1
Minimum	0	0	0	12.79	0
Std. Dev	0.50	0.49	0.48	0.99	0.50

续表

	Lev	Tatr	Growth	Age
Mean	0.41	0.72	0.99	8.86
Maximum	2.05	5.84	99.58	23
Minimum	0.02	0.01	-1.37	0
Std. Dev	0.22	0.62	4.91	5.61

表6-4 一体化价值链模式样本与非一体化价值链模式样本对比描述统计

		Bc	Sc	Vas	Loc	Size
Mean	一体化	0.58	0.55	0.35	—	15.09
	非一体化	0.51	0.60	—	0.15	15.34
Maximum	一体化	1	1	0.99	—	17.99
	非一体化	1	1	—	1	18.76
Minimum	一体化	0	0	0.01	—	12.88
	非一体化	0	0	—	0	12.79
Std. Dev	一体化	0.50	0.50	0.25	—	0.96
	非一体化	0.50	0.50	—	0.36	0.99
		State	Lev	Tatr	Growth	Age
Mean	一体化	0.52	0.45	0.80	1.02	8.21
	非一体化	0.49	0.38	0.67	0.98	9.24
Maximum	一体化	1	1.28	0.99	38.63	23
	非一体化	1	2.05	5.45	99.60	23
Minimum	一体化	0	0.05	0.01	-1.08	0
	非一体化	0	0.02	0.01	-1.37	0
Std. Dev	一体化	0.50	0.22	0.25	3.72	5.24
	非一体化	0.50	0.22	0.50	5.52	5.80

通过表6-3可以看出，样本上市食品企业企业规模最大值

18.76，最小值12.79，说明不同上市食品企业规模差异较大。企业规模反映了其生产能力大小，是劳动力与生产资料的集中体现，划分企业规模大小的标准包括固定资产原值、职工人数、利润额、销售额、年产量以及资产规模等，规模较大的食品企业具有相对的经营优势。样本上市食品企业营业收入增长率最大值99.58，最小值-1.37，说明不同上市食品企业资产负债率差异较大。样本上市食品企业资产负债率最大值2.05，最小值0.02，说明不同上市食品企业资产负债率差异较大。债务资本在带来抵税效应的同时也会增加企业的财务风险，适当的资本结构有利于提高盈利能力的增长性。最佳资产结构因企业而异，最佳资产结构通过资产最优化提升生产效率。公司为了扩大生产经营规模与产品研发，需要从不同渠道进行筹融资，并通过固定资产与流动资产的形式加以体现，反映了资产对债权人权益的保障程度。

通过表6-4可以看出，企业规模一体化价值链模式与非一体化价值链模式样本相差不多，均值分别为15.09与15.34。总资产周转率一体化价值链模式企业均值为0.80，高于非一体化价值链模式的0.67。资产负债率一体化价值链模式样本企业的均值为0.45，高于非一体化价值链模式样本企业的0.38。上市时间一体化价值链样本企业均值为8.21，低于非一体化价值链模式样本企业均值是9.24。营业收入增长率一体化价值链模式均值1.02略高于非一体化价值链模式样本企业的0.98。

6.4.3　相关性检验

本书的研究采用多元线性动态面板，为保证变量的适用性以及估计的有效性，本书采用皮尔逊相关系数来检验变量之间的多重共线性问题，一体化价值链模式样本企业结果如表6-5所示，非一体化价值链模式样本企业结果如表6-6所示。选取变量的相关系数均未超过共线性的临界值，因此，多重共线性问题不会影响到本书的回归结果。

表6-5　一体化价值链模式样本皮尔逊相关系数

	Size	State	Lev	Tatr	Growth	Bc	Sc	Age	Bp$_2$	Bp$_3$	Vas
Size	1										
State	0.066	1									
Lev	0.387***	0.228***	1								
Tatr	0.311***	-0.153**	-0.078	1							
Growth	-0.093*	0.101*	0.081	-0.120**	1						
Bc	-0.150**	-0.271***	0.042	-0.174**	-0.068	1					
Sc	-0.040	-0.283***	-0.249***	0.239***	-0.118**	0.160***	1				
Age	0.108**	0.340***	0.287***	0.031	0.039	0.020	-0.209***	1			
Bp$_2$	-0.040	-0.005	-0.090*	-0.062	0.012	-0.020	-0.001	-0.026	1		
Bp$_3$	0.038	0.001	-0.037	0.044	0.029	0.051	0.031	-0.050	-0.412***	1	
Vas	-0.116***	-0.052	-0.007	-0.189***	0.100*	0.187	0.012***	0.061	-0.044	-0.079	1

注：***为在1%水平上显著；**表示在5%水平上显著；*表示在10%水平上显著。

表 6-6　非一体化价值链模式样本皮尔逊相关系数

	Size	State	Lev	Tatr	Growth	Bc	Sc	Age	Bp$_2$	Bp$_3$	Loc
Size	1										
State	0.306***	1									
Lev	0.066	0.073*	1								
Tatr	0.220***	-0.023	0.102**	1							
Growth	-0.072*	-0.139***	0.003	0.032	1						
Bc	-0.014	-0.080*	-0.209***	0.076*	0.024	1					
Sc	0.070	0.094**	-0.049	0.065	-0.059	0.082**	1				
Age	0.350***	0.302***	0.215***	0.094**	-0.015	-0.250***	-0.014	1			
Bp$_2$	-0.043	-0.095**	0.011	-0.108**	-0.050	0.007	-0.074*	-0.015	1		
Bp$_3$	0.074*	-0.006	-0.131***	0.027	0.041	0.042	-0.009	-0.043	-0.429***	1	
Loc	-0.118**	-0.232***	-0.124***	-0.215***	0.187***	-0.005	-0.170***	-0.143***	-0.015	-0.007	1

注：*** 为在1%水平上显著；** 表示在5%水平上显著；* 表示在10%水平上显著。

6.4.4 回归结果与分析

一体化样本模型计量回归结果如表 6-7 所示。

表 6-7   一体化价值链类型样本回归结果

变量	Tp	Ap	Ccp	Sp	Cp
Bc	-0.042 (-1.54)	-0.170*** (-2.64)	0.003 (0.14)	0.073 (1.39)	0.041 (0.36)
Sc	-0.035 (-0.74)	0.052 (0.63)	-0.069** (-2.40)	0.019 (0.15)	-0.378 (-1.03)
Bp_2	-0.178*** (-5.43)	-0.383*** (-4.80)	0.026 (0.82)	-0.218** (-2.25)	0.079 (0.63)
Bp_3	-0.085* (-1.84)	-0.262** (-2.00)	0.028 (0.74)	-0.081 (-0.96)	0.227 (1.17)
Vas	0.173* (1.63)	0.320* (1.63)	0.214 (1.42)	-0.271 (-0.75)	0.493* (1.68)
Size	0.035 (1.24)	0.036 (0.52)	-0.033** (-2.01)	0.076 (1.47)	0.133 (0.92)
State	-0.034 (-0.60)	-0.264 (-2.19)	-0.068* (-1.87)	0.157 (1.57)	0.479 (0.99)
Lev	-0.213 (-1.20)	-0.072 (-0.17)	0.143** (2.07)	-0.295 (-1.06)	-1.566 (-1.06)
tatr	0.098*** (3.50)	0.254*** (4.29)	-0.033* (-1.83)	-0.029 (-0.42)	0.177 (1.14)
Growth	0.005** (2.06)	0.011** (1.93)	0.008 (0.90)	-0.013 (0.92)	0.018 (0.96)
Age	0.001 (0.07)	0.018 (1.58)	0.007** (2.29)	-0.019 (-1.73)	0.041 (-1.02)

续表

变量	Tp	Ap	Ccp	Sp	Cp
cons	-0.514 (-1.42)	-0.776 (-0.94)	0.333 (1.43)	-0.821 (-0.90)	-1.301 (-0.87)
行业	控制	控制	控制	控制	控制
年度	控制	控制	控制	控制	控制
样本量	304	304	304	304	304
Adj-R^2	0.23	0.26	0.28	0.09	0.10

注：括号内为 t 值，*** 为在 1% 水平上显著；** 表示在 5% 水平上显著；* 表示在 10% 水平上显著。

表 6-7 的回归结果显示，在综合盈利能力的影响因素中，一体化程度与综合盈利能力得分的回归系数为 0.173，且在 10% 的置信水平上显著相关。这说明，一体化程度与综合盈利能力显著正相关，即一体化程度每提升 1 倍，综合盈利能力得分提高 0.173 倍。验证了前文的预期，这是因为，采用一体化经营模式的食品企业有助于开拓技术，通过内部控制与协调实现交易成本节约以及规模经济。提高差异化能力与进入壁垒，获得较高回报。利润杠杆驱动盈利模式在 1% 的置信水平下显著负相关，利润屏障驱动盈利模式在 10% 的置信水平下显著负相关，这表明，在全部样本中，盈利模式有效性由高到低依次为利润点驱动盈利模式、利润屏障驱动盈利模式、利润杠杆驱动盈利模式。这也验证了前文的假设，营销手段有效的前提是对目标客户与消费市场的需求与偏好的把握，利润屏障有效设立的前提也是基于对市场与产品的研究。而食品企业是否采取多元化经营，是否加入食品安全认证与综合盈利能力并没有显著相关性，这可能与一体化价值链特性有关。食品企业组织的实质是中间性质组织，具有市场无法代替的激励性与协调性。食品企业采取一体化价值链形式降低了生产经营的不确定性，具备协调冲突和信息处理的组织优势，以及专业性资产投资增加带来的保护优势，一定程度上弥补了食品安全认证短期带来的成本增加。而多元化经

第6章 盈利模式对盈利能力影响的实证分析

营需要食品企业对宏观和微观环境进行充分分析,在实施多元化的同时,以主业为主,优势互补,掌握适度原则,选择具有较好前景的业务领域以及必要的配套措施,帮助企业在外部环境恶劣的情况下,最大限度地降低损失。多元化战略可以充分利用市场优势、技术优势以及资源优势,通过合理配置资源提高投资报酬,建立企业内部资本市场,节省外部交易成本,有效规避企业面临的经营风险,增强其抗风险能力。通过多种经营或者多种产品拓展企业的经营规模或者业务范围,通过多元化来分散市场风险提高企业价值增值。此外,食品企业营业收入增长率、总资产周转率也对综合盈利能力具有显著的正相关影响。

表6-7的回归结果显示,在资产盈利能力的影响因素中,一体化程度与资产盈利能力得分的回归系数为0.320,且在10%的置信水平上显著相关。这说明,一体化程度与综合盈利能力显著正相关,即一体化程度每提升1倍,综合盈利能力得分提高0.320倍。在代表资产盈利能力的影响因素中,是否多元化经营与资产盈利能力得分的回归系数为-0.170,且在1%的置信水平上显著相关。这说明,是否多元化经营与资产盈利能力显著正相关,相对于单一经营,多元化经营在资产盈利能力中具有更优的表现。利润杠杆驱动盈利模式与利润屏障驱动盈利模式分别在1%与5%的置信水平下显著负相关,这表明,在资产盈利能力方面,盈利模式有效性由高到低依次为利润点驱动盈利模式、利润屏障驱动盈利模式、利润杠杆驱动盈利模式。而食品企业是否加入安全认证体系与资产盈利能力并没有显著相关性。此外,食品企业营业收入增长率、总资产周转率也对资产盈利能力具有显著的正相关影响。

表6-7的回归结果显示,在成本控制盈利能力的影响因素中,一体化样本安全认证与成本控制盈利能力得分的回归系数为-0.069,且在5%的置信水平上显著相关。这说明,安全认证与成本控制盈利能力显著负相关,即安全认证每提升1倍,成本控制盈利能力得分降低0.069倍。利润杠杆驱动盈利模式与利润屏障驱动盈利模式均无显著相关性,这表明,对于成本控制盈利能力,利润

点驱动盈利模式、利润杠杆驱动盈利模式与利润屏障驱动盈利模式并无太大差别。而食品企业是否采取多元化经营，是否采取一体化经营与成本控制盈利能力并没有显著相关性。此外，食品企业规模也对成本控制盈利能力具有显著负相关影响，规模较大的食品企业具有相对的经营优势。企业的规模影响企业的成长与发展，是企业规模经济的来源，也是企业制定经营战略所考虑的重要因素。企业规模越大，在面临外来企业并购压力以及抵抗非系统风险能力的过程中具有一定的优势，融资渠道多，发展潜力大。但是规模较大的食品企业管理环节越多，成本费用就越高。股权性质与资产盈利能力显著负相关，非国有性质食品企业的资产盈利能力表现优于国有性质食品企业。资产负债率与综合盈利能力负相关，过高的负债会增加企业的财务风险，降低企业的财务竞争力。

表6-7的回归结果显示，在销售盈利能力的影响因素中，一体化样本利润杠杆驱动盈利模式在5%的置信水平下显著负相关，利润屏障驱动盈利模式无显著相关，这表明，在资产盈利能力方面，盈利模式有效性由高到低依次为利润点驱动盈利模式、利润屏障驱动盈利模式、利润杠杆驱动盈利模式。而食品企业是否采取多元化经营，一体化经营的程度以及是否加入食品安全认证体系与销售盈利能力并没有显著相关性。表6-7的回归结果显示，在资本盈利能力的影响因素中，一体化样本利润杠杆驱动盈利模式与利润屏障驱动盈利模式均无显著相关性，这表明，对于资本盈利能力，利润点驱动盈利模式、利润杠杆驱动盈利模式与利润屏障驱动盈利模式并无太大差别。一体化程度与资本盈利能力得分的回归系数为0.493，且在10%的置信水平上显著相关。这说明，一体化程度与资本盈利能力显著正相关，即一体化程度每提升1倍，综合盈利能力得分提高0.493倍。食品企业采取纵向一体化有利于提高经营效率，提升控制力获得某种程度的垄断，进而实现规模经济。

非一体化样本模型计量回归结果如表6-8所示。

表6-8 非一体化价值链类型样本回归结果

变量	Tp	Ap	Ccp	Sp	Cp
Bc	0.094** (2.47)	0.363*** (4.32)	-0.024 (-0.66)	-0.187** (-2.87)	0.066*** (3.42)
Sc	-0.110* (-1.78)	-0.104 (-0.99)	-0.159 (-1.28)	-0.077 (-0.76)	-0.065 (-1.47)
Bp_2	-0.206*** (-3.50)	-0.337*** (-2.93)	-0.104 (-1.17)	-0.178** (-2.33)	-0.088 (-1.56)
Bp_3	-0.097 (-1.24)	-0.286*** (-3.23)	0.211 (1.02)	-0.215 (-1.21)	-0.025 (-0.94)
Loc	0.096 (1.23)	0.247 (1.58)	-0.087 (-0.61)	0.149 (0.51)	-0.045 (-0.72)
Size	0.188*** (5.63)	0.439*** (5.89)	0.021 (0.40)	0.024 (0.27)	0.111*** (4.68)
State	-0.174** (-1.97)	-0.231** (-2.37)	-0.247 (-1.08)	-0.061 (-0.82)	-0.003 (-0.07)
Lev	0.288 (0.83)	-0.182 (-0.50)	1.160 (1.22)	0.145 (0.43)	-0.170 (-1.00)
tatr	-0.095 (-1.27)	0.011 (0.13)	-0.297* (-1.50)	-0.008 (-0.06)	-0.098*** (-3.20)
Growth	0.009** (2.12)	0.017** (2.19)	-0.001 (-0.28)	0.009 (1.21)	0.005 (1.48)
Age	-0.002 (-0.42)	-0.010 (-1.01)	0.002 (0.40)	0.009 (1.00)	-0.008** (-1.98)
cons	-2.732*** (-5.58)	-6.507*** (-6.19)	-0.259 (-0.32)	-0.335 (-0.22)	-1.301*** (-3.99)
行业	控制	控制	控制	控制	控制
年度	控制	控制	控制	控制	控制
样本量	516	516	516	516	516
$Adj-R^2$	0.14	0.26	0.07	0.03	0.11

注:括号内为t值,***为在1%水平上显著;**表示在5%水平上显著;*表示在10%水平上显著。

表 6-8 的回归结果显示，在综合盈利能力的影响因素中，安全认证与综合盈利能力得分的回归系数为 -0.110，且在 10% 的置信水平上显著相关，这与预期假设一致。这说明，安全认证与综合盈利能力显著负相关，即安全认证每提升 1 倍，综合盈利能力得分降低 0.110 倍。中国食品企业加入安全认证的时间较短，较高的成本在短期内影响收益，而未能体现其给收益带来的长期有益效应。食品价值链是增值链、协作链与安全链。链条整体的效益与运作效率通过各环节的相互协调来提升。如果价值链实现受阻则整链效应难以发挥，创新组织形式、转变价值链驱动方式极为必要。通过总体性协调与有序化组织来提高竞争力，在实现产业链价值最大化的基础上，实现消费者价值最大化。目前中国食品安全监管还存在一些弊端以及消费者的消费认知水平较低等因素，加入食品安全认证的食品企业在短期内并没有体现出盈利上的优势。是否多元经营与综合盈利能力得分的回归系数为 0.094，且在 5% 的置信水平上显著相关，说明非一体化样本中，单一经营战略在综合盈利能力方面表现较优，这与预期假设一致。利润杠杆驱动盈利模式在 1% 的置信水平下显著负相关，利润屏障驱动盈利模式无显著相关性，这表明，盈利模式有效性由高到低依次为利润点驱动盈利模式、利润屏障驱动盈利模式、利润杠杆驱动盈利模式。这也验证了前文的假设，营销手段有效的前提是对目标客户与消费市场的需求与偏好的把握，利润屏障有效设立的前提也是基于对市场与产品的研究。食品企业所处价值链位置并没有显著相关性，这可能与非一体化经营的价值链特性有关。非一体化价值链形式是食品企业从事多种或多类产品的生产，甚至是多行业的生产，上游下游产业企业之间通过契约方式在企业外部完成。企业之间以获取资源与技术互补为目的，实现企业之间的横向经济联合。"互联网+"与食品生产、经营、管理和服务融合。2017 年中央 1 号文件提出发展科技创新驱动的智慧农业，大数据的共享对第一、第二、第三产业耦合具有推动作用，通过互联互通数据，搭建协作开放平台。互联网+的三个维度包括全产业链叠加、经济资源要素数据化以及传统行业改造。食

品企业价值增长的策略包括内部经营型策略与外部增长策略,产业链既存在结构属性,又存在价值属性,产业链向上游或下游延伸,体现了各组织间供给与需求的关系,上下游关系的组织共同创造价值。产业价值链是产业链价值组织及创造的结构形式,是产业链的竞争优势和经营战略,产业价值链突出的是创造价值,随着消费需求的不断变化,企业集合的结构和组成关系也在不断发生变化,消费需求的质变又促使价值链内企业之间关系发生质变。使得原有的价值链在产业链上出现替代、趋同、重叠与交叉,有利于企业成本的降低以及创新氛围的形成,以及形成区位品牌的集群效应。产业价值链还具有特有的链式效应,既推动了专业分工协作,又推动了技术进步,建立在群优势与链优势基础上的新的竞争优势,使企业处于多赢的有利局面。对于非一体化价值链企业来讲,价值链位置带来的弊端已经不那么明显。除此之外,与国家近年来对产业链上游扶植政策也有一定关系。2004~2017年,连续十三年中央"一号文件"聚焦"三农"问题,2014年以体制机制改革为主题,2015年以新常态下加大改革创新力度为主题,2016年以供给侧结构性改革为主题。2016年11月,农业部印发《全国农产品加工业与农村一二三产业融合发展规划(2016-2020)》,提到以制度、技术和商业模式创新为动力,强化供给侧结构性改革,以市场需求为导向,推动要素集聚优化,促进第一、第二、第三产业融合发展,促进形成利益联结稳定、产业链条完整的新局面。绿色股在十八届三中全会农业制度深化改革后再次成为投资热点。2017年中央一号文件《关于推进农业供给侧结构性改革的实施意见》,确定2017年为农业品牌推进年。产业价值链是相互依存的有机整体,其不同环节要素条件的需求存在差异性,产业价值链是竞争压力增强与分工细化的产物。农产食品价值链管理主要包括农产食品分工与协作,农产食品价值增值以及不同环节企业之间的活动关系。农产食品生产自然依赖性强,不同产品种类空间布局价值增值机理不同。农产食品产业价值链规模化、专业化与区域集中化也推进了中国农业现代化进程的发展。自然条件的差异性使其实现区域集中的特征。此外，食品企业规模也对综合盈利能力具有显著的正相关影响，企业规模越大的公司，在面临外来企业并购压力以及抵抗非系统风险能力的过程中具有一定的优势，融资渠道多，发展潜力大。非国有性质食品企业综合盈利能力表现优于国有性质食品企业。

表6-8的回归结果显示，在代表资产盈利能力的影响因素中，非一体化样本是否多元化经营与资产盈利能力得分的回归系数为0.363，且在1%的置信水平上显著相关。这说明，是否多元化经营与资产盈利能力显著正相关。相对于多元化经营，单一经营在资产盈利能力中具有更优的表现。利润杠杆驱动盈利模式在1%的置信水平下显著负相关，利润屏障驱动盈利模式在1%的置信水平下显著负相关，在资产盈利能力方面，盈利模式有效性由高到低依次为利润点驱动盈利模式、利润屏障驱动盈利模式、利润杠杆驱动盈利模式。而食品企业是否加入安全认证体系与资产盈利能力并没有显著相关性。此外，食品企业规模、营业收入增长率也对资产盈利能力具有显著的正相关影响，非国有性质食品企业资产盈利能力表现优于国有性质食品企业。

表6-8的回归结果显示，在成本控制盈利能力的影响因素中，非一体化样本利润杠杆驱动盈利模式与利润屏障驱动盈利模式均无显著相关性，这表明，对于成本控制盈利能力，利润点驱动盈利模式、利润杠杆驱动盈利模式与利润屏障驱动盈利模式并无太大差别。而食品企业是否采取多元化经营，是否加入食品安全认证体系以及食品企业所处价值链位置与成本控制盈利能力并没有显著相关性。表6-8的回归结果显示，在销售盈利能力的影响因素中，非一体化样本是否多元化经营与销售盈利能力得分的回归系数为-0.187，且在1%的置信水平上显著相关。这说明，在销售盈利能力中，多元经营表现要优于单一经营。利润杠杆驱动盈利模式在5%的置信水平下显著负相关，利润屏障驱动盈利模式与销售盈利能力没有显著关系，这表明，在销售盈利能力方面，盈利模式有效性由高到低依次为利润点驱动盈利模式、利润杠杆驱动盈利模式、利润屏障驱动盈利模式。而食品企业是否加入食品安全认证体系以

及所处价值链位置与销售盈利能力并没有显著相关性。

表6-8的回归结果显示，在资本盈利能力的影响因素中，非一体化样本是否多元化经营与资本盈利能力得分的回归系数为0.066，且在1%的置信水平上显著相关。这说明，是否多元化经营与综合盈利能力显著正相关。相对于多元化经营，单一经营在资本盈利能力中具有更优的表现。利润杠杆驱动盈利模式与利润屏障驱动盈利模式均无显著相关性，这表明，对于成本控制盈利能力，利润点驱动盈利模式、利润杠杆驱动盈利模式与利润屏障驱动盈利模式并无太大差别。此外，食品企业规模也对综合盈利能力具有显著的正相关影响，上市年限对资本盈利能力具有显著负相关影响，资本盈利能力衡量股东收益水平，对于非一体化价值链类型食品企业来讲，公司上市年限并不是投资者进行投资决策的主要依据。

6.4.5 实证结果与稳健性检验

根据食品企业盈利模式的类型，运用实证研究方法比较和分析食品企业不同盈利模式对盈利能力的影响。在对不同价值链类型食品企业盈利模式优势竞争要素与薄弱环节分析的基础上，通过多元线性回归建立回归模型，分析不同价值链类型食品企业盈利模式与盈利能力的定量关系。实证结果主要包括以下两个方面：

1. 一体化价值链类型样本食品企业

一体化程度对综合盈利能力具有显著影响。盈利模式有效性由高到低依次为利润点驱动盈利模式、利润屏障驱动盈利模式、利润杠杆驱动盈利模式。而食品企业是否采取多元化经营，是否加入食品安全认证对综合盈利能力并没有显著影响。在资产盈利能力方面，多元化经营具有更优的表现。盈利模式有效性由高到低依次为利润点驱动盈利模式、利润屏障驱动盈利模式、利润杠杆驱动盈利模式。而食品企业是否加入安全认证体系对资产盈利能力并没有显著影响。在成本控制盈利能力方面，安全认证对成本控制盈利能力具有显著负影响，采用利润点驱动盈利模式、利润杠杆驱动盈利模式与利润屏障驱动盈利模式也无太大差别。而食品企业是否采取多元化经营，是否采取一体化经营也无显著影响。在资产盈利能力方面，盈利模式有效性由高到低依次为利润点驱动盈利模式、利润屏障驱动盈利模式、利润杠杆驱动盈利模式。而食品企业是否采取多元化经营、一体化经营的程度高低以及是否加入食品安全认证体系对销售盈利能力并没有显著影响。对于资本盈利能力，一体化程度对资本盈利能力显著正影响，利润点驱动盈利模式、利润杠杆驱动盈利模式与利润屏障驱动盈利模式并无太大差别。

2. 非一体化价值链类型样本食品企业

安全认证对综合盈利能力具有显著负影响。单一经营战略在综合盈利能力方面表现较优。盈利模式有效性由高到低依次为利润点驱动盈利模式、利润屏障驱动盈利模式、利润杠杆驱动盈利模式。而食品企业所处价值链位置并没有显著相关性。单一经营在资产盈利能力中具有更优的表现。在资产盈利能力方面，盈利模式有效性由高到低依次为利润点驱动盈利模式、利润屏障驱动盈利模式、利润杠杆驱动盈利模式。而食品企业是否加入安全认证体系与资产盈利能力并没有显著相关性。对于成本控制盈利能力，利润点驱动盈利模式、利润杠杆驱动盈利模式与利润屏障驱动盈利模式并无太大差别。而食品企业是否采取多元化经营，是否加入食品安全认证体系以及食品企业所处价值链位置与成本控制盈利能力并没有显著相关性。在销售盈利能力中，多元经营表现要优于单一经营。在销售盈利能力方面，盈利模式有效性由高到低依次为利润点驱动盈利模式、利润杠杆驱动盈利模式、利润屏障驱动盈利模式。而食品企业是否加入食品安全认证体系以及所处价值链位置与销售盈利能力并没有显著相关性。单一经营在资本盈利能力中具有更优的表现。对于资本盈利能力，单一经营在资本盈利能力中具有更优的表现，利润点驱动盈利模式、利润杠杆驱动盈利模式与利润屏障驱动盈利模式并无太大差别。

为了保证本书实证分析结果的稳健性，本书选取 Tobin's Q 取代前文的综合盈利能力得分，重新进行检验，发现各主要变量的显著性未发生显著的变化，说明本章的研究结果通过了稳健性检验，支持了本书的主要结论。

6.5 本章小结

本章在相关理论分析与研究假设的基础上，对样本选择与数据来源、研究变量选取以及模型设定进行了详细的阐述。对研究样本进行描述性统计分析，建立了一体化样本回归模型以及非一体化样本回归模型，在前文分析每一种不同价值链类型盈利模式的薄弱环节的基础上，利用多元回归模型，进一步研究盈利模式对盈利能力的影响，从而进一步为优化盈利模式提供思路。

第 7 章
食品企业盈利模式的优化与创新

7.1 食品企业盈利模式优化、创新的目标与方向

7.1.1 理论分析

1. 价值链优化与创新

价值链优化有利于提升食品价值链产业竞争力,发挥资源优势实现可持续发展。安德鲁·哈里斯(Andren Harris, 2002)、布莱恩(Brian, 2005)等从财务视角分析了价值链整合。国内关于农产品价值链研究主要包括戴化勇(2004)提到的农产品价值链管理的协调性对利润的影响。张晓林等(2005)分析了价值链与创新链的融合。李红霞(2008)以共生理论为指导,分析了家乐福超市农产品价值链管理。汉斯(Hanse, 2008)将价值链与创新结合,提出创意开发、外部导入以及内部导入等关键价值活动。罗珀(Roper, 2008)分析了创新价值链的实质,认为商业价值由知识转化

而来。成元君等（2009）分析了价值链创新的影响因素。卡尔伯格（Karrberg，2010）分析了技术创新对价值链的影响。黄祖辉（2008）、侯茂章（2010）、金婷（2011）、高阔等（2012）分别从不同的农业产业领域研究了价值链理论优化。卞雅丽（2010）、薛捷（2010）讨论了价值链创新的路径。卜梅兰（2011）分析了价值链视角下农产品供应链一体化发展策略包括建立主导核心企业，以品牌整合产业链、价值链、供应链，建立长期有效的运行机制以及分配机制。于斌斌（2011）分析了通过创新构建产业集群体系。朱瑞博（2012）、邢超（2012）分析了创新链与产业链的融合。曹景等（2014）认为农产品价值链增值的有效途径包括推动紧密型利益联结机制、建立冷链物流发挥品牌效应等。许晖等（2014）发现价值链创新包括新价值链嵌入、深度嵌入以及上下游嵌入等。胡志伟（2014）分析了产业价值链与创新链的发展模式。

综上所述，价值链是增值链、信息链、知识链与协作链，其协同性、开放性以及网络化对区域基础竞争力具有提升作用。价值链的各部分相互制约、相互依存，具有增值性、循环性以及需求差异性。价值链具有资源整合效应、规模经济效应、技术创新效应以及空间交易的成本节约效应与市场竞争效应。随着信息技术和互联网的发展，行业之间的技术、业务、运作和市场联系与应用范围的扩大，使得产业链之间的联系越来越紧密。价值链应包含与供应商、顾客、消费者之外更广泛的团体共享价值的范畴。食品产业体系的核心环节是食品加工业，其上游产业是食品加工原料产业，下游产业是食品销售服务。上游产业农产品由数量供给型向价值增值型转变是必然趋势，现代农产品加工业随着市场化程度的提高，需要产业链价值提升，在协调产业链利益主体的基础上对食品价值链条进行优化，可以降低交易成本、提高国内外市场竞争力。食品价值链能否实现可持续发展，直接决定了食品企业盈利的可持续性。随着食品产业在国民经济中地位日益增强，食品企业价值链的优化势在必行。

2. 盈利模式优化与创新

中国企业的盈利模式大致可以分为四个阶段，分别为计划经济主导下的企业盈利模式，由计划经济向市场经济过渡的产品导向盈利模式，市场经济下市场导向盈利模式以及中国加入WTO后比较优势的企业盈利模式阶段。科学有效的盈利模式构建是企业市场竞争优势的法宝。周永亮（2001）认为盈利模式是以创造增长价值为目的的要素整合过程。张喆（2005）分析了企业维持持续盈利的枢纽。杨晓燕（2003）认为企业获得盈利的深层机制需要创新。余伟萍（2004）认为企业盈利模式的创新应结合生命周期。刘淑敏等（2005）认为盈利模式的创新应包括供应链协调、利润来源渠道与增值服务等。李振勇（2006）认为盈利模式评价的最终目的是企业的可持续发展。谭菁（2011）认为盈利模式差异化与创新性是其重要特点。王建华（2013）认为企业盈利模式创新的推动力包括市场消费不成熟与市场竞争激烈。赵国运（2012）认为企业盈利模式的制定必须从企业内外部环境出发。

综上所述，食品企业盈利模式优化与创新的发展趋势是建立产业长效盈利模式。近年来，发展中国家高附加值农产品出口增加，食品标准日益复杂，随着全球化食品安全、食品质量以及垂直协作水平的提高，也对食品价值链盈利模式发展提出了新的要求。中国食品供应链存在长而复杂、企业成熟度低、信息化水平低以及物流系统相对落后等问题，且面对采购风险、质量风险、协调风险、信息风险以及物流风险等不确定因素，需要采取控制食品供应链源头，培育核心企业，提高信息化水平等措施。在总体战略部署和内外部环境分析的基础下，系统性地对企业的财务活动进行谋划，不仅要关注企业个体利润的高低，而是要关注系统性、长期性、整体性价值链的价值增值，并且关注价值链上的资金流、物流与信息流。在战略指导下，企业获得利益回报和创造价值、培育核心竞争力的模式即为盈利模式，提高资产利用率与生产效率，实现长期盈利与长期价值增值。选择适合企业自身特质的盈利模式可以有效发挥企业的核心竞争力，发现价值链中的利润区域，是盈利模式价值链优化的标准。纵向价值链下战略优势包括降低企业的交易费用与成本，保障企业正常的生产与销售，在技术经济方面节约成本。横向价值链下的战略优势包括发挥经营管理上的协同效应，扩大企业产能，提高行业集中度。食品企业自身要素与盈利模式的匹配是选择的主要标准。盈利模式的创新是持续的过程，利润区域在价值链上是可以活动的，价值链分析管理是盈利模式持续性与稳定性的重要保障。有效的盈利模式既是企业持续经营的基础，又是企业核心竞争力的体现，企业竞争位势的决定因素。有效的盈利模式能够帮助企业克服行业固有的生命形态，取得持续稳定的盈利能力。盈利模式的实时评估是企业制定经营战略、保证所有者权益的重要参考。

3. 价值共享

波特与克莱默（Porter & Kramer，2011）认为一种企业的政策及营运方式是共享价值创造，它们在增强企业竞争力之余，还能改善企业所在社区的经济与社会环境。维伯温（Verboven，2011）认为共享价值创造不仅为股东创造价值还为利益相关者创造价值。皮尔森（Pirson，2012）认为共享价值创造是社会价值和财务价值的平衡。莱安德罗与奈菲法（Leandro & Neffa，2012）认为社会技术是共享价值创造的前提，即通过价值创造、创新和地区全力为大众解决问题并融入社会的方法。阿库斯（Aakhus，2012）指出共享价值创造是创造经济价值的同时，通过强调社会需求和挑战也为社会创造价值的一种方式。德赖弗（Driver，2012）认为共享价值创造是同时创造经济价值和社会价值的能力，共享价值创造在创造企业价值的同时增加了社会价值和环境价值。费恩等（Fearne et al.，2012）认为共享价值创造是价值链和社会相互受益的价值创造过程。马尔茨与史肯（Maltz & Schein，2012）认为共享价值创造是一种全球商业组织倡议，这一倡议在为股东创造价值的同时，也为企业所在社区创造价值。马尔茨（Maltz，2011）认为共享价值创造考虑了多个利益相关者的价值，而不仅只聚焦企业价值。巴甫洛维奇（Pavlovich，2014）认为共享价值创造是将社会需求和社区需求置于利润之前。莫扎德罗（Moczadlo，2015）认为除了环境、社会和经济目标，共享价值创造还应关注人权和消费者。申光龙等（2015）认为共享价值创造在为社会创造社会价值的同时也为企业创造经济价值。

从理论研究看，普遍认同共享价值创造源于对社会需求和环境需求的满足，但对共享价值创造满足哪些需求大致有两种观点：一种观点是广义需求观，这一观点将新产品投放市场，公平市场交易，通过价值分配而不是价值创造满足的需求都归属于共享价值创造满足的需求；另一种观点是狭义需求观，认为上述需求不是共享价值创造满足的需求，共享价值创造应聚焦人类基本需求的满足，强调通过共享价值创造满足收入增加、社会就业、社区经济发展和环境保护等基本需求。食品企业在创造价值增值的同时能帮助上游农产品生产者提升知识水平、生产技术和创新能力，帮助企业所在社区改善经济、生态与社会环境。更多的关注产业链协同创造社会价值，是满足共享价值创造狭义需求的典型代表性企业。食品产业关乎人民福祉，社会责任重大，而中国近几年仍常发生的食品安全事件，导致社会公众对食品产业的信任度在逐渐下降。因此，作为食品产业链主导者的食品企业，更应创新企业价值创造模式，协调好企业增值与利益相关者价值增加的关系，创造更多的共享价值，实现绿色发展、可持续发展。

7.1.2 优化目标

优化目标的设立遵循全面性导向、整体性导向、协调性导向以及突出优势环节导向。全面性导向，既要重视价值链的资金流，又不能忽视价值链的信息流、物流等方面。价值链优化过程中协同性原则是实现协同价值的重要方面。整体性导向，价值链的不同环节之间互相联系，互相影响，因此，价值链优化过程中整体性原则是实现整体价值性的重要方面。协调性导向，有效的协调机制有利于发挥价值链的整体竞争优势。突出优势环节导向，价值链环节并不均衡发展，突出价值链上具有竞争优势的环节，才能更好地实现价值增值。本书提出的食品企业盈利模式优化的目标为"共享、共生、共赢"。食品企业盈利模式优化思路如图7-1所示。

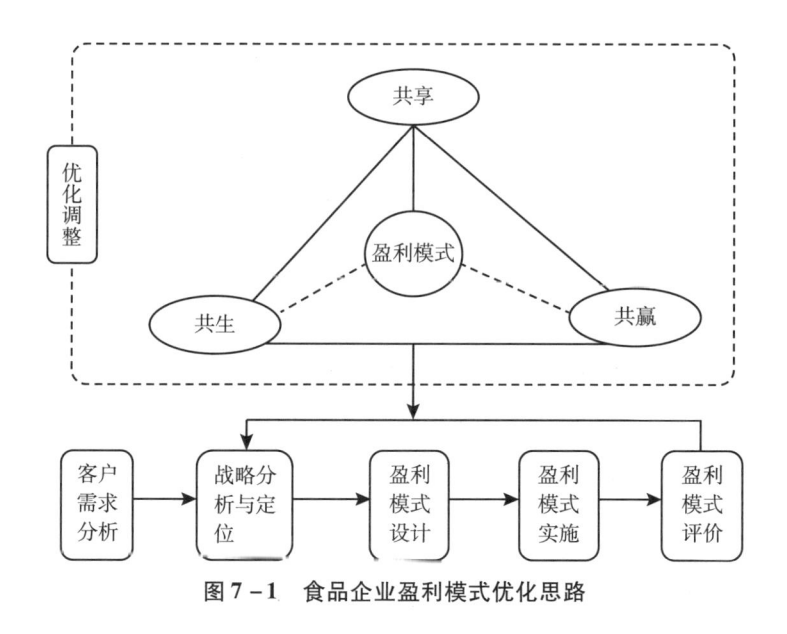

图 7-1 食品企业盈利模式优化思路

1. "共享"

食品价值链存在于生产者与消费者之间、政府与生产者之间、不同环节利益主体之间以及国际与国内市场之间的信息不对称。仅对盈利能力的衡量已经不能适应价值创造的新需求，还应拓展到更广泛利益相关者的环境价值和社会价值，通过创造共享价值实现企业可持续发展的盈利。作为产业活动的一种分工表达，产业链既是不同分工性质协作组织结构变化的结果，又是劳动生产率提高的结果。质量伦理塑造的外部措施包括提高与完善食品安全标准，鼓励食品和农产品的全产业链经营，构建产业链交易与结构，寻找新的利润增长点。而食品企业的上游源头以"农"为根，较多受到周期性、地域性以及季节性影响，盈利模式的选择是把双刃剑。企业在面对外部环境的差异以及内部资源禀赋结构的不同，企业盈利模式的选择也不是一成不变的，需要企业以促进价值链优化与企业增值为目标，不断进行调整与优化。企业在对盈利模式做出选择决策时，既要考虑抓住产业经营发展机遇，又要考虑避免多元经营与价值链延伸带来的负面效应。

2. "共生"

价值链共生系统包括共生单元、共生界面以及共生环境。共生单元是共生系统的基本单位，共生单元之间存在基本能量的交换和创造，其特征与性质存在差异性，食品产业价值链共生系统的共生单元主要包括不同价值链形式的企业。共生界面是共生单元的组织方式以及在价值链中的相对位置。共生环境是共生单元所处行业的整体生存发展环境，包括市场环境、自然环境和社会环境，如政府政策与市场监管行为等。价值创造是盈利模式优化的内在动因，新的盈利模式来自对价值链的分拆与整合。盈利模式优化应遵循一致性原则、协调性原则、在内部资源与外部资源不断变化的基础上，建立与之匹配的盈利模式，组织模式。有效、共生密度适中、共生环境正向是共生系统的基本标准。

3. "共赢"

食品行业内企业数量增多带来的竞争激烈程度加剧，盈利能力面临更大的不确定性，针对不同盈利模式的食品企业进行价值链优化，保持价值链的关键环节和战略，可以优化价值链，加快技术创新、增加经济效益，获得专业化优势和核心竞争力。企业根据自身的利润目标和能力，在价值链中各项活动的范围和边界以及产品价值链的长度形成了企业战略。价值链分析以价值链活动为基础，具有异质性与系统性。国家层面、产业层面以及企业层面都存在竞争力，产业价值链层面的因素、产业发展战略层面的因素以及区域集群层面的因素决定了具体的产业竞争力。以共同提升产业竞争力为目的，以产品或服务生产链实现创优增值的稳定合作关系为目的。横向产业价值链发挥区域功能，通过竞争力资源的聚集，达到提升产业竞争力的目的。在对每种价值链盈利模式进行分析的基础上，提出实施途径与风险防范机制，盈利模式的分析与优化过程也是价值链优化与组织创新的动态调整过程，产业链核心企业通过优化调整与协同，提高运作效率获得竞争优势，企业资本与知识的积累以及对资源的控制能力,是产业链整合边界与效果的决定因素,使产业链内企业形成合作共赢关系、交易成本节约与报酬递增效应最大化。

7.1.3 优化方向

(1) 实现盈利模式创新。盈利模式并不具有普遍适用性,需要食品企业对原有盈利模式的内涵对成本与价值两方面进行变革与调整。盈利模式创新体现在价值层面上,主要包括重构和创新价值创造和价值传递模式,并在重构过程中,获得更高的价值增值。通过改善企业的竞争优势使企业长期获利能力得到提高。盈利模式创新的特征包括全局性、可持续盈利性以及以模式或制度为载体。不同产业价值链环节以及同一产业价值链环节的不同时期,企业的盈利模式都不能一成不变,以价值创造为中心,围绕盈利源、盈利增长点、盈利屏障以及盈利措施的盈利模式价值链优化尤为重要。盈利模式决定企业处于无利润区、高利润区以及低利润区的位置。盈利模式的有效性是企业价值的决定性因素,有效的企业盈利模式,是企业在资源整合基础上的盈利能力,是企业销售能力、获取现金能力、成本控制能力以及风险回避能力的综合体现,也是投资者、经营者以及债权人利益诉求的集中反映。以产业价值链为视角,盈利模式的创新途径是纵向挖掘、跨界攫取以及横向挖掘,基于产业链发展方向,对可利用资源进行组合与优化,通过市场细分的协调,提高产业价值链的响应速度,改善价值获取能力。

(2) 把价值链理论移到盈利模式分析上就是核心企业与上下游企业协同创造价值的集成创新能力。将产业层次上运用价值链的分析方法,对价值组织进行研究属于产业价值链研究。产业价值链通过价值链的协调整合形成价值增值,决定了其产业链的竞争优势与经营战略。企业展开竞争与合作,以期提升自身在价值链中的位置,价值链的差异化是企业独特性和竞争优势的来源,随着企业内部价值链、竞争对手价值链以及行业价值链的发展，盈利模式在三维区域中不断变化，利用价值链分析与管理的方式，可以实现盈利模式的创新。盈利模式的选择还需要结合企业所处的生命周期考虑，大多自然垄断或者萌芽阶段的企业倾向技术主导型产业价值链，迅速成长阶段的企业倾向生产主导型产业价值链，产业重组或者优胜劣汰阶段的企业倾向于经营主导型产业价值链，再创新或者蜕变阶段的企业更倾向于产业升级的综合产业价值链。

（3）维持主体关系稳定及利益平衡，形成协同效应。构建有效的治理机制，内部组织的社会交换、商品交换以及知识交换关系，是供应链组织的有效治理形式。产业吸引力以及企业在产业中的相对低位决定了企业的盈利能力。由各种价值活动相互关联构成的价值链以价值为基础，价值链具有时间以及空间的差异性。从企业盈利模式角度出发，利用价值链管理理论与方法对价值链系统进行分析优化，通过价值链的整合与分解，实现价值链的再造，提升其在市场竞争中的竞争力。产业价值链具有宏观价值创造形式以及产生协同效应的特点。产业价值链的创新结构需要畅通的价值渠道以及灵活控制的价值联结点。价值链组织生成的根本原因是对分工经济的追求，共同行动与关系性专用资产投资是关系绩效的主要影响因素，因此加快分工深化、推进价值链关键节点发展以及培育有实力的价值链主体势在必行。价值链优化的目的是提高企业对价值元的控制力，价值元控制方式主要包括技术控制、能力控制以及资源控制。资源与技术的分工具有流动性，加大了市场的不确定性，因此，核心能力对企业价值链组织效率要求提高。现代企业价值链竞争已经由量式竞争向整合式竞争进行转变，企业通过对内外部环境的耦合，使企业的盈利模式与战略目标在价值链中得到统一。食品企业盈利模式优化方向如图7-2所示。

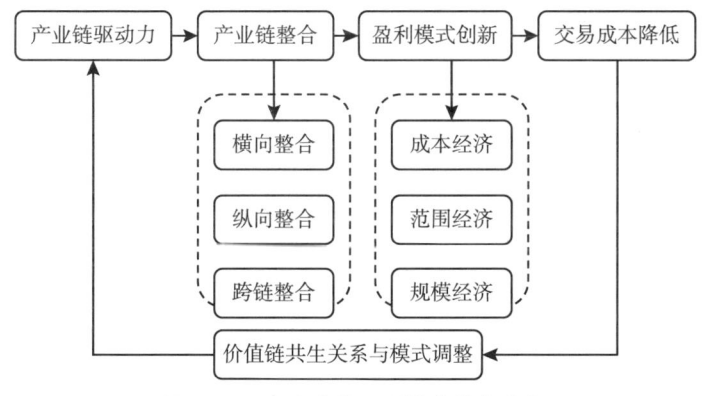

图 7-2 食品企业盈利模式优化方向

7.2 食品企业盈利模式的优化路径

盈利模式与价值链分析优化的关联性体现在盈利模式是企业战略层面基于自身优势与劣势基础上的选择，达到降低成本，提高竞争力的目的。在要素条件、利润水平、利润源差异基础上找出竞争战略的方向。

7.2.1 利润点驱动盈利模式优化

企业生存发展长期有效的保证，已经不能单靠原有传统的服务与产品来保证，以内外环境为基础，结合自身发展实时调整的盈利模式才是企业创造价值的源泉。利润点的源头是客户未被满足的需求，是企业实现价值最大化的起点，取决于产品和服务是否能吸引目标群体。企业在市场竞争中通过资源整合，在为客户提供价值的同时，获得持续性价值创造。价值链环节的替代关系使其具备差异化与不可复制性，协调与最优化是企业价值活动内在联系形成竞争优势的两种形式，也是增强企业竞争力的重要手段，价值链优化是企业内外部环境变化的必然要求。竞争优势来源于价值链之间活动的相互关系，盈利模式是包括利润点（企业获利的项目）、利润对象（目标客户范围）、利润屏障（防范竞争者措施）、利润杠杆（引起价值增值的营销策略）以及利润源（获取利润的渠道）、利润组织以及利润通道在内的有机动态系统。利润点是企业利润目标实现的出发点，利润点的源头是客户的需求与服务，利润点设计应考虑的条件包括企业的市场愿景，风险估算以及利润的差异性，以此利润点又可进一步划分基础利润点、期望利润点、附加利润点以及升级利润点。利润点是以企业价值最大化与客户价值最大化为目标，实现利润的基础。利润源是企业的目标市场，利润源又可以细分为潜在利润源、辅助利润源以及主要利润源三类，其重点是对客户群体的细分，基于利润源需求与偏好基础上的利润挖掘较易取得竞争优势。利润杠杆则是企业为客户创造价值的包括渠道模式与价值网络在内的系列活动。利润屏障是企业通过提供差异化产品或服务的策略选择。买方的购买标准与卖方的价值链是价值链差异化形成的基础，实现其差异化优势。利润通道是利润点、利润源、利润屏障以及利润杠杆的组织方式。利润组织是企业盈利模式稳定性保障的组织形式，其具有业务结构与商务结构双重属性。利润点驱动型盈利模式需要加大无形资产投入，形成产品的不可替代性。结合前文分析的不同价值链类型食品企业盈利模式优势竞争要素与薄弱环节，利润点获利型盈利模式优化策略如图7-3所示。

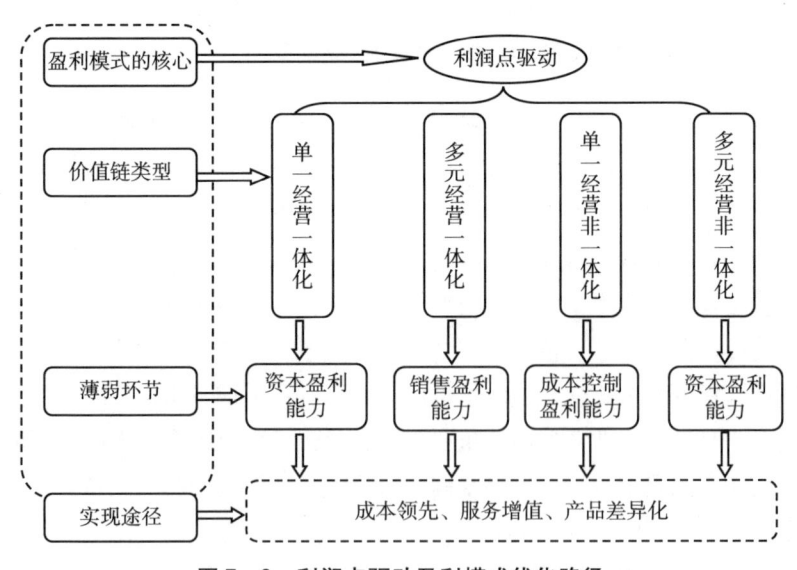

图7-3 利润点驱动盈利模式优化路径

7.2.2 利润杠杆驱动盈利模式优化

企业产品的结构种类，可以通过影响市场竞争力来影响企业经济效益水平，企业应充分分析自身优劣势，以顾客导向为目标研发适应市场需求的新产品，遵循产业结构，适应市场需求，在从原材料选取到制定市场营销策略的过程中不断优化产品结构，进而影响销售收入与成本费用，并最终影响企业盈利。国民经济质量可以通过产业结构反映，同理上市公司的发展潜力、价值以及盈利情况也通过产品结构体现，围绕经营活动展开的产品与服务的变动，关系到上市公司的全局。营销策略决定了企业营销能力，企业的营销策略包括分销渠道策略、产品策略、价格策略以及促销策略等，企业盈利的提高是各种策略综合协调的结果。产品的市场认可度与企业的营销能力是销售收入实现的关键，这就需要食品企业重视食品安全的需求特征与消费者行为。消费者对安全食品有更高的支付意愿，食品安全规制的实施效果受消费者对不同类型食品安全制度依赖程度影响。消费者的购买决策受到消费者食品安全支付意愿影响。人们获得效用满足的产品特征是食品的安全性，食品安全消费决策的理论依据包括风险决策，消费者对食品安全的要求具有动态变化的特征。产业链整合以提高产业链运作效率为目的，对产业链环节中的企业进行调整与优化，企业竞争优势提升，产业链整合的目的是价值共享，使报酬递增效应与交易成本节约最大化。提高资产周转率，合理市场定位、加大科技投入、注重品牌效应。通过有效的生产方式与营销策略，为顾客创造价值的同时实现盈利。结合前文分析的不同价值链类型食品企业盈利模式优势竞争要素与薄弱环节，利润杠杆获利型盈利模式优化策略如图7-4所示。

```
┌─────────────────────────────────────────────────────────────┐
│  盈利模式的核心  ──────────▶  利润杠杆驱动                    │
│                                ┌──┬──┬──┬──┐                │
│  价值链类型   ──▶  单一经营  多元经营  单一经营  多元经营    │
│                    一体化    一体化    非一体化  非一体化    │
│                      │         │         │         │        │
│  薄弱环节   ──▶   资本盈利  成本控制、 销售盈利  资本盈利    │
│                    能力    销售盈利   能力      能力         │
│                              能力                            │
│                      │         │         │         │        │
│  实现途径   ──▶     规模渠道、消费体验、专卖突破             │
└─────────────────────────────────────────────────────────────┘
```

图 7-4 利润杠杆驱动盈利模式优化路径

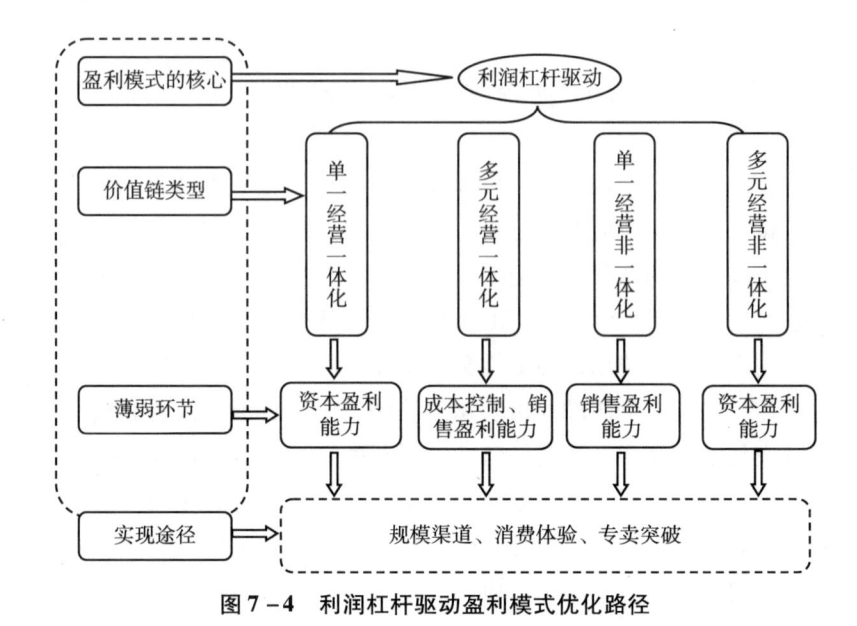

7.2.3 利润屏障驱动盈利模式优化

有效的盈利模式具有显著增值性、整合性、延展性与异质性的特征。利润屏障是企业采取一系列保护自身利润与市场的措施。合理搭配负债比例，避免债务风险，优化资本结构，避免盲目多元化、合理规划投资。盈利模式是以客户需求为导向内在联系的结构，关注资源的产出效率，是核心竞争力的动态体现形式，食品价值链管理是以主体企业为核心，整合要素协调价值链环节，在识别零附加值与低附加值以及高附加值的基础上，关注价值链上共生利益诉求，强化高附加值环节，减少低附加值和零附加值环节，推动价值链的持续发展。组织模式有效、共生密度适中、共生环境正向是共生系统的基本标准，价值链设计与核心能力的运用是企业盈利与否的关键。盈利模式从产业价值链角度看包括顾客价值认识、产业链上定位以及资源整合等内容。通过产业价值链明确目标客户、分析与合作伙伴的关系以及找准定位。顾客对产品的消费是企业价值链价值最终得以实现的途径，买方创造价值的差异化通过价值链形式得以体现。消费者对产品需求与企业对产品供给之间偏差越小时,企业实现的价值就会越大。选准目标市场,避免盲目决策,通过内部成长与外部成长两种形式,实现优势整合,达到 1+1>2 的效果,适时调整企业规模,采取合理资本结构,提高企业竞争力与运行效率,优化价值链,突出增值环节,增强利润屏障。结合前文分析的不同价值链类型食品企业盈利模式优势竞争要素与薄弱环节,利润屏障驱动盈利模式优化策略如图 7-5 所示。

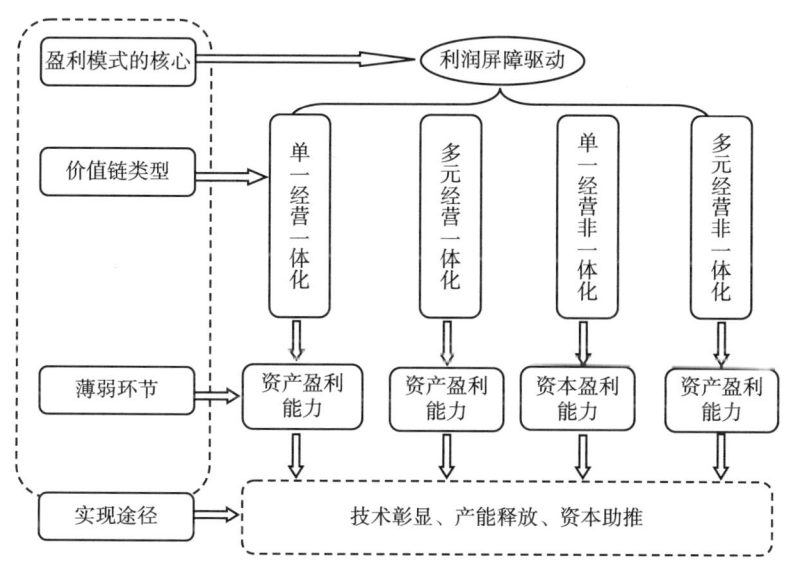

图 7-5 利润屏障驱动盈利模式优化路径

7.3 食品企业盈利模式的创新与发展

7.3.1 中国食品谷发展思路启示

1. 中国食品谷①简介

山东省非上市食品企业 892 家,白酒、葡萄酒、啤酒 28 家,

---

① 本书关于中国食品谷的资料,通过中国食品谷网站 http://www.zgspg.com 搜集并整理。

占比3%，农产品356家，占比40%，食品饮料96家，占比11%，食品加工与肉类412家，占比46%。数量占比由高到低依次为潍坊14.01%，青岛12.89%，德州10.43%，临沂9.64%，菏泽9.19%，济南8.74%，烟台6.50%，聊城5.94%，滨州5.38%，泰安4.82%，济宁4.15%，东营2.69%，淄博1.79%，威海1.79%，日照1.79%，莱芜0.22%。成立时间在2000年之前的有230家，占比26%，潍坊市在整体数量上居于全省首位。潍坊市是农业大市，禽肉出口量占全国1/8，山东省1/3，出口到全球各个地区的农副产品加工品多达1300多种，潍坊市的重点农业龙头企业位居山东省首位，蔬菜出口量为全国的1/10，潍坊市采用农药安全监管信息追溯系统，经销网点全部信息化管理。形成产业品牌、地域品牌、产品品牌、企业品牌、节会品牌五位一体。截至2017年1月，潍坊市共有农业领域中国驰名商标13件，山东省著名商标90件，"三品一标"认证1608个，寿光菜博会、昌邑绿博会以及青州花博会等全国性节会品牌。作为潍坊市的传统优势产业，潍坊市已经初步形成了以粮食果蔬、畜禽屠宰肉类加工为主门类齐全的产业体系，并且形成了区域配套鲜明，核心功能突出，龙头企业强，市场覆盖广的鲜明体系。2014年潍坊市规模以上食品企业517家，实现主营业务收入1625亿元，占山东省的10%，其中主营业务收入过亿的龙头企业282家，全国农业产业化龙头企业11家，山东省农业产业化龙头企业73家，出口120多个国家与地区500余种食品，2014年出口交货值占山东省1/6，食品加工业逐渐向全产业链纵深发展。2015年实现主营业务收入1661亿元，山东省第四位。

中国食品谷以打造高端绿色食品生产基地，促进食品产业转型升级为目标，打造以食品加工业为核心，农业、物流、研发等多领域协同发展的现代产业体系。成为面向全省、辐射全国、走出亚洲、走向世界的"食品硅谷"。现代化消费市场变得更加注重食品安全与健康品质，中国食品谷从供给侧结构改革出发，打造的引领食品产业转型、高端要素聚集涵盖全产业链，三产融合的综合平台，定位为"食品硅谷"。2016年成功举办以"食品与农业创新"为主题的国际食品峰会，促进产业转型，提升健康生活质量，形成"重品牌、重安全"以农产品到餐桌全过程安全控制闭环体，同时带动农村产权制度改革。实现现代农业与高端食品产业的转型突破，潍坊市为建设国家食品安全区，推动食品产业转型升级，2012年8月，提出规划并进行建设。其核心构成为"一核，五区，多点，五中心"，"一核"为以寒亭区为中心的核心区，此区域为胶东半岛高端产业聚集区，黄河三角洲高效生态经济区以及山东半岛蓝色经济区的"三区重叠带"，区位优势明显，交通便捷。"五区"包括港口经济食品产业园、寿光蔬菜种子谷、昌乐诸城肉食品加工基地、峡山有机农产品加工基地以及安丘出口农产品标准化基地。"多点"即涵盖农、工、商全产业链的现代农业，食品加工与流通园区并存，具有农产品冷链物流体系与大宗农产品现代化仓储物流功能。"五中心"包括食品产业交流中心、食品产业物流交易中心、高端食品总部中心、检验检疫中心、食品产业发展与创新研发中心。是国家"一带一路"重点建设项目，山东省"十三五"规划重点项目，国家农业部第二批农业产业化示范基地。

中国食品谷发展目标，以食品安全为生命线，推进科技创新，培育龙头企业，延伸产业链条，借智借力强化品牌战略与联盟作用，优化产业生态，形成制度创新与对外开放的食品产业转型发展的综合平台与高端要素聚集区。打造包括食品产业创业中心、配送物流中心、人力资源中心、展示交易中心、生活配套服务中心、专业服务中心、检验检测和认证中心以及品牌运营中心在内的八大中心，搭建包括研发孵化平台、综合交易平台、电子商务平台、仓储物流平台、综合服务平台以及检验检测认证平台在内的六大平台，其中食品安全体系建设在整个平台中起并联与整合节点项目的作用。其仓储物流平台集货源组织、保鲜配送、城际运输、目的地分销于一体，以品牌创新带动食品及农产品实现优质优价。立足于潍坊市丰富的农产品资源构建特色园区。主要包括诸城"山东省新型工业化示范基地（食品）建设"、安丘食品（农产品）加工出口基地建设，实现信息、技术、设备共建共享，创新经营模式、带动产业发展，提升基地品牌价值，实现传统食品产业与新兴电子商务深度融合的产业链，实现产业集群发展。

潍坊市以延伸补强产业链为主线，以市场为导向，以"互联网＋"为突破口，利用农副产品资源优势形成企业规模大型化、产品结构多元化、产业形式基地化、品种档次高端化、生产技术高新化的发展方向。中国食品谷以核心突出、功能完善、品牌影响力强，园区配套以及体系完整的发展格局，实现食品产业转型升级，拟实现2020年主营业务收入突破2500亿元的发展目标，完善食品产业链，优化食品产业结构，打造具有国际影响力的产业聚集区。大力发展作为产业重要支撑的龙头企业，以食品安全体系为切入点，提高信息化应用水平，创新生产工艺，提升品牌影响力，培育和发展"食安潍坊"品牌。创新营销模式，多渠道开发国际、国内市场，推进跨境电子商务便利化。以大数据技术与"互联网＋"两化融合助推产业转型升级。推进信息技术广泛应用，建设食品可追溯体系，提升产业配套服务能力，组建包括潍坊市肉鸡产品出口产业联盟、速冻调理方便食品产业联盟、安丘蔬菜出口产业联盟、玉米淀粉深加工产业联盟、潍坊白酒产业联盟在内的食品产业联盟。通过建设食品产业创客中心、组织开展协同创新、建设企业创新平台提高自主创新能力，推广高附加值食品产品以及概念性食品为主的概念性食品，加速提升产业综合竞争力。开展食品领域国际合作交流，实施"走出去"战略，推动食品产业国际化。

2. 发展思路启示

（1）推动共享机制。实行包括农民创业培训合格证书、农业企业准入证书以及农产品质量安全监管的农业经营准入制度，实行行业协会联盟制，实现个体权益的行业维护以及市场信息的通畅共享。中国食品产业纵向联合与供给链管理的意义包括增强中国食品农产品在国内外市场的竞争力,适应消费市场变化满足农业技术创新需要以及促进中国食品产业组织和物流业的变化。应提高食品产业各环节集中度,完善组织与分配机制,改革宏观管理体制,协调国内外供给链,壮大龙头企业。企业为客户创造的超过成本的价值是其竞争优势的根源,竞争优势体现为差异化与成本领先两种形式。通过整合价值链的优势环节获取持续竞争力。构建合理的产业组织模式,加强包括投资政策、税收政策、企业政策以及金融政策在内的产业政策支持,加强行业协会的建设,产业价值链需要发挥协调性,实现各利益主体的协同,健全价值链协调机制。

(2) 发挥"互联网+"。"互联网+"作为食品安全的捍卫者,构建食品安全保护网,建立从产地环境质量监测、生产过程管理、产品质量检测到包装运输的可追溯性数据库,建立社会化合作平台,发挥社会监督的保障力量,保障食品安全质量。食品企业应在"互联网+"背景下,提高科技成果转化,完善产业链重要环节,进而促进产业调整以及国民经济增效升级。"互联网+"在品牌宣传、营销服务体系建设以及促进境外合作方面都将发挥积极有效的作用。推动工业化与信息化的两化融合,全面优化行业结构,包括布局结构、产品结构、组织结构以及技术结构等。"互联网+"在食品企业中体现出开放性、高效性、竞争性以及高投入性特征,能够降低生产成本,促进价值增值,提高食品安全保障。构建食品安全信息平台与食品安全信用体系,完善食品安全规制体系,增强监管部门执法力度、提高消费者食品安全认知水平,重视社会组织的监督作用,鼓励企业承担社会责任,完善可追溯体系进行食品安全认证。建立食品安全治理网络平台实现多元主体参与。产业链运行效率会随着消费者需求信息的快速流通而提高。以实现整链利益为前提,建立信息共享,强化协调机制。

(3) 发挥"标准化+"。习近平总书记2015年11月首次提出"加强供给侧结构性改革,增强经济持续增长动力"。以标准化推动食品企业供给侧改革是大势所趋。2015年12月30日,国务院办公厅发布《国家标准化体系建设发展规划（2016－2020 年）》，旨在通过"标准化＋"的发展，为经济社会发展提供技术支持。中国食品产业需求侧特征主要包括进口食品消费能力持续增强、食品走向互联网时代以及高健康、高品质的食品需求大幅增加。根据国家统计局有关资料显示，中国进口食品年均增长速度近五年在 15% 左右，美国食品加工业协会预测中国在 2018 年将成为全球最大进口食品消费国。食品电子商务具有产品多样化、便携度强以及成本低的优势，促进了食品消费模式发生改变。食品产业供给侧特征主要体现为高品质产品供应不足，低品质产品过剩。追溯系统则是披露食品信息的有效途径，可追溯性激励企业增加努力程度，对供应链上下游企业利润影响不同。促进企业合理竞争，形成大中小并存的竞争性市场结构。健全产品质量控制体系与行业标准，构建合理的进入壁垒，完善市场的退出机制，保持潜在的市场竞争力，促进产业资本与金融资本融合，推动价值链、产业链与创新链的融合。

7.3.2 小农户与现代农业经营主体利益共享机制思考

2018 年中央一号文件《关于实施乡村振兴战略的意见》提出要促进小农户和现代农业发展有机衔接。十九大报告又提出实施乡村振兴战略，小农户与现代农业发展有机衔接是乡村振兴战略实施的关键因素。小农户是生产资料与劳动所得均归自己所有的一种经营形式，小农户生产具有因地制宜的灵活性与精细化生产等优点，长久以来发挥着重要的社会保障功能。由于农民非农收入增加，土地流转费用上涨等因素限制了农业规模化生产经营，因此小农户仍然是未来我国农业生产经营的主要组织形式。小农户采取家庭经营方式，在农产品供应链上处于弱势地位，农业现代化背景下分散经营的弊端日益显现，小农户在现代农业发展中具有一定的局限性，这种局限性体现在信息获取、融资以及农产品销售等多个方面，小农户经营分散，规模小，劳动力老龄化，信息交流与合作不足，交易成本高，要素投入不足，不能利用互联网与新型种养技术优势，无法应对市场风险，处于产业链的最低端，致使其缺乏市场竞争优势。现代农业具有产业化、科技化、工业化与市场化的特征，随着时代变化，小农户的理论内涵也发生了改变。小农户应当充分把握当地政府的激励机制与补贴政策，保持农业生产中的主体地位，形成生产、加工、流通相结合，利益共享与风险共担的模式。

小农户与现代农业经营主体衔接的利益共享模式主要包括：(1) 小农户+龙头企业利益共享模式。这种模式下龙头企业给小农户制定生产标准，提供设施技术服务并收购农产品，小农户与龙头企业签订产销合同进而形成小农户与企业的利益共享。由龙头企业提供资金与技术进而形成小农户与龙头企业的利益共享，龙头企业还可以将小农户的生产要素入股，通过定期分红的形式形成小农户与企业的利益共享。(2) 小农户+专业合作社利益共享模式。这种模式下农业产业化经营组织对小农户的发展具有引导与带动作用，也是小农户与龙头企业连接的纽带，可以促使小农户产品适销对路，降低小农户的生产资料成本。(3) 小农户+专业合作社/养殖协会+龙头企业利益共享模式。这种模式依靠龙头企业与专业合作社或者养殖协会之间存在的稳定合作关系，降低农产品的销售成本，提高农业产业化效率。(4) 小农户+种养大户/家庭农场+示范基地/合作社+龙头企业利益共享模式。这种模式下小农户通过签订合同的形式将土地租赁给家庭农场、种养大户等中介组织，中介组织通过示范基地或者合作社与龙头企业合作，龙头企业通过技术与资本引领，实现生产要素聚集，形成创新合力。

政府要创造发展环境培育新型经营主体，将小农户嵌入现代产业链与产业体系。提升服务效率，健全农业社会化服务体系，加大对农业社会化服务体系的金融与财税支持。发展规模经营，提高农民组织化水平，促进小农户生产转型。实现政府引导，社会资本与金融资本共同投入，完善生产与服务环节，优化小农户发展的经营环境。加强农业保障体系建设，丰富农业保险品种，增强小农户风险防范意识，构建有效的契约组织形式。充分发挥农业技术推广体系的作用，通过规模化与标准化的市场经营，促进农业产业化效率提升。优化农产品供应链，通过源头控制与全程监管提升农产品质量，提高农产品附加值。以农户为中心，构建科学合理的农产品供应链合作利益分配体系，使供应链合作利益实现最大化。整合服务组织载体，协调利益机制，加快培训新型职业农民，提升小农户在农业全产业链中的参与程度，实现可持续发展以及小农户与现代农业发展的有机衔接，分享产业一体化的利益。

7.3.3 价值共享型盈利模式

1. 以创造共享价值为核心驱动因素

价值链环节是企业活动的基本元素，由不同企业完成产品生产，分解价值链的过程为价值链分工，而分工的效益存在效率差异，企业内部价值链逐渐向产业链转化，产业价值链创造存在价值创造不均衡的"微笑曲线"现象，将企业价值链进行创新联结进而形成产业链。随着社会制度变迁、企业竞争发展以及企业间协同的发展，现代价值链分工不断发展。劳动力、技术与管理以及能源是分工资源的主要要素，价值链分工促进经济发展以及深度的经济合作，但同时也带来了各国发展的不平衡，产业结构也随着知识分工的变化而变化，分工的边界由产业层面定位于价值链层面。企业作为经营主体，其经济目标创造经济价值、企业价值最大化，依然是最重要的经营目标。从而，食品企业价值共享创造如何提高企业价值是食品企业经营管理者在价值共享创造过程中关注的重点。竞争优势可以在企业价值共享创造中获取，竞争优势又可以带来企业价值的提升。然而，食品企业价值共享创造带来的竞争优势又会因为利益相关者不同需求层次满意度的不同而不同。从而，食品企业价值共享创造如何通过竞争优势影响企业价值，反映利益相关者不同需求层次满意度的社会价值环境价值的提升在这一过程中发挥了怎样的作用。价值共享创造将社会价值、环境价值和经济价值统一在同一框架中，从而价值共享这一概念将企业创造社会价值、环境价值的社会目标和创造经济价值的经济目标融合，反映价值共享创造的结果。

2. 组织模式有效、共生密度适中、共生环境正向

食品是人类生存和发展不可替代的必需品，食品的生产和供给不仅是一个重大的经济问题，也是一个重大的政治和社会问题。食品供应链的价值共享创造也更显重要。例如为农户提供免费的技术培训，在满足农户技术需求的同时提高农产品的产量和质量，进而保障食品企业原材料的供应和产品质量；在整个产业价值链建立食品安全追溯系统，在满足顾客对食品质量与安全需求的同时提高食品企业自身经营管理的控制；带动当地产业链发展，在满足社区居民就业和收入增长需求的同时迅速形成集供产销一体的产业生态圈；进行绿色种植和绿色养殖，在满足减少环境污染需求的同时保障企业食品质量需求（减少有害物质残留）。因此，食品企业的价值共享创造行为较其他行业有其特殊性和典型性，食品企业比其他行业更应践行价值共享创造理念。食品安全是盈利模式创新的外部压力。提高产业链价值，满足政府及消费者需求，促进产业链利益主体降低交易费用，获得协同效应，促进区域经济发展。提升品牌竞争力进而提高产业差别化进入壁垒，加强质量安全建设，增强国际竞争力。企业的短期行为，如原料污染、设备落后、安全意识淡薄以及外部监管制度的缺失都是造成食品企业社会责任缺失的原因。食品企业社会责任缺失的内部原因包括食品企业在承担相应社会责任方面能力薄弱、在经营过程中缺乏诚信理念。外部原因主要包括监管体制不够完善以及相关法律法规不够健全。中国应完善食品召回制度，强化产品安全责任培训，加强政府监管力度，积极发挥食品生产协会以及消费者协会的组织监督作用，充分发挥社会公众、媒体等在舆论监督方面的作用。食品企业信息披露重点应针对信息传递渠道不畅、信息识别能力不足以及信息监督不完善等方面。评价价值链创造顾客价值，使企业认清在市场竞争中的位置，是识别企业价值链优势环节的实质。增强互补效应，实施战略定位，促进畅通共生界面形成，强化对"共生关系"的激励，提供政策支持、完善信息平台、健全农产品质量标准体系。

3. 资金流、信息流、物流三元融合，具备价值增值能力的共生能量

食品企业与其利益相关者共享价值创造，与工农业、城乡统筹发展等国家层面的重大战略紧密关联。尤其是作为食品产业链主导者的食品企业，多为食品工商业或者农业综合企业，研究这些企业共享价值创造的实现方式、产生结果和结果受益人，制定和完善中国第一、第二、第三产业深度融合和协调发展的政策，具有极其重要的意义。实际上，2016年中央一号文件就提出了促进"农村一二三产业深度融合"，"推进产业链整合和价值链提升"，"让农民共享产业融合发展的增值收益"等战略举措，2017年中央一号文件则进一步提出了"拓展农业产业链价值链"，"夯实农村共享发展基础"等新举措，而食品企业共享价值的创造无疑契合了这样一个政策取向。"创新、协调、绿色、开放、共享"是中国新时期经济社会发展所秉持的新理念，当然也是食品产业链可持续发展的必然选择。食品产业链由农业生产、食品加工、食品流通和食品零售等组成，涉及农、工、商、物流等多个产业组织，产业链上各组织之间的活动联系紧密，环环相扣。食品产业链上有生产资料企业、农户或者农业企业、食品加工企业、商业企业和物流企业、食品消费者等众多利益相关者，食品企业要获得可持续竞争优势，实现企业价值增值，必须强化"共享"意识，创新价值创造模式，关注全产业链上利益相关者的价值共享。食品企业要获得可持续竞争优势的来源，实现企业价值增值，必须强化"共享"意识，创新价值创造模式，关注全产业链上各利益相关者的价值共享。食品行业物流方面特点包括食品原料生产周期长,保质时间短,周转期短以及自然环境依赖性强等。信息流方面特点包括数据量大、有效期短以及信息传递环节多等特点。资金流方面存在节点地位差异大、资金周转速度要求高以及运输成本高等特点。

在冗长的食品产业链中,农业生产(或称农产品生产)是产业链的基础,在温饱阶段,它通常是整个食品产业链的主导者,食品加工业尤其是深加工居于次要地位。然而,随着人们食品消费水平的提高和转型,直接食用农产品比重的逐渐下降,加之农业生产的小规模、分散化,缺乏竞争,使得食品加工企业以及食品流通企业日渐成为食品产业链的主导者,成为食品产业链上的龙头企业。从现实看,食品企业中有很多是"既农又工也商"的食品(农业)综合企业(綦好东,2014),它们在食品产业链中发挥着更为强大的主导地位,同时也承担着更多的社会责任,承载着更多的社会期待。食品企业共享价值创造的实现方式、产生结果和结果受益人有其典型性。从实现方式看,食品产业链是最为完整的价值链条,具有自然再生产和经济再生产相互交织的产业特点;从产生结果看,食品产业至关食品安全和公众健康,关乎农民增收、社会就业、环境保护和社区发展;从结果受益人看,食品产业链上的利益相关者众多,有生产资料企业、农户或者农业企业、食品加工企业、商业企业和物流企业、食品消费者。不同食品企业共享价值创造关注的社会问题不同,对相同社会问题不同食品企业也会制定不同的战略决策和经营策略,进而形成各具特色的共享价值创造行为特征。食品企业间竞争激烈,产品具有较高的可替代性,不断发现竞争优势的新源泉是食品企业保持可持续发展的关键。食品企业在创造社会价值的同时,也为食品企业创造经济价值,从而增强自身竞争优势,最终实现企业价值的提升。这既是满足社会需求,履行社会责任的最佳方式,也是实现食品企业提升可持续竞争优势的最佳路径。价值共享型盈利模式构建如图7-6所示。

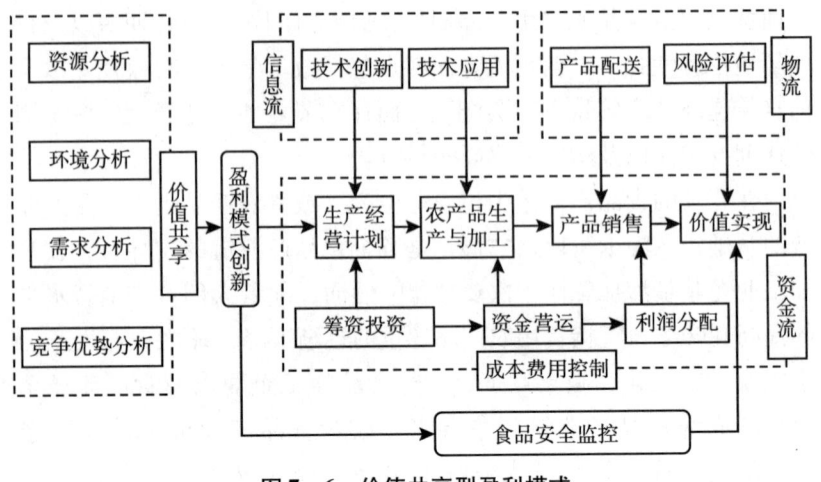

图 7–6　价值共享型盈利模式

7.4　本章小结

本章首先提出了优化目标与方向。进一步提出了利润点驱动盈利模式、利润杠杆驱动盈利模式以及利润屏障驱动盈利模式的优化路径，结合中国食品谷的资料，分析了价值共享型盈利模式的运行机制。在系统分析食品企业盈利模式演化趋势的基础上，以"共生、共赢、共享"为优化目标，构建以创造共享价值作为核心驱动因素的价值共享型盈利模式。

第 8 章
结论、政策建议与研究展望

8.1 研究结论

价值链模式很大程度决定着产业链的价值增值，是产业链更深层含义竞争优势与经营战略的体现。本文结合价值链理论、共生理论、产业分工与协作理论等，本文选择不同价值链类型食品企业盈利模式为研究对象，对不同价值链特征的盈利模式进行分类评价，分析优势竞争要素以及劣势竞争要素。探讨食品企业盈利模式机制优化路径以及实施过程中的相关策略。本书采用规范分析方法、实证分析方法以及比较分析方法等，在界定盈利模式、产业价值链等重要范畴的基础上，从产业价值链视角，以产业活动作为价值活动要素，研究食品企业的盈利模式。在理论上推动价值链理论和方法在食品行业中的应用，充实了中国有关食品价值链相关研究理论和研究方法。在实践上为食品企业重新认识价值、重组价值链以及创新盈利模式，为促进食品产业价值链创造共享价值，实现可持续发展提供政策制定的理论依据和政策参考。本书的研究结论主要包括以下方面：

1. 构建了以价值链理论为视角的盈利模式分类体系

在梳理国内外学者对价值链理论以及盈利模式理论相关文献的基础上，对食品企业盈利模式进行了定义。本书将食品企业盈利模式定义为以价值创造为目的，包括资金流、服务流与信息流在内的业务经营模式，其具备利润导向性、动态创新性以及竞争优势性的特征，即"盈利要素的价值匹配度"。利用杜邦分析法对食品企业盈利模式进行了分类，将其分为"单一经营一体化价值链利润点驱动"盈利模式、"单一经营一体化价值链利润杠杆驱动"盈利模式、"单一经营一体化价值链利润屏障驱动"盈利模式、"多元经营一体化价值链利润点驱动"盈利模式、"多元经营一体化价值链利润杠杆驱动"盈利模式、"多元经营一体化价值链利润屏障驱动"盈利模式、"单一经营非一体化价值链利润点驱动"盈利模式、"单一经营非一体化价值链利润杠杆驱动"盈利模式、"单一经营非一体化价值链利润屏障驱动"盈利模式、"多元经营非一体化价值链利润点驱动"盈利模式、"多元经营非一体化价值链利润杠杆驱动"盈利模式、"多元经营非一体化价值链利润屏障驱动"盈利模式等十二种盈利模式。

2. 不同价值链类型食品企业盈利模式优势竞争要素与薄弱环节

单一经营一体化价值链利润点驱动盈利模式盈利表现最优的是成本控制盈利能力与销售盈利能力，薄弱环节为资本盈利能力。多元经营一体化价值链利润点驱动盈利模式盈利表现最优的是资本盈利能力，薄弱环节为销售盈利能力。单一经营非一体化价值链利润点驱动盈利模式盈利表现最优的是资产盈利能力，薄弱环节为成本控制盈利能力。多元经营非一体化价值链利润点驱动盈利模式盈利表现最优的是销售盈利能力，薄弱环节为资本盈利能力。单一经营一体化价值链利润杠杆驱动盈利模式盈利表现最优的是成本控制盈利能力，薄弱环节为资产盈利能力。多元经营一体化价值链利润杠杆驱动盈利模式盈利表现相对于其他盈利模式来讲较差，薄弱环节为成本控制盈利能力与销售盈利能力。单一经营非一体化价值链利润杠杆驱动盈利模式盈利表现最优的是资产盈利能力，薄弱环节为销售盈利能力。多元经营非一体化价值链利润杠杆驱动盈利模式盈利表现最优的是销售盈利能力，薄弱环节为资本盈利能力。单一经营一体化价值链利润屏障驱动盈利模式盈利表现最优的是资本盈利能力，薄弱环节为资产盈利能力。多元经营一体化价值链利润屏障驱动盈利模式盈利表现最优的是成本控制盈利能力，薄弱环节为销售盈利能力与资产盈利能力。单一经营非一体化价值链利润屏障驱动盈利模式盈利表现最优的是成本控制盈利能力，薄弱环节为资本盈利能力。多元经营非一体化价值链利润屏障驱动盈利模式盈利表现较优的是资本盈利能力与销售盈利能力，薄弱环节为成本控制盈利能力与资产盈利能力。

3. 不同价值链类型食品企业盈利模式对盈利能力影响的定量关系

安全认证对非一体化价值链类型食品企业综合盈利能力具有显著负影响。中国食品企业加入安全认证的时间较短，较高的成本在短期内影响收益，而未能体现其给收益带来的长期有益效应。加之中国目前食品安全监管还存在一些弊端以及消费者的消费认知水平有限等因素，加入食品安全认证的食品企业在短期内并没有体现出盈利上的优势。单一经营战略在非一体化价值链类型食品企业综合盈利能力方面表现较优。非一体化价值链类型食品企业盈利模式有效性由高到低依次为利润点驱动盈利模式、利润屏障驱动盈利模式、利润杠杆驱动盈利模式。非一体化价值链类型食品企业所处价值链位置并没有显著影响。一体化程度对一体化价值链类型食品企业综合盈利能力具有显著正向影响。一体化价值链类型样本食品企业盈利模式有效性由高到低依次为利润点驱动盈利模式、利润屏障驱动盈利模式、利润杠杆驱动盈利模式。而是否采取多元化经营，是否加入食品安全认证对一体化价值链类型食品企业综合盈利能力没有显著影响。

4. 价值共享型盈利模式的构建

价值链视角下，食品企业盈利模式应以"共生、共赢、共享"为目标，结合企业自身的资源禀赋以及所处的经营环境，分析自身盈利模式，发现可以进入的利润区，确定适合自身的战略控制点。在不同类型盈利模式优化的基础上，构建以创造共享价值作为核心驱动因素的价值共享型盈利模式。

8.2 政策建议

8.2.1 微观层面

1. 提高盈利要素的核心竞争力

食品企业在优化内部价值链的同时，通过与其他环节相关企业的紧密合作与高度协同，获得核心竞争力与专业化优势。企业获取差异化竞争优势，应立足于顾客价值实现，核心能力是企业获取竞争优势的本质，自然禀赋的差异以及生产要素分布的不均衡，食品加工业的规模经济呈现一定的地域性。由于经济活动的多元化以及资源的依赖性，企业通过价值链整合在降低交易成本的同时追求价值增值。通过名牌效应扩大国际市场影响力，提升企业管理效率，通过品牌建设获得长远发展。食品行业、食品以及食品消费，构成了食品行业的三元结构，完善企业的投资制度、生产组织制度与技术管理制度等。完善治理机制与培育机制，加强企业主体自治，树立多元主体合作观念。调整资本结构，优化资源配置，提高资产周转率，分散运行风险，控制企业成本费用，提高利润率优化产品结构，以产业链延伸为着力点，以技术创新为保障，深化加工层次，实现经济规模扩张。通过食品行业发展促进农业的市场关联效应。

以市场需求为导向，发挥区域比较优势。以产品经营基础发展产业经营。促进投资主体多元化。

2. 提高盈利要素的国际竞争力

经济全球化浪潮下，食品贸易竞争日益激烈，企业竞争范围扩大、规则变动频繁以及竞争对手增多，食品加工业走向经营国际化、产业聚集化以及生产现代化。运用现代工业的理念发展农业，树立现代食品产业发展的安全绿色的新理念，突破传统的部门与地域分隔是其发展的新趋势。食品加工业现代化也推动了农产品生产结构与生产方式的转变，促进农业产业化的发展，同时食品安全问题也对现代农业提出更高要求。食品加工业面临的机遇主要包括现代农业发展为其提供了原料保障，科学技术发展为其提供智力支持，国家的重视为其提供政策支撑，消费需求增长为食品加工业发展提供动力。发展机遇的同时也面临挑战，主要包括食品安全事故发生要求其完善质量监管体系建设，工业转型发展要求食品加工业实现产业结构优化升级以及国外企业进入中国市场而引发的竞争加剧，使国际竞争日益严峻。食品安全的信任危机与创新不足带来的同质化竞争是主要问题。食品信息透明与可追溯只能解决部分不完全契约带来的问题，其根本还需要食品价值链各环节经济活动参与者的相互合作。

3. 强化企业社会责任导向，构建可持续盈利模式

企业盈利能力的增长性应以履行社会责任为基础。食品企业社会责任提升是解决食品质量安全的有效途径。食品企业履行社会责任，体现了其追求社会利益的社会人属性与追求经济利益的经济人属性的统一，重点包括经济责任与法律责任，促进相关利益者整体利益最大化，促进企业可持续发展。食品企业社会责任缺失的原因包括链内治理乏力意识淡薄，法律法规不完善监管缺位以及社会监督机制不健全。企业承担社会责任有利于财务绩效的提升，也有利于自身价值的提升，企业社会责任的承担与企业可持续发展密切相关。

4. 提升科技创新水平，增强食品企业价值链环节核心竞争力

通过研究发现，样本公司总体研发投入不足，2009~2015年研发投入与营业收入比例2009年为2.07%，2010年为2.24%，2011年为2.03%，2012年为2%，2013年为2%，2014年为2.01%，2015年为2.01%。消费者对食品品质的新需求、食品生活功能的新需求、生产者降低成本的新需求以及环境变化对新技术的需求，而技术局限与制度缺失又增加了食品新技术的安全风险。完善技术创新与标准化结合机制，推进企业间技术创新联盟。积极应对全球市场的变化，占据技术优势，加大研发投入，提高企业创新能力，提升企业管理水平，打造优质品牌，加强诚信建设，食品企业承担有效的社会责任，有利于提高食品安全水平以及监管效率，减少食品贸易国际技术壁垒。加强核心能力的建设，融入价值链中获得产业升级。加强品牌保护与创新意识，品牌不仅满足消费者的需求还代表了竞争力与经济实力，加大产品研发与技术推广投资，加强企业及产品的信息透明度。转变经营观念在产业升级背景下完成企业升级，加大深加工，增强产业价值链驱动力。

5. 充分利用"互联网+"优化食品企业盈利模式要素

2015年3月，李克强总理在政府工作报告中首次提出"互联网+"，通过大数据、云计算以及互联网的发展推动工业、金融以及电子商务协调发展。2015年7月，国务院发布了推进互联网应用由消费领域向生产领域、加速提升产业发展创新能力的《关于积极推进"互联网+"行动的指导意见》，以期实现2025年"互联网+"新经济形态。"互联网+"在传统产业中发挥积极作用，食品产业作为关系国计民生的重要传统产业之一，应搭乘"互联网+"的融合平台，引导要素资源向实体经济的转型升级。"互联网+"可以为食品加工业转型树立形象，为食品加工业转型提供新的商业模式，为食品加工业安全提供新的手段，提高食品安全监管力度，实现全产业数字化。充分利用大数据为产品质量安全治理提供有力支

撑，消除监管负外部性，促进以物联网，大数据为主要手段的智慧农业的发展。建立完善以食品企业为主体，多方参与的科研融资体系平台，加强科技人才培养，注重开展国际交流合作，与国际标准对照，提高食品安全，延伸产业链，提升产品附加值。

8.2.2 宏观层面

1. 加强产业政策支持

政府产业政策、消费需求以及产业生命周期是产业价值链的三个重要影响因素。政府对食品质量安全的管理体系是产业价值链持续发展的制度保障。提升中国产业和企业的持续竞争力支持性政策，强化战略性环节的竞争优势。政府需要运用转移支付、税收等宏观经济政策调节市场，解决利益分配不公问题。加大对农产品供应链的支持力度，建立专业化公共服务组织、提高农业生产者的盈利水平。建立行业性农产品供应链管理机构，如丹麦的肉类委员会，新西兰的肉类管理局等。加大农产品价值链各环节产品质量监管，防止优质农产品合作主体受损，为提高消费者信任度提供制度保障。提供必需的公共产品，强化政府通过财税政策以及金融政策的引导和服务职能，避免过度竞争，促进价值链主体的合作与协调。借鉴发达国家有条件的补贴，促进新型农业经营主体发展，促进行业协会联盟制。减少政府的直接干预行为。作为政府干预手段之一的产业规制，包括社会性与经济性两部分，经济规制是以提高资源配置效率为目的，政府通过许可等手段对企业的会计、价格、投资等行为进行规制。社会规制则主要是在环保、安全性以及产品质量等方面做出的政府规制以及行业协会规制等。当市场因为经济波动、公共物品的外部性以及信息不对称而出现调节不足市场失灵的现象时，政府就需要通过立法或者规范等来对企业的市场行为进行引导。以乳品企业为例，中国乳业存在的问题主要包括缺乏奶农权益保障与约束惩罚机制不完善，缺乏保护奶农利益的组织，监管部门缺位且监管体系不完善，行业协会职能不完善。欧美发达国家的奶业合作组织，既帮助政府制定行业规范与政策，又代表牧场主向政府反映意见，参与经营协调牧场主与乳品企业的关系，提供有偿的技术培训与服务等。完善政府职能，优化食品加工业发展制度环境。如税收政策优惠、贴息贷款、技术改造以及投资参股等。利用现代网络技术提高产业链运作效率，完善各环节的信息管理与传递，鼓励食品企业进入国际市场竞争体系。

2. 强化食品产业政府规制，实施有效的全产业链监管

政府应做好事前监管、事中控制以及事后处罚。建立和完善技术创新体系，加快行业协会角色转型。食品产业链长链条、多环节的特征加剧了信息不对称的程度，安全食品与非安全食品的差异由于信号传递不畅而使得企业的盈利无法较好的从市场差异上体现，加强监管职能，实行食品分类监管。政府监管可以降低食品企业机会主义倾向，激励食品安全行为。多元主体的责任缺失成为食品安全问题的主要原因，对食品安全问题的监管主要存在的问题包括监管效率由于多龙治水监管体系的不完善导致发生以牺牲消费者利益为代价的食品企业与监管部门合谋的情况，应逐步向统一监管过渡。中国食品链一直以来采取的是"以分段监管为主，品种监管为辅"的监管机制，第三方检测机构、行业协会以及新闻媒体没有发挥充分的作用。与此同时，政府部门之间的协调不足又导致了多头管理、无人负责的局面，重复监管、重复执法与重复投资又会造成社会资源的浪费。在市场经济中，政府的主要职能除了提供公共物品外，还需要起到校正市场失灵的作用。根据政府作用以及市场机制作用的互动程度以及国家干预的强弱程度不同，将产业集聚模式分为政府扶持型以及市场主导型。以欧美发达国家为典型代表的市场主导型，具有较完善的市场机制，自发形成自上而下的产业集聚模式。政府的调节作用是间接的，引导性的。以韩国、日本等国家为代表的政府扶持型，产业起点较低且市场机制相对不完善，通过政府干预实现特定产业集聚。通过融合区域优势与集群优势，推进可持续发展。

食品可追溯体系具有食品安全的保障功能。目前政府食品安全规制监管的缺陷主要体现在相关法律条款多但不细化，重复管理与监管分散导致监管效率低、监管与处罚力度不够。食品安全监管具有非排他性、非竞争性以及外部效应。食品企业的社会责任需要从法律层面进行约束。监管主体与监管标准的改进，与国际食品法典相比，中国食品监管法律法规标准较低，如中国《食品卫生法》对农药残留标准做了291项规定，而国际食品法典则对农药残留标准做了2439项规定，而对食品安全事故的处理规定也不够严格。此外中国食品标准制定还存在多龙治水的现象，多套体系并存，质监部门、卫生部门以及行业主管部门各自制定标准的出发点不同，进而出现重叠甚至混乱的现象。例如农业部制定《农产品质量安全法》、工商部门制定《消费者权益保护法》、卫生部门制定《食品卫生法》以及质监部门制定《食品安全法》等。当企业违法成本不高、主管部门监管不严格就会导致食品安全问题频发，食品安全问题取得实效的基础是健全的食品安全法律法规体系，参照美国以及欧盟等国家进行完善。对食品安全执法需要奖惩分明，将食品安全纳入政绩考核体系，避免出现次品驱逐优品的柠檬市场。食品安全具有经济性与公共性等属性，建设食品安全信息公共服务平台，并与证券、金融机构实现多方共同监管，将食品安全体系与国际标准接轨，细化立法项目，提高立法质量，实施有效的全产业链监管。

3. 相机施策，合理干预

政府应根据不同的环节、不同时点实施不同的干预手段。在企业运营活动的焦点及价值链增值的关键环节中，通过调整组织的边界优化价值链，实现价值创造。抓住价值链战略性环节，有效地对价值链战略性环节进行整合，进而获取竞争优势。将企业内部外部具有竞争优势的价值链环节进行整合，进而由优势环节带来价值增值。价值链整合的内在要求是提升企业核心竞争力。政府在食品安全监管中的权利包括处罚权、禁止权、征税权等。食品提供者包括价值产业链上经营者、加工企业、流通者与生产者，食品提供者是维护食品安全体系有效运转的核心，而消费者的积极参与也具有重要作用。中国目前的食品安全规制还存在部门间协调性差、相关法律法规不完善、行业自律性差以及消费者作用得不到充分发挥等问题。通过食品安全监管，可以降低交易成本、减少交易不确定性、抑制短期行为、提供约束与激励机制以及使负外部性内部化等进而提升产业链价值增值。完善财政补贴以及针对行业普遍适用与针对特定企业的税收优惠政策。完善行业退出机制以及相关法律法规，完善农业研究与推广体系，开展高新技术国际交流。为了克服非市场均衡以及不完全竞争，政府应该权衡不同利益集团的诉求，结合社会实际与客观标准制定食品安全的政府规制。针对厂商，政府应该制定强制性的安全标准，采取税收优惠以及补贴措施以及惩罚措施等促使厂商实施食品安全标准。对于消费者，政府需要保证公共信息的透明度，建立专业检测机构以及普及食品安全制度。

4. 提倡社会监督，打造健康食品产业价值链

食品安全水平由供求双方共同决定，食品质量信号的双向传递，使得消费者参与食品质量问题尤为重要，形成社会有效监督。在食品安全监管体系中，媒体监管发挥着重要作用。提高食品安全监管效率的前提是确保企业违法信息进入公众的知识结构。降低媒体监管的交易成本在激励监管者及企业的同时，还会降低企业与监管者合谋的概率。政策与价值的耦合是中国食品安全监管机制完善的可行路径，逐步形成以多元共治替代多头混制、网络多维替代单一维、协同治理替代分段监管的局面。激励企业保障食品安全履行社会责任的根本举措是规范食品安全监管秩序。加强宏观调控，以市场为主导，建立透明的行业准入制度，建立良好的政府与协会互动机制，促进协会与企业合作，构建合理的管理机制与自律机制。做好产业规划布局，加强公共服务建设，培育知名品牌，建立全方位多层次的开放型贸易体系。延伸产业链条，优化配置资源，进而达到发挥关联经济优势的效应,使市场、组织、技术、产品达到结构增值,也有利于实现农业产业结构战略性调整的目标。培育科技型龙头企业,实现组织创新效应。实现专业化分工效应与规模效应,增加人力资本效应、提高科技转化效率。

5. 完善"一带一路"食品产业链配套措施

"一带一路"体现了以开放包容为核心的区域合作发展理念,它的根本是合作共赢,促进增长合作提供新机会,为区域农业食品贸易投资创造新机会,为农业食品产业发展带来新机遇。食品加工业在欧盟经济中居于重要地位,其中德国、英国、荷兰、法国等都是世界上重要的食品生产与出口大国,欧洲食品加工业发展趋势中愉悦感产品及乳制品成为创新重点,食品安全成为消费者的重要诉求,可持续发展的食品供应链成为发展重点。在提高农业综合生产能力的同时,扩大农产品出口,促进沿线国家农业食品产业的产能合作,通过合作、投资等方式将国内农业食品产业的价值链形成覆盖一带一路的促进沿线地区农业食品结构优化以及产业升级的农业供应链。在"一带一路"区域合作框架下,促进与沿线区域的农业相关产业共同发展。以价值链分析为基础调整产业布局。完善产业链的配套,实现产业链与价值链的融合。制定有利的产业政策与金融支持体系,完善食品安全监管,提升食品制造企业竞争力。

8.3 研究局限与展望

企业盈利模式分析与优化是应用价值较大且研究难度较高的选题,在本书的研究过程中,只是初步探索性地对上市食品企业盈利模式类型、评价以及优化方向进行研究,研究的深度及系统性仍存在不足,主要包括以下两个方面:(1)未能针对每种盈利模式展开具体案例研究,针对本书不同盈利模式类型的食品企业,可以通过实地调研等方法,获取典型案例,由于时间以及其他限制因素未能实现。(2) 受资料可获取性限制，未能对非上市食品企业进行盈利模式研究。在本书撰写过程中发现，根据 Wind 数据库统计，中国食品类非上市企业 32542 家，数量远远大于上市食品企业。受资料的可获取性限制，在本书的撰写过程中，只能做初步的概况分析，而未能展开深入讨论。企业盈利模式的优化是逐步渐进的探索过程，本书将在今后对上述不足继续探究，以期为丰富和完善食品企创造共享价值新盈利模式提供理论体系。

后续研究拟围绕以下问题展开：(1) 基于本书得出的研究结论，从食品企业财务、竞争力、竞争战略、可持续性、共享程度和食品安全的透明度建立中国食品企业价值共享透明度指数，评价食品企业创造的共享价值；(2) 选取食品企业不同盈利模式的典型案例，根据食品企业盈利模式的组成要素详细分析典型案例企业不同盈利模式的基本特征，绘制典型案例企业盈利模式框架模型，为食品企业选择、优化和创新盈利模式提供案例参考。

附　录

加入食品安全认证体系统计表

证券代码	截止日期	是否加入食品安全认证体系	证券代码	截止日期	是否加入食品安全认证体系
000019	2006-12-31	否	300149	2014-12-31	是
000019	2007-12-31	否	300175	2010-12-31	是
000019	2008-12-31	否	300175	2011-12-31	是
000019	2009-12-31	否	300175	2012-12-31	是
000019	2010-12-31	否	300175	2013-12-31	是
000019	2011-12-31	否	300175	2014-12-31	是
000019	2012-12-31	否	300175	2015-12-31	是
000019	2013-12-31	否	300189	2015-12-31	否
000019	2014-12-31	否	300189	2010-12-31	否
000019	2015-12-31	否	300189	2011-12-31	否
000048	2006-12-31	是	300189	2012-12-31	否
000048	2007-12-31	是	300189	2013-12-31	否
000048	2008-12-31	是	300189	2014-12-31	否
000048	2009-12-31	是	300268	2011-12-31	是
000048	2010-12-31	是	300268	2012-12-31	是
000048	2011-12-31	是	300268	2013-12-31	是
000048	2012-12-31	是	300268	2014-12-31	是
000048	2013-12-31	是	300268	2015-12-31	是
000048	2014-12-31	是	300313	2015-12-31	否

续表

证券代码	截止日期	是否加入食品安全认证体系	证券代码	截止日期	是否加入食品安全认证体系
000048	2015-12-31	是	300313	2012-12-31	否
000568	2006-12-31	是	300313	2013-12-31	否
000568	2007-12-31	是	300313	2014-12-31	否
000568	2008-12-31	是	300401	2014-12-31	是
000568	2009-12-31	是	300401	2015-12-31	是
000568	2010-12-31	是	300498	2015-12-31	否
000568	2011-12-31	是	600059	2010-12-31	否
000568	2012-12-31	是	600059	2006-12-31	否
000568	2013-12-31	是	600059	2007-12-31	否
000568	2014-12-31	是	600059	2008-12-31	否
000568	2015-12-31	是	600059	2009-12-31	否
000596	2006-12-31	是	600059	2012-12-31	否
000596	2007-12-31	是	600059	2013-12-31	否
000596	2008-12-31	是	600059	2011-12-31	否
000596	2009-12-31	是	600059	2014-12-31	否
000596	2010-12-31	是	600059	2015-12-31	否
000596	2011-12-31	是	600073	2015-12-31	是
000596	2012-12-31	是	600073	2006-12-31	是
000596	2013-12-31	是	600073	2007-12-31	是
000596	2014-12-31	是	600073	2008-12-31	是
000596	2015-12-31	是	600073	2009-12-31	是
000639	2006-12-31	否	600073	2010-12-31	是
000639	2007-12-31	否	600073	2011-12-31	是
000639	2008-12-31	否	600073	2012-12-31	是
000639	2009-12-31	否	600073	2013-12-31	是
000639	2010-12-31	否	600073	2014-12-31	是

续表

证券代码	截止日期	是否加入食品安全认证体系	证券代码	截止日期	是否加入食品安全认证体系
000639	2011-12-31	是	600084	2015-12-31	否
000639	2012-12-31	是	600084	2006-12-31	否
000639	2013-12-31	是	600084	2007-12-31	否
000639	2014-12-31	是	600084	2008-12-31	否
000639	2015-12-31	是	600084	2009-12-31	否
000716	2006-12-31	否	600084	2010-12-31	否
000716	2007-12-31	否	600084	2011-12-31	否
000716	2008-12-31	否	600084	2013-12-31	否
000716	2009-12-31	否	600084	2014-12-31	否
000716	2010-12-31	否	600084	2012-12-31	否
000716	2011-12-31	否	600095	2006-12-31	是
000716	2012-12-31	否	600095	2007-12-31	是
000716	2013-12-31	否	600095	2008-12-31	是
000716	2014-12-31	是	600095	2009-12-31	是
000716	2015-12-31	是	600095	2011-12-31	是
000729	2006-12-31	是	600095	2013-12-31	是
000729	2007-12-31	是	600095	2014-12-31	是
000729	2008-12-31	是	600095	2015-12-31	是
000729	2009-12-31	是	600095	2010-12-31	是
000729	2010-12-31	是	600095	2012-12-31	是
000729	2011-12-31	是	600097	2006-12-31	否
000729	2012-12-31	是	600097	2007-12-31	否
000729	2013-12-31	是	600097	2008-12-31	否
000729	2014-12-31	是	600097	2012-12-31	否
000729	2015-12-31	是	600097	2013-12-31	否
000735	2006-12-31	是	600097	2014-12-31	否

续表

证券代码	截止日期	是否加入食品安全认证体系	证券代码	截止日期	是否加入食品安全认证体系
000735	2007-12-31	是	600097	2010-12-31	否
000735	2008-12-31	是	600097	2011-12-31	否
000735	2009-12-31	是	600097	2009-12-31	否
000735	2010-12-31	是	600097	2015-12-31	否
000735	2011-12-31	是	600108	2007-12-31	否
000735	2012-12-31	是	600108	2008-12-31	否
000735	2013-12-31	是	600108	2009-12-31	否
000735	2014-12-31	是	600108	2010-12-31	否
000735	2015-12-31	是	600108	2006-12-31	否
000752	2006-12-31	否	600108	2012-12-31	否
000752	2007-12-31	否	600108	2013-12-31	否
000752	2008-12-31	否	600108	2014-12-31	否
000752	2009-12-31	否	600108	2015-12-31	否
000752	2010-12-31	否	600108	2011-12-31	否
000752	2011-12-31	否	600127	2006-12-31	是
000752	2012-12-31	否	600127	2007-12-31	是
000752	2013-12-31	否	600127	2008-12-31	是
000752	2014-12-31	否	600127	2009-12-31	是
000752	2015-12-31	否	600127	2010-12-31	是
000798	2006-12-31	否	600127	2011-12-31	是
000798	2007-12-31	否	600127	2012-12-31	是
000798	2008-12-31	否	600127	2013-12-31	是
000798	2009-12-31	否	600127	2014-12-31	是
000798	2010-12-31	否	600127	2015-12-31	是
000798	2011-12-31	否	600132	2011-12-31	是
000798	2012-12-31	否	600132	2012-12-31	是

续表

证券代码	截止日期	是否加入食品安全认证体系	证券代码	截止日期	是否加入食品安全认证体系
000798	2013-12-31	否	600132	2013-12-31	是
000798	2014-12-31	否	600132	2014-12-31	是
000798	2015-12-31	否	600132	2010-12-31	是
000799	2006-12-31	是	600132	2015-12-31	是
000799	2007-12-31	是	600132	2006-12-31	是
000799	2008-12-31	是	600132	2007-12-31	是
000799	2009-12-31	是	600132	2008-12-31	是
000799	2010-12-31	是	600132	2009-12-31	是
000799	2011-12-31	是	600186	2015-12-31	否
000799	2012-12-31	是	600186	2012-12-31	否
000799	2013-12-31	是	600186	2013-12-31	否
000799	2014-12-31	是	600186	2014-12-31	否
000799	2015-12-31	是	600186	2010-12-31	否
000848	2006-12-31	是	600186	2007-12-31	否
000848	2007-12-31	是	600186	2008-12-31	否
000848	2008-12-31	是	600186	2006-12-31	否
000848	2009-12-31	是	600186	2009-12-31	否
000848	2010-12-31	是	600186	2011-12-31	否
000848	2011-12-31	是	600191	2014-12-31	否
000848	2012-12-31	是	600191	2015-12-31	否
000848	2013-12-31	是	600191	2006-12-31	否
000848	2014-12-31	是	600191	2009-12-31	否
000848	2015-12-31	是	600191	2010-12-31	否
000858	2006-12-31	是	600191	2011-12-31	否
000858	2007-12-31	是	600191	2007-12-31	否
000858	2008-12-31	是	600191	2008-12-31	否

续表

证券代码	截止日期	是否加入食品安全认证体系	证券代码	截止日期	是否加入食品安全认证体系
000858	2009-12-31	是	600191	2012-12-31	否
000858	2010-12-31	是	600191	2013-12-31	否
000858	2011-12-31	是	600197	2009-12-31	是
000858	2012-12-31	是	600197	2010-12-31	是
000858	2013-12-31	是	600197	2011-12-31	是
000858	2014-12-31	是	600197	2012-12-31	是
000858	2015-12-31	是	600197	2013-12-31	是
000860	2006-12-31	是	600197	2014-12-31	是
000860	2007-12-31	是	600197	2015-12-31	是
000860	2008-12-31	是	600197	2006-12-31	是
000860	2009-12-31	是	600197	2007-12-31	是
000860	2010-12-31	是	600197	2008-12-31	是
000860	2011-12-31	是	600199	2006-12-31	是
000860	2013-12-31	是	600199	2007-12-31	是
000860	2014-12-31	是	600199	2014-12-31	是
000860	2012-12-31	是	600199	2012-12-31	是
000860	2015-12-31	是	600199	2013-12-31	是
000869	2006-12-31	是	600199	2009-12-31	是
000869	2007-12-31	是	600199	2010-12-31	是
000869	2008-12-31	是	600199	2011-12-31	是
000869	2009-12-31	是	600199	2008-12-31	是
000869	2010-12-31	是	600199	2015-12-31	是
000869	2011-12-31	是	600238	2015-12-31	否
000869	2012-12-31	是	600238	2008-12-31	否
000869	2013-12-31	是	600238	2011-12-31	否
000869	2014-12-31	是	600238	2012-12-31	否

续表

证券代码	截止日期	是否加入食品安全认证体系	证券代码	截止日期	是否加入食品安全认证体系
000869	2015-12-31	是	600238	2013-12-31	否
000876	2006-12-31	是	600238	2014-12-31	否
000876	2007-12-31	是	600238	2009-12-31	否
000876	2008-12-31	是	600238	2010-12-31	否
000876	2009-12-31	是	600238	2006-12-31	否
000876	2010-12-31	是	600238	2007-12-31	否
000876	2011-12-31	是	600251	2009-12-31	否
000876	2012-12-31	是	600251	2010-12-31	否
000876	2013-12-31	是	600251	2011-12-31	否
000876	2014-12-31	是	600251	2012-12-31	否
000876	2015-12-31	是	600251	2013-12-31	否
000895	2006-12-31	是	600251	2014-12-31	否
000895	2007-12-31	是	600251	2015-12-31	否
000895	2008-12-31	是	600251	2006-12-31	否
000895	2009-12-31	是	600251	2007-12-31	否
000895	2010-12-31	是	600251	2008-12-31	否
000895	2011-12-31	是	600257	2006-12-31	否
000895	2012-12-31	是	600257	2007-12-31	否
000895	2013-12-31	是	600257	2008-12-31	否
000895	2014-12-31	是	600257	2009-12-31	否
000895	2015-12-31	是	600257	2010-12-31	否
000911	2006-12-31	是	600257	2011-12-31	否
000911	2007-12-31	是	600257	2012-12-31	否
000911	2008-12-31	是	600257	2013-12-31	否
000911	2009-12-31	是	600257	2014-12-31	否
000911	2010-12-31	是	600257	2015-12-31	否

续表

证券代码	截止日期	是否加入食品安全认证体系	证券代码	截止日期	是否加入食品安全认证体系
000911	2011-12-31	是	600275	2015-12-31	否
000911	2012-12-31	是	600275	2006-12-31	否
000911	2013-12-31	是	600275	2007-12-31	否
000911	2014-12-31	是	600275	2008-12-31	否
000911	2015-12-31	是	600275	2009-12-31	否
000929	2006-12-31	是	600275	2010-12-31	否
000929	2007-12-31	是	600275	2011-12-31	否
000929	2008-12-31	是	600275	2012-12-31	否
000929	2009-12-31	是	600275	2013-12-31	否
000929	2010-12-31	是	600275	2014-12-31	否
000929	2011-12-31	是	600298	2007-12-31	是
000929	2012-12-31	是	600298	2010-12-31	是
000929	2013-12-31	是	600298	2012-12-31	是
000929	2014-12-31	是	600298	2014-12-31	是
000929	2015-12-31	是	600298	2013-12-31	是
000972	2006-12-31	否	600298	2011-12-31	是
000972	2007-12-31	否	600298	2008-12-31	是
000972	2008-12-31	否	600298	2009-12-31	是
000972	2009-12-31	否	600298	2006-12-31	是
000972	2010-12-31	否	600298	2015-12-31	是
000972	2011-12-31	否	600300	2006-12-31	否
000972	2012-12-31	否	600300	2007-12-31	否
000972	2013-12-31	否	600300	2008-12-31	否
000972	2014-12-31	否	600300	2009-12-31	否
000972	2015-12-31	否	600300	2010-12-31	否
000998	2006-12-31	是	600300	2011-12-31	否

续表

证券代码	截止日期	是否加入食品安全认证体系	证券代码	截止日期	是否加入食品安全认证体系
000998	2007-12-31	是	600300	2012-12-31	否
000998	2008-12-31	是	600300	2013-12-31	否
000998	2009-12-31	是	600300	2014-12-31	否
000998	2010-12-31	是	600300	2015-12-31	否
000998	2011-12-31	是	600305	2012-12-31	是
000998	2012-12-31	是	600305	2013-12-31	是
000998	2013-12-31	是	600305	2014-12-31	是
000998	2014-12-31	是	600305	2006-12-31	是
000998	2015-12-31	是	600305	2007-12-31	是
002041	2006-12-31	否	600305	2008-12-31	是
002041	2007-12-31	否	600305	2009-12-31	是
002041	2008-12-31	否	600305	2011-12-31	是
002041	2009-12-31	否	600305	2010-12-31	是
002041	2010-12-31	否	600305	2015-12-31	是
002041	2011-12-31	否	600313	2015-12-31	否
002041	2012-12-31	否	600313	2006-12-31	否
002041	2013-12-31	否	600313	2007-12-31	否
002041	2014-12-31	否	600313	2008-12-31	否
002041	2015-12-31	否	600313	2009-12-31	否
002053	2006-12-31	是	600313	2010-12-31	否
002053	2007-12-31	是	600313	2011-12-31	否
002053	2008-12-31	是	600313	2012-12-31	否
002053	2009-12-31	是	600313	2013-12-31	否
002053	2010-12-31	是	600313	2014-12-31	否
002053	2011-12-31	是	600354	2006-12-31	是
002053	2012-12-31	是	600354	2007-12-31	是

续表

证券代码	截止日期	是否加入食品安全认证体系	证券代码	截止日期	是否加入食品安全认证体系
002053	2013-12-31	是	600354	2008-12-31	是
002053	2014-12-31	是	600354	2009-12-31	是
002053	2015-12-31	是	600354	2010-12-31	是
002086	2006-12-31	是	600354	2011-12-31	是
002086	2007-12-31	是	600354	2012-12-31	是
002086	2008-12-31	是	600354	2014-12-31	是
002086	2009-12-31	是	600354	2013-12-31	是
002086	2010-12-31	是	600354	2015-12-31	是
002086	2011-12-31	是	600359	2009-12-31	否
002086	2012-12-31	是	600359	2010-12-31	否
002086	2013-12-31	是	600359	2012-12-31	否
002086	2014-12-31	是	600359	2013-12-31	否
002086	2015-12-31	是	600359	2014-12-31	否
002124	2006-12-31	否	600359	2015-12-31	否
002124	2007-12-31	否	600359	2006-12-31	否
002124	2008-12-31	否	600359	2007-12-31	否
002124	2009-12-31	否	600359	2008-12-31	否
002124	2010-12-31	否	600359	2011-12-31	否
002124	2011-12-31	否	600365	2006-12-31	否
002124	2012-12-31	否	600365	2007-12-31	否
002124	2013-12-31	否	600365	2008-12-31	否
002124	2014-12-31	否	600365	2009-12-31	否
002124	2015-12-31	否	600365	2010-12-31	否
002216	2007-12-31	是	600365	2011-12-31	否
002216	2008-12-31	是	600365	2012-12-31	否
002216	2009-12-31	是	600365	2013-12-31	否

续表

证券代码	截止日期	是否加入食品安全认证体系	证券代码	截止日期	是否加入食品安全认证体系
002216	2010-12-31	是	600365	2014-12-31	否
002216	2011-12-31	是	600365	2015-12-31	否
002216	2012-12-31	是	600381	2006-12-31	否
002216	2013-12-31	是	600381	2007-12-31	否
002216	2014-12-31	是	600381	2008-12-31	否
002216	2015-12-31	是	600381	2009-12-31	否
002220	2007-12-31	否	600381	2010-12-31	否
002220	2008-12-31	否	600381	2011-12-31	否
002220	2009-12-31	否	600381	2012-12-31	否
002220	2010-12-31	否	600381	2013-12-31	否
002220	2011-12-31	否	600381	2015-12-31	是
002220	2012-12-31	否	600381	2014-12-31	否
002220	2013-12-31	否	600419	2006-12-31	否
002220	2014-12-31	否	600419	2007-12-31	否
002220	2015-12-31	否	600419	2008-12-31	否
002234	2008-12-31	否	600419	2009-12-31	否
002234	2009-12-31	否	600419	2010-12-31	否
002234	2010-12-31	否	600419	2011-12-31	否
002234	2011-12-31	否	600419	2012-12-31	否
002234	2012-12-31	否	600419	2013-12-31	否
002234	2013-12-31	否	600419	2014-12-31	否
002234	2014-12-31	否	600419	2015-12-31	否
002234	2015-12-31	否	600429	2006-12-31	是
002286	2009-12-31	是	600429	2007-12-31	是
002286	2010-12-31	是	600429	2008-12-31	是
002286	2011-12-31	是	600429	2009-12-31	是

续表

证券代码	截止日期	是否加入食品安全认证体系	证券代码	截止日期	是否加入食品安全认证体系
002286	2012-12-31	是	600429	2010-12-31	是
002286	2013-12-31	是	600429	2011-12-31	是
002286	2014-12-31	是	600429	2012-12-31	是
002286	2015-12-31	是	600429	2013-12-31	是
002299	2009-12-31	是	600429	2014-12-31	是
002299	2010-12-31	是	600429	2015-12-31	是
002299	2011-12-31	是	600438	2015-12-31	否
002299	2012-12-31	是	600438	2006-12-31	否
002299	2013-12-31	是	600438	2007-12-31	否
002299	2014-12-31	是	600438	2008-12-31	否
002299	2015-12-31	是	600438	2009-12-31	否
002304	2009-12-31	否	600438	2010-12-31	否
002304	2010-12-31	否	600438	2011-12-31	否
002304	2011-12-31	否	600438	2012-12-31	否
002304	2012-12-31	否	600438	2013-12-31	否
002304	2013-12-31	否	600438	2014-12-31	否
002304	2014-12-31	否	600467	2015-12-31	是
002304	2015-12-31	否	600467	2008-12-31	是
002311	2009-12-31	是	600467	2009-12-31	是
002311	2010-12-31	是	600467	2010-12-31	是
002311	2011-12-31	是	600467	2012-12-31	是
002311	2012-12-31	是	600467	2013-12-31	是
002311	2013-12-31	是	600467	2014-12-31	是
002311	2014-12-31	否	600467	2011-12-31	是
002311	2015-12-31	否	600467	2006-12-31	是
002321	2009-12-31	是	600467	2007-12-31	是

续表

证券代码	截止日期	是否加入食品安全认证体系	证券代码	截止日期	是否加入食品安全认证体系
002321	2010-12-31	是	600506	2011-12-31	是
002321	2011-12-31	是	600506	2012-12-31	是
002321	2012-12-31	是	600506	2013-12-31	是
002321	2013-12-31	是	600506	2014-12-31	是
002321	2014-12-31	是	600506	2015-12-31	是
002321	2015-12-31	是	600506	2009-12-31	是
002329	2009-12-31	否	600506	2010-12-31	是
002329	2010-12-31	否	600506	2006-12-31	是
002329	2011-12-31	否	600506	2007-12-31	是
002329	2012-12-31	否	600506	2008-12-31	是
002329	2013-12-31	否	600519	2010-12-31	否
002329	2014-12-31	是	600519	2011-12-31	否
002329	2015-12-31	是	600519	2006-12-31	否
002330	2009-12-31	是	600519	2007-12-31	否
002330	2010-12-31	是	600519	2008-12-31	否
002330	2011-12-31	是	600519	2009-12-31	否
002330	2012-12-31	是	600519	2012-12-31	否
002330	2013-12-31	是	600519	2013-12-31	否
002330	2014-12-31	是	600519	2014-12-31	否
002330	2015-12-31	是	600519	2015-12-31	否
002387	2010-12-31	是	600540	2009-12-31	否
002387	2011-12-31	是	600540	2010-12-31	否
002387	2012-12-31	是	600540	2011-12-31	否
002387	2013-12-31	是	600540	2012-12-31	否
002387	2014-12-31	是	600540	2013-12-31	否
002387	2015-12-31	是	600540	2007-12-31	否

续表

证券代码	截止日期	是否加入食品安全认证体系	证券代码	截止日期	是否加入食品安全认证体系
002447	2010-12-31	否	600540	2015-12-31	否
002447	2011-12-31	否	600540	2008-12-31	否
002447	2012-12-31	否	600540	2006-12-31	否
002447	2013-12-31	否	600540	2014-12-31	否
002447	2014-12-31	否	600543	2006-12-31	否
002447	2015-12-31	是	600543	2007-12-31	否
002458	2010-12-31	否	600543	2008-12-31	否
002458	2011-12-31	否	600543	2009-12-31	否
002458	2012-12-31	否	600543	2010-12-31	否
002458	2013-12-31	否	600543	2013-12-31	否
002458	2014-12-31	否	600543	2014-12-31	否
002458	2015-12-31	否	600543	2011-12-31	否
002461	2010-12-31	否	600543	2015-12-31	否
002461	2011-12-31	否	600543	2012-12-31	否
002461	2012-12-31	否	600559	2013-12-31	是
002461	2013-12-31	否	600559	2014-12-31	是
002461	2014-12-31	否	600559	2011-12-31	是
002461	2015-12-31	否	600559	2012-12-31	是
002477	2010-12-31	是	600559	2009-12-31	是
002477	2011-12-31	是	600559	2007-12-31	是
002477	2012-12-31	是	600559	2008-12-31	是
002477	2013-12-31	是	600559	2010-12-31	是
002477	2014-12-31	是	600559	2006-12-31	是
002477	2015-12-31	是	600559	2015-12-31	是
002481	2010-12-31	是	600573	2015-12-31	是
002481	2011-12-31	是	600573	2006-12-31	是

续表

证券代码	截止日期	是否加入食品安全认证体系	证券代码	截止日期	是否加入食品安全认证体系
002481	2012-12-31	是	600573	2007-12-31	是
002481	2013-12-31	是	600573	2008-12-31	是
002481	2014-12-31	是	600573	2009-12-31	是
002481	2015-12-31	是	600573	2010-12-31	是
002495	2010-12-31	否	600573	2011-12-31	是
002495	2011-12-31	否	600573	2012-12-31	是
002495	2012-12-31	否	600573	2013-12-31	是
002495	2013-12-31	否	600573	2014-12-31	是
002495	2014-12-31	否	600597	2006-12-31	是
002495	2015-12-31	否	600597	2007-12-31	是
002505	2010-12-31	是	600597	2008-12-31	是
002505	2011-12-31	是	600597	2009-12-31	是
002505	2012-12-31	是	600597	2010-12-31	是
002505	2013-12-31	是	600597	2011-12-31	是
002505	2014-12-31	是	600597	2013-12-31	是
002505	2015-12-31	是	600597	2014-12-31	是
002507	2010-12-31	是	600597	2015-12-31	是
002507	2011-12-31	是	600597	2012-12-31	是
002507	2012-12-31	是	600598	2006-12-31	否
002507	2013-12-31	是	600598	2007-12-31	否
002507	2014-12-31	是	600598	2008-12-31	否
002507	2015-12-31	是	600598	2009-12-31	否
002515	2010-12-31	是	600598	2010-12-31	否
002515	2011-12-31	是	600598	2011-12-31	否
002515	2012-12-31	是	600598	2013-12-31	否
002515	2013-12-31	是	600598	2014-12-31	否

续表

证券代码	截止日期	是否加入食品安全认证体系	证券代码	截止日期	是否加入食品安全认证体系
002515	2014 - 12 - 31	是	600598	2015 - 12 - 31	否
002515	2015 - 12 - 31	是	600598	2012 - 12 - 31	否
002557	2011 - 12 - 31	是	600600	2009 - 12 - 31	否
002557	2012 - 12 - 31	是	600600	2006 - 12 - 31	否
002557	2013 - 12 - 31	是	600600	2007 - 12 - 31	否
002557	2014 - 12 - 31	是	600600	2008 - 12 - 31	否
002557	2015 - 12 - 31	是	600600	2013 - 12 - 31	否
002567	2011 - 12 - 31	是	600600	2014 - 12 - 31	否
002567	2012 - 12 - 31	是	600600	2011 - 12 - 31	否
002567	2013 - 12 - 31	是	600600	2010 - 12 - 31	否
002567	2014 - 12 - 31	是	600600	2015 - 12 - 31	否
002567	2015 - 12 - 31	是	600600	2012 - 12 - 31	否
002568	2011 - 12 - 31	否	600616	2006 - 12 - 31	是
002568	2012 - 12 - 31	否	600616	2007 - 12 - 31	是
002568	2013 - 12 - 31	否	600616	2008 - 12 - 31	是
002568	2014 - 12 - 31	否	600616	2009 - 12 - 31	是
002568	2015 - 12 - 31	否	600616	2010 - 12 - 31	是
002570	2011 - 12 - 31	是	600616	2011 - 12 - 31	是
002570	2012 - 12 - 31	是	600616	2015 - 12 - 31	是
002570	2013 - 12 - 31	是	600616	2012 - 12 - 31	是
002570	2014 - 12 - 31	是	600616	2013 - 12 - 31	是
002570	2015 - 12 - 31	是	600616	2014 - 12 - 31	是
002582	2011 - 12 - 31	是	600702	2007 - 12 - 31	否
002582	2012 - 12 - 31	是	600702	2009 - 12 - 31	否
002582	2013 - 12 - 31	是	600702	2010 - 12 - 31	否
002582	2014 - 12 - 31	是	600702	2011 - 12 - 31	否

续表

证券代码	截止日期	是否加入食品安全认证体系	证券代码	截止日期	是否加入食品安全认证体系
002582	2015-12-31	是	600702	2012-12-31	否
002604	2011-12-31	是	600702	2013-12-31	否
002604	2012-12-31	是	600702	2014-12-31	否
002604	2013-12-31	是	600702	2006-12-31	否
002604	2014-12-31	是	600702	2015-12-31	否
002604	2015-12-31	是	600702	2008-12-31	否
002626	2011-12-31	是	600737	2015-12-31	是
002626	2012-12-31	是	600737	2006-12-31	是
002626	2013-12-31	是	600737	2007-12-31	是
002626	2014-12-31	是	600737	2008-12-31	是
002626	2015-12-31	是	600737	2009-12-31	是
002646	2011-12-31	否	600737	2010-12-31	是
002646	2012-12-31	否	600737	2011-12-31	是
002646	2013-12-31	否	600737	2012-12-31	是
002646	2014-12-31	否	600737	2013-12-31	是
002646	2015-12-31	否	600737	2014-12-31	是
002650	2011-12-31	是	600779	2006-12-31	是
002650	2012-12-31	是	600779	2007-12-31	是
002650	2013-12-31	是	600779	2008-12-31	是
002650	2014-12-31	是	600779	2009-12-31	是
002650	2015-12-31	是	600779	2010-12-31	是
002661	2012-12-31	是	600779	2011-12-31	是
002661	2013-12-31	是	600779	2012-12-31	是
002661	2014-12-31	是	600779	2013-12-31	是
002661	2015-12-31	是	600779	2014-12-31	是
002695	2012-12-31	是	600779	2015-12-31	是

续表

证券代码	截止日期	是否加入食品安全认证体系	证券代码	截止日期	是否加入食品安全认证体系
002695	2013-12-31	是	600809	2006-12-31	否
002695	2014-12-31	是	600809	2007-12-31	否
002695	2015-12-31	是	600809	2008-12-31	否
002696	2012-12-31	否	600809	2009-12-31	否
002696	2013-12-31	否	600809	2010-12-31	否
002696	2014-12-31	否	600809	2011-12-31	否
002696	2015-12-31	否	600809	2012-12-31	否
002702	2012-12-31	是	600809	2013-12-31	否
002702	2013-12-31	是	600809	2014-12-31	否
002702	2014-12-31	是	600809	2015-12-31	否
002702	2015-12-31	是	600873	2006-12-31	否
002714	2013-12-31	否	600873	2007-12-31	否
002714	2014-12-31	否	600873	2008-12-31	否
002714	2015-12-31	否	600873	2009-12-31	否
002719	2013-12-31	是	600873	2010-12-31	否
002719	2014-12-31	是	600873	2011-12-31	否
002719	2015-12-31	是	600873	2012-12-31	否
002726	2015-12-31	否	600873	2013-12-31	否
002726	2014-12-31	否	600873	2014-12-31	是
002732	2014-12-31	否	600873	2015-12-31	是
002732	2015-12-31	否	600887	2015-12-31	否
002746	2015-12-31	是	600887	2014-12-31	否
002770	2015-12-31	是	600887	2012-12-31	否
002772	2015-12-31	是	600887	2011-12-31	否
200992	2006-12-31	是	600887	2013-12-31	否
200992	2007-12-31	是	600887	2006-12-31	否

续表

证券代码	截止日期	是否加入食品安全认证体系	证券代码	截止日期	是否加入食品安全认证体系
200992	2008-12-31	是	600887	2007-12-31	否
200992	2009-12-31	是	600887	2008-12-31	否
200992	2010-12-31	是	600887	2009-12-31	否
200992	2011-12-31	是	600887	2010-12-31	否
200992	2012-12-31	是	600962	2006-12-31	是
200992	2013-12-31	是	600962	2007-12-31	是
200992	2014-12-31	是	600962	2008-12-31	是
200992	2015-12-31	是	600962	2009-12-31	是
300087	2012-12-31	否	600962	2010-12-31	是
300087	2013-12-31	否	600962	2011-12-31	是
300087	2014-12-31	否	600962	2012-12-31	是
300087	2015-12-31	否	600962	2013-12-31	是
300087	2010-12-31	否	600962	2014-12-31	是
300087	2011-12-31	否	600962	2015-12-31	是
300094	2015-12-31	是	600965	2015-12-31	是
300094	2010-12-31	是	600965	2006-12-31	是
300094	2012-12-31	是	600965	2007-12-31	是
300094	2013-12-31	是	600965	2008-12-31	是
300094	2014-12-31	是	600965	2009-12-31	是
300094	2011-12-31	是	600965	2010-12-31	是
300106	2010-12-31	是	600965	2011-12-31	是
300106	2011-12-31	是	600965	2013-12-31	是
300106	2012-12-31	是	600965	2014-12-31	是
300106	2013-12-31	是	600965	2012-12-31	是
300106	2014-12-31	是	600975	2015-12-31	是
300106	2015-12-31	是	600975	2014-12-31	是

续表

证券代码	截止日期	是否加入食品安全认证体系	证券代码	截止日期	是否加入食品安全认证体系
300138	2015-12-31	是	600975	2006-12-31	是
300138	2010-12-31	是	600975	2007-12-31	是
300138	2011-12-31	是	600975	2008-12-31	是
300138	2012-12-31	是	600975	2009-12-31	是
300138	2013-12-31	是	600975	2010-12-31	是
300138	2014-12-31	是	600975	2011-12-31	是
300143	2010-12-31	是	600975	2012-12-31	是
300143	2011-12-31	是	600975	2013-12-31	是
300143	2013-12-31	是	601579	2014-12-31	是
300143	2014-12-31	是	601579	2015-12-31	是
300143	2015-12-31	是	603020	2015-12-31	否
300143	2012-12-31	是	603020	2014-12-31	否
300146	2010-12-31	是	603198	2015-12-31	是
300146	2011-12-31	是	603288	2015-12-31	否
300146	2012-12-31	是	603288	2013-12-31	否
300146	2013-12-31	是	603288	2014-12-31	否
300146	2014-12-31	是	603369	2014-12-31	是
300146	2015-12-31	是	603369	2015-12-31	是
300149	2015-12-31	是	603589	2015-12-31	否
300149	2010-12-31	是	603609	2015-12-31	是
300149	2011-12-31	是	603609	2014-12-31	是
300149	2012-12-31	是	603696	2015-12-31	是
300149	2013-12-31	是	603866	2015-12-31	是

参 考 文 献

[1] [美] 奥利弗·威廉姆森. 资本主义经济制度 (原著1985年版) [M]. 段毅才, 王伟译. 北京: 商务印书馆, 2002 (6): 120 - 143.

[2] 卞雅莉. 基于价值链攀升的创新能力追赶路径研究 [J]. 广州: 科技管理研究, 2010, 14 (14): 2 - 5.

[3] 卜梅兰. 基于价值链视角的农产品供应链一体化探讨 [J]. 重庆科技学院学报, 2011 (21): 79 - 81.

[4] 蔡宇. 关于产业链理论架构与核心问题的思考 [J]. 统计与决策, 2006 (17): 114 - 116.

[5] 曹景, 鲁德银. 农业产业化对农产品价值链的影响研究 [J]. 农业经济, 2014 (11): 88 - 90.

[6] 曹群. 产业链的内涵及特性分析 [J]. 商业研究, 2008 (11): 134 - 135.

[7] 陈红儿, 刘斯敷. 中间性组织理论评析 [J]. 经济学动态, 2003 (7): 80 - 82.

[8] 陈柳钦. 论产业价值链 [J]. 兰州商学院学报, 2007 (4): 57 - 63.

[9] 陈煦江, 高露. 领导人视察与食品企业社会责任——基于食品饮料业和农林牧副业的证据 [J]. 理论经济研究, 2014 (3): 44 - 52.

[10] 陈颖. 终端控制引领下的国内价值链重构 [J]. 商业时代, 2012 (16): 16 - 17.

[11] 成元君,赵玉川.从制作到创造的跨越——中国制造业自主创新的价值链分析 [J].中国青年科技,2009 (156):38-41.

[12] 程愚,孙建国.商业模式的理论模型:要素及其关系 [J].中国工业经济,2013 (1):141-153.

[13] 迟晓英,宣国良.价值链研究发展综述 [J].上海:外国经济与管理,2000,22 (1):25-30.

[14] 崔岳东.中国企业盈利模式转型探讨 [J].科技咨询导报,2010 (4):11-15.

[15] 戴化勇,冷建飞.基于产业链的农产品价值链管理 [J].农场经济管理,2004 (3):20-22.

[16] 戴天婧,张茹,汤谷良.财务战略驱动企业盈利模式 [J].会计研究,2012 (11):24-25.

[17] 戴孝悌.中国农业产业价值链现状、问题与对策分析 [J].农业经济,2016 (1):6-8.

[18] 丁宁.流通商主导的供应链战略联盟与价值链创新 [J].商业经济与管理,2014 (2):22-28.

[19] 董焕忠,方淑芬.类生产函数企业价值链管理模型研究 [J].中国管理科学,2005 (6):46-51.

[20] 都晓岩.论提高中国渔业经济效益的途径——一种产业链视角下的分析 [J].中国海洋大学学报(社会科学版),2006 (3):15-19.

[21] 都跃良.企业盈利模式的设计与实施 [J].现代企业,2012 (2):15-16.

[22] 杜彦坤.政府发展农产品加工业的政策目标预期及职能界定 [J].中国软科学,2001 (11):10-13.

[23] 杜义飞,李仕明.产业价值链:价值战略的创新形式 [J].科学研究,2004 (10):552-556.

[24] 杜鹰,张红宇等.中国农产品加工业发展与政策选择 [J].中国农村经济,1999 (12):4-15.

[25] 冯巧根.基于供应链的竞争财务分析 [J].商业经济与

管理，2001（7）：23-25.

[26] 冯涛，邓俊荣. 从劳动分工到知识分工的组织间合作关系演进 [J]. 学术月刊，2010（8）：92-98.

[27] 冯志敏，邵西梅. 中国零售企业价值链分析与管理 [J]. 价值工程，2006（1）：43-45.

[28] 付源. 杜邦分析法在企业盈利模式分析中的应用研究 [J]. 中国管理信息化，2008（11）：37-38.

[29] 高志宏. 食品行业的社会责任及法制监管 [J]. 南京财经大学学报，2012（2）：95-102.

[30] 龚勤林. 论产业链构建与城乡统筹发展 [J]. 经济学家，2004（3）：121-123.

[31] 顾兵，李雪峰，基于价值链的企业利润模式优化研究——以中石油为例 [J]. 税务与经济，2011（5）：57-61.

[32] 顾振华，沈瑶. 利益集团影响下的中国贸易保护政策——基于产业分工的视角 [J]. 南开经济研究，2015（2）：74-93.

[33] 桂寿平，张霞. 农业产业链和U型价值链协同管理研究 [J]. 改革与战略，2006（10）：78-80.

[34] 郭金龙，林文龙. 中国市场十种赢利模式 [M]. 北京：清华大学出版社，2005：60-66.

[35] 郭金龙，林文龙. 中国市场始终盈利模式 [M]. 北京：清华大学出版社，2005：43-45.

[36] 郭俊峰，霍国庆，袁永娜. 基于价值链的科技企业孵化器盈利模式分析 [J]. 科研管理，2013（2）：69-76.

[37] 郝冬冬. 全球优秀企业盈利模式 [M]. 北京：机械工业出版社，2007：16-25.

[38] 侯茂章. 中国乳业产业链与价值链分析 [J]. 中国乳品工业，2010，38（9）：32-35.

[39] 胡秋阳. 产业分工与劳动报酬份额 [J]. 经济研究，2016（2）：82-96.

[40] 胡文献. 构建上市公司持续性盈利能力评价体系 [J].

财会月刊，2011（3）：20-23.

[41] 胡志伟，彭迪云. 创新链与产业价值链的耦合区域发展研究——基于科教资源低丰度地区视域 [J]. 南昌大学学报（人文社科版），2014（5）：69-71.

[42] 黄丹. 纵向一体化：动因与绩效 [M]. 合肥工业大学出版社，2011.

[43] 黄卫红."共生型"农产品价值链构建与农业产业化经营的内在关系研究——广东燕塘乳业有限公司经营模式探讨 [J]. 农村经济，2007（1）：35-37.

[44] 黄祖辉，张静，陈志钢. 中国梨果产业价值链分析 [J]. 中国农村经济，2008（7）：63-72.

[45] 惠双民. 交易成本经济学综述 [J]. 经济学动态，2003（2）：73-77.

[46] [美] 加里·哈默尔等著. 领导企业变革 [M]. 北京：人民邮电出版社，2002：34-40.

[47] 姜海燕. 中国乳品产业链纵向组织关系类型的评价与比较 [J]. 科学与管理，2008（2）：52-55.

[48] 蒋国俊，蒋明新. 产业链理论及其稳定机制研究 [J]. 重庆大学学报（社会科学版），2004（1）：36-38.

[49] 金婷，余家靖，陶君成. 蔬菜生产与流通价值链研究——以张港花椰菜基地为例 [J]. 物流工程与管理，2011，33（11）：22-25.

[50] 寇光涛，卢凤君. 中国粮食产业链增值的路径模式研究——基于产业链的演化发展角度 [J]. 农业经济问题，2016（8）：25-32.

[51] 郎咸平，许立贤. 如何开娱乐场永利的商业模式 [J]. 深圳特区科技，2007（3）：28-29.

[52] 李春蕾，付丽琴. 价值链视角下物流企业盈利模式创新 [J]. 商业经济研究，2015（20）：33-34.

[53] 李红霞，周可."共生型"农产品价值链构建初探——

以家乐福超市农产品价值链管理为例 [J]. 农村经济, 2008 (8): 33-34.

[54] 李扣庆. 企业优化价值链的战略性思考 [J]. 管理世界, 2001 (5): 207-208.

[55] 李丽菲. 基于盈利模式的苏宁电器价值链控制力研究 [J]. 东南大学学报 (哲学社会科学版), 2013 (15): 98-101.

[56] 李梅. 打造企业独特的盈利模式 [J]. 科技和产业, 2007 (11): 36-38.

[57] 李梦娇. 基于共生理论视角的产业集群生态化研究 [J]. 现代商业, 2016 (11): 46-47.

[58] 李楠. 资源依赖、技术创新与中国的产业发展 [J]. 经济社会体制比较, 2015 (4): 56-67.

[59] 李瑞林. 区域经济一体化与产业集聚、产业分工: 新经济地理视角 [J]. 经济问题探索, 2009 (5): 7-10.

[60] 李万立. 旅游产业链与中国旅游产业竞争力 [J]. 经济师, 2005 (3): 123-124.

[61] 李晓荣, 王宪良. 因子分析在上市公司盈利能力分析中的应用 [J]. 财经科学, 2002 (S1): 221-223.

[62] 李心芹, 李仕明. 产业链结构类型研究 [J]. 电子科技大学学报 (社科版), 2004, 6 (4): 60-63.

[63] 李燕琼, 张学睿. 基于价值链的农业龙头企业竞争力培育研究 [J]. 农业经济问题, 2009 (1): 53-56.

[64] 李振勇. 商业模式 [M]. 北京: 新华出版社, 2006: 107-121.

[65] 李柱. 电子商务盈利模式国内研究综述 [J]. 科技经济市场, 2010 (11): 120-122.

[66] 李作战. 基于价值链优势环节整合的核心竞争力实现模式探讨 [J]. 科技管理研究, 2008 (12): 292-294.

[67] 栗婕, 邵培基. 主成分分析法在上市公司盈利能力评价中的应用 [J]. 电子科技大学学报, 2007 (2): 12-14.

[68] 栗学思. 如何规划企业的盈利模式 [J]. 通信企业管理, 2003 (6): 23.

[69] 梁伟军. 交易成本理论视角的现代农业产业融合发展机制研究 [J]. 改革与战略, 2010 (10): 87-90.

[70] 林桂平, 魏炜, 朱武祥. 透析盈利模式: 商业模式理论延伸 [M]. 北京: 机械工业出版社, 2015: 90.

[71] 刘畅, 高杰. 基于共生理论的中国农业产业化经营组织演进 [J]. 农村经济, 2016 (6): 45-50.

[72] 刘尔埼. 高科技企业整体式模式研究 [J]. 管理世界, 2003 (9): 148-154.

[73] 刘贵富, 赵英才. 产业链: 内涵、特性及其表现形式 [J]. 财经理论与实践 (双月刊), 2006, 27 (141): 114-117.

[74] 刘贵富, 赵英才. 产业链的分类研究 [J]. 宁术交流, 2006 (8): 102-106.

[75] 刘贵富, 赵英才. 产业链节点企业研究 [J]. 工业技术经济, 2006, 25 (9): 61-64.

[76] 刘海虹, 王长征. 内部化与外包——企业价值链活动范围的确定 [J]. 管理世界, 2003 (8): 144-145.

[77] 刘明志. 产业分工、产业转移及有机产业链的形成与延伸 [J]. 上海金融, 2014 (1): 23-28.

[78] 刘胜军, 张静. 上市公司盈利质量评价 [J]. 哈尔滨商业大学学报 (社会科学版), 2010 (9): 26-27.

[79] 刘淑敏, 茵明杰. 企业成长可持续性的内在逻辑——理论分析框架 [J]. 软科学, 2005 (6): 8-10.

[80] 刘向东, 陈成漳. 互联网时代的企业价值网构建——基于某网络公司的案例分析 [J]. 经济管理, 2016 (9): 47-60.

[81] 刘星, 张国林等. 中国上市公司盈利信息的因子分析 [J]. 财经理论与实践, 2001 (11): 32-66.

[82] 刘扬. 企业的商业模式创新 [J]. 税务, 2003 (6): 30.

[83] 卢艳, 刘明. 中国农业产业分工与价值链延伸——基于

微笑曲线理论的分析 [J]. 当代经济, 2013 (3): 116-118.

[84] 陆风莲. 上市公司盈利质量分析与评价 [J]. 企业管理, 2009: 56-58.

[85] 罗福凯. 财务理论的内在逻辑与价值创造 [J]. 会计研究, 2003 (3): 23-27.

[86] 罗富民, 段豫川. 地理二元经济结构下的区际"以工促农"研究——基于区际工农产业分工与交易的视角 [J]. 农业经济问题, 2011 (7): 16-23.

[87] 罗珉, 曾涛, 周思伟. 企业商业模式创新: 基于租金理论的解释 [J]. 中国工业经济, 2005 (7): 25.

[88] 马春华. 基于扩展杜邦分析法的中国中小企业盈利模式优化路径分析研究 [J]. 经济问题探索, 2012 (10): 85-88.

[89] 马士华. 供应链管理 (第2版) [M]. 北京: 机械工业出版社, 2008: 12-15.

[90] 马霄峰. 比较价值链与供应链——看企业竞争优势理念的发展 [J]. 甘肃农业, 2006 (3): 114-115.

[91] 马晓河. 中国农产品加工业的市场供求前景与政策选择 [J]. 管理世界, 2000 (2): 56-59.

[92] 毛霞, 陈健. 国外大型零售企业价值链管理及借鉴 [J]. 商业研究, 2007 (11): 129-130.

[93] 孟贵珍. 中国上市公司盈利能力的实证分析 [J]. 山东社会科学, 2009 (6): 118-121.

[94] 米运生, 罗必良. 契约资本非对称性、交易形式反串与价值链的收益分配: 以"公司+农户"的温氏模式为例 [J]. 中国农村经济, 2009 (8): 12-23.

[95] 倪沈冰. 供应链与价值链联动优化策略研究 [J]. 上海企业, 2013 (7): 76-78.

[96] 潘承云. 解读产业价值链——兼析中国新兴产业价值链的基本特征 [J]. 当代财经, 2001 (9): 7-15.

[97] 潘凡峰, 高长春, 刘畅. 跨区域产业价值链协同创新与

路径选择 [J]. 湖南社会科学, 2015 (2): 138-141.

[98] 彭彦敏, 张雪云. 财务视角下上市公司盈利模式的有效性研究 [J]. 财会月刊, 2014 (6): 12-16.

[99] 綦好东, 王瑜, 王斌. 基于经营战略视角的农工企业财务竞争力评价 [J]. 中国农村经济, 2015 (10): 69-79.

[100] 綦好东, 王瑜. 农工一体化企业价值链: 纵向一体化收益与盈利模式重构 [J]. 经济管理, 2014, 36 (9): 103-109.

[101] 钱廷仙. 构建物流企业的盈利模式 [J]. 华东经济管理, 2004 (5): 173-175.

[102] 乔忠, 李应博. 基于模糊规划法的企业价值链优化应用研究 [J]. 中国管理科学, 2003 (6): 50-54.

[103] 裘玉婷, 何建国. 上市公司盈利能力因子分析: 基于重庆市上市公司实证研究 [J]. 重庆工学院学报, 2006, 20 (4): 103-106.

[104] 屈海群, 吴碧波. 论企业集群的价值链协同管理 [J]. 企业活力, 2007, 25 (5): 80-81.

[105] 任新建, 赵炳新. 虚拟价值链的理论与应用研究 [J]. 工会论坛, 2002 (4): 71-74.

[106] 阮南燕, 顾江. 基于全球价值链的中国电影产业升级研究 [J]. 江淮论坛, 2010 (1): 30-35.

[107] 邵昶, 李健. 产业链"波粒—象性"研究——论产业链的特性、结构及其整合 [J]. 中国工业经济, 2007 (9): 5-13.

[108] 申光龙, 葛法权, 秦鹏飞, 彭晓东. 基于创造共享价值的互益性非营利组织物流管理模式研究 [J]. 物流技术, 2015 (2): 33-37.

[109] 沈迪. 中国食品出口国际竞争力实证研究及对策分析 [J]. 国际商贸, 2015 (7): 107-109.

[110] 盛洪. 分工与交易. 上海: 上海三联书店, 1972: 55.

[111] 史玲. 国内博客的盈利模式初探 [J]. 科技管理研究, 2007 (3): 90-93.

[112] 宋传联, 杜毛毛, 周桐. 差异化竞争背景下企业转型的出路: 从供应链管理到价值链管理 [J]. 税务与经济, 2016 (5): 27-30.

[113] 宋海燕, 李光金. 基于价值网的盈利模式要素分析 [J]. 理论探讨, 2012 (6): 102-105.

[114] 宋丽丽, 李亚兰. 基于因子分析的上市物流企业盈利能力评价 [J]. 当代经济, 2015 (16): 120-122.

[115] 宋效中. 公司理财 [M]. 北京: 机械工业出版社, 2007: 89.

[116] 孙健, 王东. 中国四大企业的管理模式: 从海尔, 联想, 华为, 万向到现代管理的中国式经验 [M]. 北京: 企业管理出版社, 2007: 20-30.

[117] 孙茂竹. 管理会计的理论思考与架构 [J]. 北京: 中国人民大学出版社, 2002: 64-114.

[118] 谭菁. 国际贸易应用中电子商务的价值源分析 [J]. 商场现代化, 2011 (1): 4.

[119] 汤谷良. 盈利模式的财务解读 [J]. 财会学习, 2007 (11): 17-19.

[120] 唐玉生, 曲立中, 肖琼芳. 产业价值链视角下品牌价值传递机理研究 [J]. 软科学, 2014 (10): 105-110.

[121] 王滨. 中国券商盈利模式的现状及改善对策 [J]. 当代经济, 2005 (5): 61-63.

[122] 王方华, 徐飞. 赢利模式3.0: 变革时期的竞合 [M]. 北京: 机械工业出版社, 2009: 26-27.

[123] 王方华, 徐飞著. 盈利胜经 [M]. 上海: 上海交通大学出版社, 2005: 11.

[124] 王凤彬. 供应链网络组织与竞争优势 [M]. 北京: 中国人民大学出版社, 2007: 50-128.

[125] 王国顺, 黄金. 零售企业的盈利模式与价值链优化 [J]. 北京工商大学学报 (社会科学版), 2012 (3): 7-12.

[126] 王海林. 价值链内部控制模型研究 [J]. 会计研究, 2006 (2): 60-66.

[127] 王海萍. 供应链管理理论框架探究 [J]. 经济问题, 2007 (1): 16-18.

[128] 王化成, 尹美群. 价值链模式下价值创造的要素体系研究——兼论价值评估过程中与传统模式间的异同 [J]. 管理世界, 2005 (5): 104-110.

[129] 王季. 产业链创新系统的研究范式——基于要素、关系与特质的构建 [J]. 财经问题研究, 2016 (2): 26-32.

[130] 王建华. 利润的雪球 [M]. 北京: 企业管理出版社, 2013: 67-76.

[131] 王蕾. 基于"五力模型"的新疆葡萄酒产业价值链分析 [J]. 中国酿造, 2017 (1): 196-200.

[132] 王松茂, 姚永春. 融合趋势中的媒介产业盈利模式创新: 价值链的视角 [J]. 新闻与传播评论, 2008 (10): 183-188.

[133] 王天东, 郭亚明. 企业价值、价值链的会计学思考 [J]. 财会通讯, 2006 (5): 6-9.

[134] 王晓明, 谭杨. 基于"要素+结构+功能"的企业商业模式研究 [J]. 管理学报, 2010 (7): 976-981.

[135] 王竹泉, 高芳. 基于业务流程管理的价值增值报告模式研究 [J]. 会计研究, 2004 (9): 47-52.

[136] 魏炜, 朱武祥, 林桂平. 商业模式的经济解释: 深度结构商业模式密码 [M]. 北京: 机械工业出版社, 2012.

[137] 翁君奕. 介观商业模式: 管理领域的"纳米"研究 [J]. 中国经济问题, 2004 (3): 23-26.

[138] 吴伯凡. 商业模式是什么 [J]. 21世纪商业评论, 2009 (3): 21-24.

[139] 吴金明, 邵昶. 产业链形成机制研究——"4+4+4" [J]. 中国工业经济, 2006 (4): 36-43.

[140] 夏火松. 企业知识价值链与知识价值链管理 [J]. 情报

杂志, 2003 (7): 11-12.

[141] 项国鹏, 周鹏杰. 商业模式创新——国外文献综述及分析框架构建 [J]. 商业研究, 2011 (4): 18-19.

[142] 谢恩, 李垣. 基于资源观点联盟中价值创造研究综述 [J]. 管理科学学报, 2003, 6 (1): 81-86.

[143] 谢国娥, 杨逢珉, 陈圣仰. 中国食品贸易竞争力的现状及对策研究——基于食品安全体系的视角 [J]. 国际贸易问题, 2013 (1): 68-77.

[144] 谢守祥, 鲁燕捷. 基于战略联盟的企业价值链整合 [J]. 商业时代, 2008 (9): 51-54.

[145] 邢超. 创新链与产业链结合的有效组织方式——以大科学工程为例 [J]. 科学与科学技术管理 [J], 2012, 33 (10): 117-119.

[146] 熊晓元, 唐廷法. 互联网商务模式的盈利视角 [J]. 商场现代化, 2006 (11): 101.

[147] 徐光辉. 从"价值创造"开始——论中国经济战略转型 [J]. 管理世界, 2011 (1): 11.

[148] 徐宏玲, 李双海. 价值链形态演变与模块化组织协调 [J]. 中国工业经济, 2005 (11).

[149] 徐可, 何桢, 王瑞. 供应链关系质量与企业创新价值链——知识螺旋和供应链整合作用 [J]. 南开管理评论, 2015 (1): 108-117.

[150] 徐咏梅. 企业财务价值链及其管理研究 [J]. 西南民族大学学报 (人文社科版), 2015 (2): 150-152.

[151] 许晖, 许守任, 王睿智. 嵌入全球价值链的企业国际化转型及创新路径机制 [J]. 科学研究, 2014 (1): 73-83.

[152] 薛继亮. 资源依赖、混合所有制和资源产业转型 [J]. 产业经济研究, 2015 (3): 32-41.

[153] 薛捷, 张振刚. 科技园区的创新链、价值链及创新支持体系建设 [J]. 科技进步与对策, 2010, 24 (12): 1-4.

[154] [美] 亚德里安·J. 斯莱沃斯基等著. 发现利润区 [M]. 凌晓东等译. 北京：中信出版社，2003.

[155] [美] 亚德里安·斯莱沃斯基，大卫·莫里森等著. 利润模式 [M]. 张星等译. 北京：中信出版社，2007（11）：87-110.

[156] 阎峰. 传媒盈利模式：概念、特点与战略层次 [J]. 新闻界，2006（3）：21-23.

[157] 颜爱民，王雪，程圆圆. 基于价值链的房地产开发企业盈利模式分析 [J]. 国土资源导刊，2006（5）：55-57.

[158] 杨海波，于云飞. 企业价值链的优化 [J]. 廊坊师范学院学报，2002（2）：88-90.

[159] 杨蕙馨，纪玉俊，吕萍. 产业链纵向关系与分工：制度安排的选择及整合 [J]. 中国工业经济，2007（9）：14-22.

[160] 杨明强，鲁德银. 基于产业价值链的农产品品牌塑造模式与策略研究 [J]. 农业经济，2013（2）：127-128.

[161] 杨青龙，刘双. 交易成本变化对产业升级的影响：文献综述 [J]. 经济问题探索，2016（12）：170-178.

[162] 杨霞. 创新商业模式走出"微笑曲线"利润低谷——越商实践案例 [J]. 绍兴文理学院学报，2010（1）：15-20.

[163] 杨晓燕. 值得借鉴的跨国公司盈利模式 [J]. 企业经济，2003（7）：36-37.

[164] 殷梅英，王梦光，刘士新. 基于价值链和知识管理的分销绩效改进 [J]. 东北大学学报（社会科学版），2003（5）：336-339.

[165] 尹美群. 价值链与价值评估 [M]. 北京：中国人民大学出版社，2008：30-55.

[166] 于斌斌. 基于进化博弈模型的产业集群产业链与创新链对接研究 [J]. 科学与科学技术原理，2011（11）：111-117.

[167] 余虹，1934～2010年美国银行业盈利模式变迁的价值链解析与启示 [J]. 当代经济科学，2012，34（2）：56-63.

[168] 余伟萍，崔苗. 经济全球化下基于企业能力的价值链优

化分析 [J]. 中国工业经济, 2003 (5): 42-47.

[169] 余伟萍, 段桂敏. 企业发展与盈利模式设计 [J]. 铁道运输与经济, 2004 (26): 20-23.

[170] 袁纯清. 共生理论——兼论小型经济 [M]. 北京: 经济科学出版社, 1998: 7-56.

[171] 原小能, 唐成伟. 劳动成本、交易成本与产业结构升级 [J]. 浙江大学学报 (人文社会科学版), 2015 (9): 133-143.

[172] 岳中刚, 刘志彪. 基于渠道控制的国内价值链构建模式分析: 以苏宁电器为例 [J]. 商业经济与管理, 2011 (6): 5-12.

[173] 曾楚宏, 吴能全. 中间组织的起源及比较优势——一个新的理论分析框架 [J]. 财经科学, 2006 (5): 42-49.

[174] 张爱虎. 融合式手机媒体盈利模式研究 [J]. 新闻前哨, 2014 (12): 51-53.

[175] 张海霞, 董秀成. B to C 赢利模式的优化 [J]. 物流经济, 2007 (11): 64-66.

[176] 张美娟. 网络书店盈利模式评析 [J]. 出版科学, 2011 (9): 46-50.

[177] 张乐乐. 企业商业模式研究综述 [J]. 管理理论, 2012 (6): 76-78.

[178] 张梦. 程晓俊. 电力行业上市公司盈利能力分析 [J]. 时代金融, 2013 (12): 219-220.

[179] 张琦, 孙理军. 产业价值链密炼机理及优化模型研究 [J]. 工业技术经济, 2005 (7): 111-113.

[180] 张庆昌, 傅再育. 中国上市公司盈利能力模型分析 [J]. 贵州财经学院学报, 2006 (1): 41-45.

[181] 张琼, 杨晓龙, 陈秀丽. 产业分工、国际贸易摩擦及中国的对策——基于价值链视角的研究 [J]. 贵州财经大学学报, 2017 (1): 25-32.

[182] 张树臣, 高长元. 基于价值网高技术虚拟产业集群合作与竞争协同演化研究 [J]. 软科学, 2013 (9): 13-18.

[183] 张锡民. 世界上最神奇的 24 种赢利模式 [M]. 北京: 光明日报出版社, 2009.

[184] 张晓林, 吴育华. 创新价值链及其有效运作的机制分析 [J]. 大连理工大学学报, 2005 (3): 23-26.

[185] 张雪云. 财务视角下 A 股上市公司盈利模式有效性研究 [D]. 哈尔滨: 哈尔滨工业大学, 2014.

[186] 张喆, 黄沛, 张良. 中国企业 ERP 实施关键成功因素分析: 多案例研究 [J]. 管理世界, 2005 (12): 137-143.

[187] 赵国运. 企业内部盈利模式 [J]. 东方企业文化, 2012 (12): 5-6.

[188] 赵绘存. 基于价值链的孵化器盈利模式探讨 [J]. 商业经济研究, 2016 (2): 106-107.

[189] 赵西三. 国内价值链构建下中原经济区承接产业转移的特点与趋势研究 [J]. 地域研究与开发, 2012 (2): 161-164.

[190] 赵颖. 每股净资产调整差异对盈利能力的影响分析 [J]. 现代财经, 2001, 6 (21): 35-38.

[191] 赵颖. 中国食品行业社会责任缺失现状及对策 [J]. 粮食科技与经济, 2016 (2): 10-12.

[192] 赵玉国. 输赢在于盈利模式 [J]. 企业活力, 2002 (7): 18.

[193] 赵越春, 王怀明. 食品企业社会责任评价指标体系的构建及其应用——基于层次分析法 [J]. 青海社会科学, 2013 (6): 47-53.

[194] 甄国红. 国内网络公司的盈利模式及其构建研究 [J]. 情报科学, 2007, 25 (9): 1321-1324.

[195] 郑掘金. 中国工程机械代理商盈利模式的分析与创新 [J]. 今日工程机械, 2009 (8): 90-93.

[196] 郑霖, 马士华. 供应链是价值链的一种表现形式 [J]. 价值工程, 2002 (1): 9-12.

[197] 钟敏, 侯淑霞. 经济学视角的乳品产业链纵向关系研究

[J]. 内蒙古财经学院学报, 2009 (6): 70-73.

[198] 周立群. 组织理论与组织经济学 [J]. 经济学动态, 1998 (5): 49-52.

[199] 周路明. 关注高科技"产业链" [J]. 深圳特区科技, 2001 (11): 10-11.

[200] 周绍东. 分工与专业化: 马克思经济学与西方经济学比较研究的一个视角 [J]. 经济评论, 2009 (1): 115-121.

[201] 周永亮. 中国企业前沿问题报告 [M]. 北京: 中国社会科学出版社, 2001: 62.

[202] 朱长宁. 价值链重构、产业链整合与休闲农业发展——基于供给侧改革视角 [J]. 经济问题, 2016 (11): 89-93.

[203] 朱风涛, 李仕明, 朴义飞. 关于价值链、产业链和供应链的研究辨识 [J]. 管理学家 (学术版), 2008 (4): 373-402.

[204] 朱瑞博. "十二五"时期上海高技术产业发展: 创新链与产业链融合战略研究 [J]. 上海经济研究, 2012 (7): 94-106.

[205] 朱述斌, 高岚. "共生型"农产品价值链构建的理论模型与实证分析——基于新制度经济学视角的研究 [J]. 江西社会科学, 2009 (11): 201-205.

[206] 朱晓. 上市公司财务竞争力评价的实证研究——来自新疆上市公司经验数据分析 [J]. 中国管理信息化, 2009 (8): 51-54.

[207] 邹利林. 农村土地综合整治产业化发展盈利模式的构建 [J]. 经济地理, 2011 (6): 1371-1374.

[208] Aakhus M, Bzdak M. Revisiting the role of 'Shared Value' in the Business Society Relationship. Business and Professional Ethics Journal, 2012, 31 (2): 231-246.

[209] AdelI El - Ansary. Marketing Strategy: Taxonomy and Frameworks. 2006, 18 (4): 266-293.

[210] Adelman, M A. The concept and statistical measurement of verticalintegration, in G. J. Stigler, ed. Business Concentration and Price Policy, 1955: 281-232.

[211] Adrienn M and Xavier G. Performance Imbalances in the Chain: EU Traditional Food Section. Applied Studies in Agribusiness and Commerce, 2009, 3 (4): 7-11.

[212] Alexander Osterwalder, Yves Pigneur. An Business Model Ontology for ModelingBusiness. California Management Review, 2002 (2): 21-22.

[213] Allan Afuah. Business Models: A Strategic Management Approach. Boston: McGrawHill, 2003.

[214] Allee. Value Network Analysis and Value Conversion of Tanible and Intangible Assets. Journal of Intellectual Capital, 2008 (1): 5-24.

[215] Amitt R, Zott C. Value Creation in E-business. Strategic Management Journal, 2001 (5): 22.

[216] Andrew Feller, Dr. Dan Shunk, and Dr. Tom Callarman. Value Chains Versus Supply Chains. BP Trends, 2006: 2-3.

[217] Andrew Harris. Working Capital Management: Difficult, but Rewarding. Financial Executive, 2002, 5: 52-53.

[218] Applegate L M. E-Business Models: Making sense of the Internet Business Landscape. Information Technology and the Future Enterprise: New Model for Managers, 2001: 49-169.

[219] Arthur L. Thomas, The Allocation Fallacy and Financial Analysis. Financial Analysts Journal, 1975: 37-41.

[220] Baginski S., Hassell. J. M. 管理决策与财务会计报表. 潘力强等译. 北京: 清华大学出版社, 2005. 11.

[221] Bain J S. Industrail Organization. New York: John Wiley & Sons, 1968: 360-362.

[222] Barkema A. Reaching Consumers in the Twenty First Century: The Short Way Around the Barn. American Journal of Agricultural Economics, 1993 (75): 1126-1131.

[223] Barney J B. Firm Resources and Sustained Competitive Ad-

vantage, 1991, 17 (1): 99 -120.

[224] Betz F. Strategic Business Models. Engineering Management Journal, 2002, 14 (1): 21 -27.

[225] Bragg, Steven. Financial Analysis. John Wiley & Sons Press, 2006: 12 -217.

[226] Brian Flanagan. Managing Working Capital. Business Credit, 2005 (9): 26 -29.

[227] Clemmer, Jim. "The Three Rings of Perceived Value". The Canadian Manager, 1990, 15 (2): 12 -15.

[228] Coase R H. The Nature of the Firm. Ecomonic, New Series, 1937 (4): 386 -465.

[229] Davies, S W Morris, C. A New Index of Vertical Integration: Some Estimates for UK Manufacturing. International Journal of Industrial organization, 1995, 13 (2).

[230] Davis K. Can Business Afford to Ignore Social Responsibilities?. California Management Review, 1960, 2 (3): 70 -77.

[231] Davis K. The Case for and Against Business Assumption of Social Responsibilities. Academy of Management Journal, 1973, 16 (2): 312 -322.

[232] Dobrea B C, Molănescu G, and Buşu C. Food Sustainable Model Development: An ANP Approach to Prioritize Sustainable Factors in the Romanian Natural Soft Drinks Industry Context. Sustainability, 2015, 7 (8).

[233] Donath R, Kalakota R. Cerf B S. et al. Taming Ebusiness Model. ISBM Business Marketing Web Consortium, 1999, 3 (1): 1 -24.

[234] Driver M. An Interview with Michael Porter: Social Entrepreneurship and the Transformation of Capitalism. Academy of Management Learning and Education, 2012, 11 (3): 421 -431

[235] Dubosson Torbay M, Osterwalder A, Pigneur Y. Ebusiness model design, classification and measurements. Thunderbird Interna-

tional Business Review, 2002, 44 (1): 5 – 23.

[236] F Allen and A M. Santomero. The Theory of Financial Analysis. Journal of Finance, 2007: 141 – 185.

[237] Fearne A, Garcia Martinez M, Dent B. Dimensions of Sustainable Value Chains: Implications for Value Chain Analysis. Supply Chain Management: An International Journal, 2012, 17 (6): 575 – 581.

[238] Fredrik H, Christian M, Fritz F. An Evolutionary Perspective on Convergence: Inducing a Stage Model of Inter Industry Innovation. International Journal of Technology Management, 2010 (49): 220 – 249.

[239] Friedrich N, Heyder M and Theuvsen L. Sustainability Management in Agribusiness: Challenges, Concepts, Responsibilities and Performance. International Journal on Food System Dynamics, 2012, 3 (2): 123 – 135.

[240] Gary Hamel, Leading the Revolution: How to Thrive in Turbulent Times by Making Innovation a Way of Life. New York City: Plume, 2002.

[241] Gellynck X, Molnar A. Chain Governance Structures: the European Traditional Food Sector. British Food Journal, 2009, 111 (8): 762 – 775.

[242] Gerard G, Adam J. The Business Model in Practice and its Implications for Entrepreneurship Research. Entrepreneurship Theory and Practice, 2011, 35 (1): 83 – 111.

[243] Gereffi, G. International Trade and Industrial Upgrading in the Apparel Commodity Chains. Journal of International Economics, 1999: 48.

[244] Gort M. Diversification and Integration in American Industry. Princeton: Princeton University Press, 1962.

[245] Gray Hamel. Innovation as Deep Capability. Leader to

Leader, 2003 (1): 9.

[246] Grossman, G M & E Helpman. Incomplete Contracts and Industrial Organization. NBER Working Paper, 1999.

[247] Grossman and Hart. The Costs and Benefits of Ownership: A Theory of Vertical and Lateral Integration. Journal Political Economy, 1986.

[248] Hansen M T, Birkinshaw J. The Innovation Value Chain. Harvard Business Review, 2008 (4): 121 - 130.

[249] Hawkins R. The phantom of the market place: searching for new ecommerce business models. Euro CPR, 2002: 24 - 26.

[250] H Christopher Peterson, Allen Wysocki, Stephe B Harsh. Strategic Choicealong the Vertical Coordination Continuuni. International Food and Agribusiness Management Review, 2001 (4): 149 - 166.

[251] Hemphill H A. The Global Food Industry and 'Creative Capitalism': The partners in Food Solutions Sustainable Business Model. Business and Society Review, 2013, 118 (4): 489 - 511.

[252] Hobbs, Jill E, Linda M Young. 'Vertical Linkagesin Agri - Food Supply Chains: Changing Roles for Producers, Commodity Groups, and Government Policy'. Review of Agricultural Economics, Volume 24, 2002 (2): 428 - 441.

[253] Hobbs J E, Young L M. Vertical Linkages in Agrifood Supply Chains in Canada and the United States. Her Majesty the Queen in Right of Canada, 2001: 15 - 29.

[254] Hutchinson D, Singh J, and Walker K. An Assessment of the Early Stages of a Sustainable Business Model in the Canadian Fast Food Industry. European Business Review, 2012, 24 (6): 519 - 531.

[255] Jeferey F Rayport, John J Sviokla. Exploiting the Virtual Value Chain. Harvard Business Review, 1995 (5): 75 - 99.

[256] Jeffrey P K, and Michael B A. New Value-added Strategy for the US Beef Industry: The Case of US Premium Beef Ltd. British Food Journal, 2000 (9): 711 - 727.

[257] Joel R. Evans. Are the Largest Public Retailers Top Financial performers? A Longitudinal Analysis. 2005, 33 (11): 842-857.

[258] Kaplinsky. Spreading the Gains from Globalization: What Can Be Learned From Value Chain Analysis. Journal of Development Studies, 2000, 37 (2): 117-146.

[259] Karrberg. The Study on the Technology Development on the Value Chain Based Innovation system. Portl and International Conference on Management of Engineering and Technology, 2010: 113-118.

[260] Kogut, B. Designing Global Strategies: Comparative and Competitive Value-added Chains. Sloan Management Review, 1985: 26.

[261] Leandro L, Neffa E. Is the integration of Shared Value Creation (SVC) with Strategy Management of Productive Organizations an Innovative Approach to Environmental Challenges Faced by Companies Today?. International Journal of Business Management & Economic Research, 2012, 3 (2): 484-489.

[262] Lejla Vrazalic, Deborah Bunker, Robert Mac Gregor. Electronic Commerce and Market Focus: Some Findings From a Study of Swedish Small to Medium Enterprises. Australasian Journal of Information Systems, 2002 (10): 62-65.

[263] Li Jin, Robert C, Merton, Zvi Bodie. Do a Firm's Equity Returns Reflect the risk of its Pension plan. Journal of Financial Economics, 2006: 237-143.

[264] Linder' Cantrell. Changing Business Medels: Surveying the Landscape. Institute for Strategic Accenture, 2000 (5): 33-36.

[265] Linder J C, and Cantrell S. Five Business-model Myths that Hold Companies Back. Strategy & Leadership, 2001, 29 (6): 13-18.

[266] Maddigan, R J. The Measurement of Vertical Integration, Review of Economics and Statistics, 1981 (63): 328-335.

[267] Magretta J Stone N. The original management guru. Wall

Street Journal, 1999 (20): 11-12.

[268] Mahadevan B. Business Model for Internet - Based E - Commerce: An Anatomy. Califonia Management Review, 2000 (42): 42.

[269] Maltz E, Ringold D J, Thompson F. Assessing and optimizing corporate social initiatives: a strategic view of corporate social responsibility. Journal of Public Affairs, 2011, 11 (4): 344-352.

[270] Maltz E, Schein S. Cultivating Shared Value Initiative. A Three Cs Approach. Journal of Corporate Citizenship, 2012 (47): 55-74.

[271] Matopoulos A, Vlachopoulou M, Manthou V. A Conceptual Framework for Supply Chain Collaboration: Empirical Evidence from the Agri-food Industry. Supply Chain Management: An International Journal, 2007, 12 (3): 177-186.

[272] Melnnes J M. Financial Control Systems for Multinational Operation: An Empirical Investigation. Journal of International Bussiness Studies, 1971: 11-28.

[273] Michael E Porter. Competitive Advantage. The Free Press, 1985: 11-21.

[274] Michael Morris, Minet Schindehutte, Jeffery Allen. The Entrepreneur's Business Model: toward a Unified Perspective. Business Research, 2005 (6): 726-735.

[275] Miehael Rappa. The Digital Enterprise - Business Models on the Web. Harvard Business Review, 2004 (2).

[276] Mighell R L & L A Jones. Vertical Coordination in Agriculture. USDAERS AGEC Report, 1963.

[277] Moczadlo R. Creating competitive advantages - The European CSR strategy compared with Porter's and Kramer's Shared value approach, Ekonomski vjesnik/Econviews - Review of Contemporary Business. Entrepreneurship and Economic Issues, 2015, 28 (1): 243-256.

[278] Olausson, Bergren. Manaing Uncertain, Complex Product

Development in High-tech Firms: In Search of Controlled Flexibility. R&D Management, 2010 (4): 383 – 400.

[279] Ordover, J A, Saloner, G & Salop, S C. Equilibrium Vertical Foreclosure. American Economic Review, 1990, 80 (1): 14 – 127.

[280] Paulo Rigatto, Donald W. Larson & Antonio Domingos Padula. Firm Motivations to Increase Vertical coordination: Findings of Acase Study in the Peach Canning Sector in Southern Brazil, Dynamitesin Chains and Networks. Wageningen Academic Publishers, First Published, 2004.

[281] Pava, Moses L, Krausz J, Corporate Responsibility and Financial Performance: The Paradox of Social Cost. West Port C T: QuorumBooks, 1995: 5.

[282] Pavlovich K, Doyle P. Conscious Enterprise Emergence: Shared Value Creation Through Expanded Conscious Awareness. Journal of Business Ethics, 2014 (121): 341 – 351.

[283] Perez C, Castro R D, Simons D, and Gimenez G. Development of Lean Supply Chains: a Case Study of the Catalan Pork Sector. Supply Chain Management: An International Journal, 2010, 15 (1): 55 – 68.

[284] Perry, M K. Vertical Integration: Determinants and EffectsCh. 4 in Schmalensee, R. , Willig, R. (eds). The Handbook of Industrial Organisation, North Holland, 1989.

[285] Peter Hines. Integrated Materials Management: The Value Chain Redefined. International Journal of Logistics Management, 1993 (4): 13 – 22.

[286] Pil, F K and Holweg, M. Evolving from Value Chain to Valuegrid. MIT Sloan Management Review, 2006, 47 (4): 72 – 80.

[287] Pirson M. Social Entrepreneurs as the Paragons of Shared Value Creation? A Critical Perspective. Social Enterprise Journal, 2012, 8 (1): 31 – 48.

[288] Poray M, Gray A, Boehlje M, and Preckel P V. Evaluation of Alternative Coordination Systems between Producers and Packers in the Pork Value Chain. International Food and Agribusiness Management Review, 2003, 6 (2): 65 – 85.

[289] Porter M, Kramer M R. Creating Shared Value: How to Reinvent Capitalism and Unleash a Wave of Innovation and Growth. Harvard Business Review, 2011, 89 (1/2): 62 – 77.

[290] Prabakar Kat handaraman, David T. Wilson. The Future of Competition Value Creating Networks. Industrial Marketing Management, 2001: 379 – 389.

[291] Rainer Alt, Hans Dieter Zimmermann. Preface: Introduction to Special Section – Business Models. Electronic Markets, 2001 (11): 3 – 9.

[292] Raphael Ami – Business Model Innovation: Creating Valul Tim of Chang. Business School Working paper, 2010 (70): 65 – 72.

[293] Raynaud E, Sauvee L C, Valceschini E. Alignment between Quality Enforcement Devices and Governance Structures in the Agrofood Vertical Chains. Journal of Management and Governance, 2005 (9): 47 – 77.

[294] Roper S, Love J H. Modeling the Innovation Value Chain. Research Policy, 2008 (37): 961 – 977.

[295] Rumelt R P. Strategy Structure and Economic Performance. Boston: Harvard Business School Press, 1986.

[296] Scott M Shafer, Smith H Jeff, Jane C Linder. The power of business models. Business Horizons, 2005, 48 (3): 32 – 43.

[297] Sheridan J H. Managing the Value Chain fox Growt. IW, 1999 (9): 50 – 54.

[298] Simons D W, and Zokaei K. Application of the Lean Paradigm in Red Meat Processing. British Food Journal, 2005, 107 (4): 192 – 211.

[299] Smith, Barry D. A Financial Analysis of the Property and Casualty Insurance Industry 1970 – 1999. CPCU Journal, 2001: 134 – 145.

[300] Spekman Robert E, Kamauff J W J, Myhr N. An Empirical Investigation into Supply Chain Management: A Perspective on Partnerships. Supply Chain Management, 1998, 3 (2): 53 – 67.

[301] Spengler, J. Vertical Integration and Antitrust Policy. Journal of Political Economy, 1950, 58 (4): 347 – 352.

[302] Stefanie B. Value Creation in New Product Development with Inconveraging Value Chains. British Food Journal, 2008 (110): 76 – 94.

[303] Stigler, George J. The Division of Labor is Limitied by the Extent of the Market. Journal of Political Economy, 1951 (59): 185 – 193.

[304] Taylor D H, and Fearne A. Demand Management in Fresh Food Value Chains: A Framework for Analysis and Improvement. Supply Chain Management: An International Journal, 2009, 14 (5): 379 – 392.

[305] Thanwadee C. A dynamic Model of Productivity Enhancement in the Thai Food Industry. Engineering Management Journal, 2012, 24 (2): 15 – 29.

[306] Thomas R. Business Value Analysis: Coping with Unruly Uncertainty. Strategy & Leadership, 2001, 29 (2): 16 – 24.

[307] Timmers, P. Business Models for Electronic Markets. Journal on Electronic Markets, 1995, 8 (2): 3 – 8.

[308] Verboven H. Communicating CSR and Business Identity in the Chemical Industry Through Mission Slogans. Business Communication Quarterly, 2011, 74 (4): 415 – 431.

[309] Weill P, and Vital M R. Place to Space: Migrating to E – Business Model. MA: Harvard Business School Press, 2001: 96 – 101.

[310] Weill P, Vitale M. Place to Space: Migrating to ebusiness Models. Harvard Business Press, 2013: 16 – 17.

[311] Williamson O E. Transaction Cost Economics: The Natural Progression, Journal of Retailing, 2010, 86 (3): 215 – 226.